Ulrich Wilhelm Lippelt

Feng Shui entschlüsselt

Teil II

edition winterwork

Bibliografische Informationen der Deutschen Nationalbibliothek:
Die Deutsche Nationalbibliothek verzeichnet diese Publikation in der Deutschen Nationalbibliographie. Detaillierte bibliographische Daten im Internet über http://www.d-nb.de abrufbar.

Zuerst publiziert durch AuthorHouse 09/23/04 in englischer Sprache

in englischer Sprache ISBN: 1-4184-6381-7 (e-book)

in englischer Sprache ISBN: 1-4184-3176-1 (Paperback)

Bibliothek des Kongresses Kontrollnummer: 2004092137

Gedruckt in den Vereinigten Staaten von Amerika Bloomington, IN

Impressum

Ulrich Wilhelm Lippelt, »Feng Shui entschlüsselt - Teil II«
www.edition-winterwork.de

Das Buch wurde von Marlene Malle in die deutsche Sprache übersetzt
Umschlag: edition winterwork
Druck und Bindung: winterwork Borsdorf
Dieses Buch ist auf säurefreiem Papier gedruckt
ISBN 978-3-943048-19-3

e-book: ISBN 978-3-943048-20-9

Feng Shui entschlüsselt

Teil II

Ein kompletter Kurs
des fliegende Sterne Feng Shui und
berühmter Wassermethoden

ULRICH WILHELM LIPPELT

edition winterwork

Inhaltsverzeichnis

Einführung

An Feng Shui soll nicht geglaubt werden, sondern es soll zu verstehen sein.

Die Studenten mögen verwirrt sein von den verschiedenen Konzepten der traditionellen Feng Shui Schulen, von dieser alten Methode zur Harmonisierung der Energien der Natur zum Vorteil der Menschheit.
Viele Feng Shui Praktiker halten ihre Schulmeister hoch und verwenden die Konzepte ihrer Schulmeister und missachten die verschiedenen Lehren von anderen. Alle traditionellen Schulen besitzen einen reichen Schatz an Erfahrungen, gesammelt und bewahrt von unzähligen Praktiker Generationen, was sie häufig geheim halten und nur an sehr wenige des inneren Kreises ihrer Studenten weitergeben.
Wie verführerisch es auch immer erscheint, um das Wissen von diesen geheimen Formeln zu bekommen, so ist ein gutes Verstehen von den Prinzipien des taoistischen Weltbildes, worauf alles Feng Shui gründet, von noch größerem Wert. Solch ein Verständnis, kombiniert mit der Ermittlung geistiger Möglichkeiten der Studenten, um ein frisches und analytisches sich Nähern zu bekommen, wird die Meister dieser Kunst leiten.
Die traditionelle Überbringung der Kenntnisse von Generation zu Generation, oft in einer sehr ausschließlichen Atmosphäre, mag oft kritische Gedanken verhindert haben, um anwendbar zu bleiben. Methoden, die richtig und in früheren Zeiten nützlich waren, sind gelegentlich in den geänderten Lebensbedingungen der Gegenwart nicht anwendbar.
Die gültige Methode zur Vermeidung von Bereichen, welche schlechte Energien haben ist z. B. schwer bei den heutigen modernen Lebensbedingungen anwendbar. In früheren Zeiten hat man einfach schlechte Energien vermieden, was wir uns heute nicht mehr leisten können. Heute haben wir das System der Fünf Elemente zu nutzen, um einen Bereich von seiner schlechten Energie zu heilen.
Entsprechend den vielen Gesprächen zur Unterstützung der Energien, wird den Umgebungsstrukturen übermäßige Wichtigkeit gegeben. Die Einwirkung von Umgebungsstrukturen sind eine Realität, aber sie sind nicht so wichtig, wie wir oft glauben machen. Sie sind die Domäne des Formen Schule Feng Shuis. Fliegende Sterne Feng Shui erkennt sie an, aber befasst sich hauptsächlich mit dem Harmonisieren von Energien innerhalb des Gebäudes.
Weil das traditionelle System von Feng Shui alt ist, entwickelten sich viele verschiedene Methoden, um eine Antwort auf die Bedürfnisse zu den Änderungen in unseren Lebensbedingungen zu geben. Wir sollten solche Methoden gebrauchen, die für die jetzigen Bedingungen, in denen wir heute zu leben haben, passend sind.
Fliegende Sterne Feng Shui stellt Verbesserung zur Verfügung, durch ein perfektes System, um die Energien von unserer Umgebung zu erkennen und um diese Energien für ein verbessertes Leben zu harmonisieren.

Vorwort
von
Marlene Malle

Ich war beeindruckt und spürte sofort Neugier, als ich das Buch von Herrn Ulrich Wilhelm Lippelt mit dem englischen Titel „Feng Shui Demystified II“ zum ersten Mal in die Hände bekam.
Um mehr zu erfahren, machte ich mich sofort an die Arbeit zur Übersetzung des oben angeführten Buches in die deutsche Sprache.
Das besondere an dem Buch ist, dass es außerordentlich viel Feng Shui Wissen enthält und sehr verständlich geschrieben ist, sodass auch ein Laie sich gut und ohne viel Mühe in das Schriftmaterial einarbeiten kann.
Anhand von Diagramm-Darstellungen und Tabellen hat man sehr schnell Zugriff zum sehr umfangreichen Wissen von Feng Shui.
Das Buch enthält auch einige Wasserformeln, die hier zum ersten Mal, vom Buchautor Herrn Ulrich Wilhelm Lippelt, veröffentlicht wurden.
Auf den letzten beiden Seiten dieses Buches erfahren Sie mehr über die Biografie des Autors und über den Grund für die Entstehung dieses Buches.

Nun einige Informationen zu meiner Person:
Ich bin von Beruf Hochbautechnikerin und Diplom-Innenarchitektin mit 15 Jahren Planungserfahrung für die verschiedensten Arten von Gebäuden.
Meine Ausbildung zur Feng Shui Beraterin habe ich bei der Feng Shui Akademie von Großmeister Yap Cheng Hai, Malaysia, absolviert.
Um meine Kenntnisse noch zu erweitern, machte ich zusätzlich eine Feng Shui Ausbildung bei einem Weiterbildungsinstitut in Hamburg. Diese Schule vertritt hauptsächlich die Schule von Meister Yu.
Bei dem Korrekturlesen dieses Buches war mir Frau Petra Coll Exposito behilflich. Sie arbeitet seit vielen Jahren als Feng Shui Meisterin und Dozentin für Großmeister Yap Cheng Hai, Malaysia. Sie ist eine der wenigen Personen, die diese weltweit bekannte und renommierte Schule vertreten darf.

PS : Das Buch enthält auf einigen Seiten englischen Text in Tabellen und Diagrammen. Der übersetzte Text wurde zum Teil unterhalb der jeweiligen Seite gesondert aufgeschrieben. Einen Teil dieser Übersetzungen finden sie auch auf Seite 196.

Ulrich Wilhelm Lippelt

Was ist Feng Shui ?

Feng Shui ist eine alte chinesische Methode, um günstige globale Richtungsenergie einzuspannen und um schlechter Richtungsenergie entgegen zu wirken für den Erfolg und das Wohlergehen von Menschen.

Verschiedene Feng Shui Systeme verwenden verschiedene Methoden, um die Energie von einem Platz zu bestimmen. Begräbnisstätten, Wohnungen oder andere Gebäude sind begründet auf die Enthüllung der Richtung, Zeit und Umweltfaktoren.

Die Methoden scheinen sich oft auf den ersten Blick zu widersprechen, aber wenn man sie vergleicht mit der fundamentalen Taoistischen Kosmologie, kann man ihren individuellen Wert sehen, was manchmal mehr und manchmal weniger Versprechungen macht.

Fliegende Sterne Feng Shui

Die Fliegende Sterne Schule ist das meist entwickelte System von Feng Shui. Es ermöglicht uns zu diagnostizieren, und wenn es notwendig ist, die Energien in bestimmten Stätten oder Gebäuden zu verbessern, indem man Rechenschaft mit den zeitlichen Schwankungen der Energien hält auf Basis der 9 Zeit Perioden, und auf die Auswirkung der Strukturen eines Ortes oder Gebäudes, was durch die Enthüllung der Richtungsenergien bestimmt wird.
Der Zeitfaktor, welcher durch die Periode der Gebäudeherstellung gegeben ist, und das Wissen um die Richtungsenergie des Platzes oder Gebäudes, ordnen diese Energien auf individuelle Weise innerhalb eines Platzes oder Gebäudes ein. Durch die Ausarbeitung eines individuellen Diagramms für ein Gebäude erhalten wir seine Energien. Unter Anwendung des Systems der 5 Elemente können wir die Energien harmonisieren, erhöhen was günstig ist und schwächen was schlecht ist.

Formen Schule Feng Shui

Man glaubt, dass diese Schule von Feng Shui die älteste ist, begründet auf das Studium der Umgebungstrukturen und ihrem Einfluss zur direkten und konzentrierten, günstigen Energie an gewissen Orten und um Strukturen zu erkennen, die schädliche Energien haben.
Man kann sagen, dass Flüsse, Gewässer und Gebirge mit verschiedenen Formen die Fliegenden Sterne der Landschaften sind, welche die globalen Richtungsenergien in die individuellen Energien eines Ortes verwandeln.
Andere Schulen von Feng Shui, die sich später entwickelt haben, solche wie die Methode der Fliegenden Sterne, beachten auch Umgebungsstrukturen, die meisten von ihnen betrachten diese besonders, um die individuellen Richtungsenergien zu unterstützen. Manche sind sogar der Ansicht, dass die Richtungsenergie eines Gebäudes ohne passende Umgebungsstrukturen kraftlos ist, um irgendeinen wünschenswerten Effekt zu bekommen. Dies ist meiner Ansicht nach nicht richtig, was ich in den folgenden Kapiteln erklären werde.

Acht Häuser Formel

Die Acht Häuser Formel ist ein System, das auf die herrschende Energie des Geburtstagsdatums einer Person gründet, um zu bestimmen in wieweit die acht Kompass Richtungen auf das Leben einer Person einwirken.
Diese ist ausgerichtet, unabhängig von jeglichem Umgebungseinfluss, und zwar so, wie die vorherrschenden Energien in einem Gebäude und Strukturen in unmittelbarer Umgebung es tun.

Was ist Richtungsenergie ?

Alle von uns kennen das Magnetfeld der Erde als eine Energie Erscheinung in und abhängig von einer bestimmten Richtung. Das alte chinesische System von Feng Shui hat detailliertes Wissen von vielen solchen Richtungsenergien und nutzt differenzierte Methoden, um die besten Richtungsenergien zu nutzen und schlechten Energien entgegen zu wirken für den Wohlstand und damit es den Menschen gut geht.
Die Richtungsenergien eines Ortes oder eines Gebäudes gründen auf Richtungslage, Zeit und Umgebungsfaktoren.
Verschiedene Schulen verwenden verschiedene Methoden, um diese Energien zu bestimmen und zu beeinflussen. Die Methoden scheinen oft auf den ersten Blick als ob sie sich gegenseitig widersprechen, aber wenn man sie vergleicht mit der Basis der taoistischen Kosmologie, kann man ihren individuellen Wert erkennen.

Umgebungsstrukturen

Umgebungsstrukturen sind entweder natürlich oder künstlich. Es können Berge, Gebäude, Straßen, Flüsse, Seen, Wege, Starkstromleitungen und Masten sein und solche, die wegen ihrer Form und Aktivität, wie z. B. fließendes Wasser oder der Verkehr auf der Straße, auf die Richtungsenergie einwirken können.

Die Einwirkung der Umgebungsstrukturen

Umgebungsstrukturen können den Fluss der Richtungsenergien stärken oder blockieren und können auch Sha Chi verursachen, welches eilend von einer Richtung kommt und wegen seiner Spitzheit und Geschwindigkeit einen nachteiligen Effekt haben kann.
Sie werden einen Unterschied verspüren, wenn sie einer sanften Brise oder einem Luftzug ausgesetzt sind. Obwohl es sich in beiden Fällen um Wind handelt, wird die sanfte Brise sie erfrischen, wohingegen man krank werden kann bei Zugluft.
Die Einwirkungen von Umgebungsstrukturen können auch Yin/Yang Charakter einer Richtungsenergie beeinflussen. Während ein Gefäß mit Wasser immer Stärkung gewährt und Yang Energie repräsentiert, hat ein Berg oder hohes Gebäude auf schmalem Raum eine Energie, die überwiegend Yin-Charakter hat. Diese Art von Umweltstrukturen beeinflussen die Energie der Gebäude, indem sie ihre Yin (Bergstern) oder ihre Yang (Facing Sterne) Energien unterstützen.

Die sehr vielen Gebäude, in denen wir leben, sollten auch als einen Einfluss auf die Energie der Umgebungsstrukturen gesehen werden. In Abhängigkeit von der Bauperiode des Gebäudes und durch die Feststellung der Richtungsenergie der 8 Kompass Richtungen werden diese Energien innerhalb des Gebäudes verändert.

Yin und Yang

Die Übersetzung von diesen 2 chinesischen Bezeichnungen stellt ein Problem dar. Jede der Bezeichnungen gibt in anderen Sprachen nur einen Bruchteil von der ganzen Bedeutung von Yin und Yang wieder.
Yang ist: Tiefer liegendes Gelände, ein Gefäß mit Wasser, ungehinderter Blick, Licht, Aktivität, Wärme, Wuchs, Bewegung und Geräusch.
Yin ist: Höher liegendes Gelände, Finsternis, Zerfall, Kälte, Inaktivität und Behinderungen wie Berge, Wände und hohe Bäume.
Meiner Ansicht nach sollte man Yang mit Vergrößerung und Yin mit Zusammenziehung übersetzen, es sei denn, wir benutzen eine ganze Liste von Bezeichnungen für jede von diesen zwei chinesischen Konzepten.

Die Energie in einem Palast

Im Fliegende Sterne Feng Shui sind die Energien in einem Gebäude durch das Herstellungsdatum des Gebäudes und seiner Richtungsfeststellung zur Umgebung definiert, von welcher die dominante maximale Yang Energie herein kommen kann.
Die Energien verteilen sich, gemäß gewissen Mustern in 9 verschiedene Bereiche des Gebäudes, die man generell Paläste nennt. Jeder Palast hat grundsätzlich 3 verschiedene Energien. Diese sind die Erdbasis oder Zeit Stern, der Facing- oder Wasserstern und der Bergstern oder Sittingstern.
Der Zeitstern stellt die Energie dar, in welcher das Gebäude erstellt wurde. Der Facingstern stellt die Richtungsenergie Yang dar, in welche das Gebäude zeigt und der Bergstern ist die Richtungsenergie Yin.
Die Bezeichnungen Yin und Yang Energien beziehen sich in diesem Zusammenhang nur auf die Polarität der Richtungsenergie, in welcher das Gebäude liegt. Die Energie des Facingsterns in jedem Palast hat dominanten Yang Charakter und verhält sich auf die Art und Weise wie Yang. Die Energie der Bergsterne in jedem der Paläste hat dominanten Yin Charakter und verhält sich auf die Art und Weise wie Yin. Manche Schulen gründen ihr ganzes System auf die Yin/Yang Polarität für diese 2 Sterne und lassen die Energie des Zeitsterns großzügig außer acht. Andere Schulen geben mehr acht auf den Facing- und Zeitstern, weil diese beiden Sterne als solche gesehen werden, die in Besitz der strengsten Energie sind, welche deshalb auch den stärksten Einfluss auf unser Leben haben. Sie ignorieren jedoch nicht den Bergstern.

Die Jahres- und Monatssterne

Die Jahres- und Monatssterne sind Gastenergien. Die Jahressterne wechseln mit dem Beginn von jedem chinesischen Mondjahr und die Monatssterne mit jedem chinesischen Monat. Ihr Einfluss auf das Facing, die Erdbasis und den Monatsstern ist von zweitrangiger Wichtigkeit, aber sie sollten studiert werden.
Wir sollten immer auf Jahres- und Monatssterne acht geben, wenn sie die Nummer 2, 5 und 9 haben und sollten Gegenmaßnahmen für sie verwenden. Berücksichtigen sie zuerst den Einfluss, den die Jahres- und Monatssterne auf den Erdbasisstern haben. Danach berücksichtigen sie den Einfluss auf den Facingstern und dann auf den Bergstern.

Die Jahressterne

Beispiel
Diagramm für ein Gebäude mit dem Facing N 2/3 in 2001 mit dem Jahresstern 8

1 4 6 7	6 8 2 3	8 6 4 5
9 5 5 6	2 3 7 8	4 1 9 1
5 9 1 2	7 7 3 4	3 2 8 9

Die Methode, die genutzt wird, um die erforderliche Gegenmaßnahme zu bestimmen, richtet sich nach dem Zusammenwirken der Fünf Elemente (Siehe das System der 5 Elemente).

Der SO Palast: Der Jahresstern 7 wirkt auf die Erdbasis 6, die eine Kombination schafft, die bekannt ist, bewaffnete Raubüberfälle und Verletzungen zu verursachen. Nutzen sie Wasser als Gegenmaßnahme.
Das Zusammenwirken mit den anderen Sternen im Palast ist ohne Folge.

Der S Palast: Der Jahresstern wirkt mit der Erdbasis 2 zusammen, welche extreme Disharmonie und Querelen verursacht. Er wirkt auch ungünstig auf den Facingstern. Benutzen sie Wasser als Gegenmaßnahme. Manche Schulen benutzen Feuer.

SW Palast: Der Jahresstern 5 hat sehr schädlichen Einfluss auf den Palast, aber der Facingstern 6 lässt diese ganze Energie abfließen und deshalb ist nichts zu tun, als eine extra Vorsichtsmaßnahme kann Metall genutzt werden.

W Palast: Der Jahresstern 1 verstärkt die Energie des Facingstern 1, entgegnen sie der schlechten Energie von Erdbasisstern 9 und nähren sie den Bergstern 4. Der Einfluss des Jahressterns ist an diesem Platz positiv.

NW Palast: Der Jahresstern 9 nährt beide, das Facing und die Erdbasis und verringert die Energie des Bergsterns 3. Der nährende Effekt, den es auf den Facingstern 2 hat, ist unerwünscht. Nutzen sie Wasser oder Metall als Gegenmaßnahme.
N Palast: Der Jahresstern 4 mit Wirkung auf die Erdbasis 3 schafft perfekte Harmonie von Yin und Yang. Der Einfluss auf den Jahresstern in diesem Palast braucht keinerlei Gegenmaßnahme.

NO Palast: Der Jahresstern 2 zerstört die Energie der Erdbasis 1 und verringert die Energie des Facingstern 9. In Kombination mit dem Bergstern 5 ist es eine sehr gefährliche Kraft. Nutzen sie Metall als Gegenmaßnahme.

O Palast: Der Jahresstern 6 lässt die Energie von der Erdbasis und dem Facingstern abfließen, welches sehr wünschenswert ist. Es muss nichts getan werden.

Jahreskalender Tabelle-Jahressterne-Erste monatliche Sterne

2000	9	5		2010	8	2		2020	7	8
2001	8	2		2011	7	8		2021	6	5
2002	7	8		2012	6	5		2022	5	2
2003	6	5		2013	5	2		2023	4	8
2004	5	2		2014	4	8		2024	3	5
2005	4	8		2015	3	5		2025	2	2
2006	3	5		2016	2	2		2026	1	8
2007	2	2		2017	1	8		2027	9	5
2008	1	8		2018	9	5		2028	8	2
2009	9	5		2019	8	2		2029	7	8

Reihenfolge der Mondmonate und ihrer vorherrschenden Sterne

1st Lunar Month Star	8
2nd Lunar Month Star	7
3rd Lunar Month Star	6
4th Lunar Month Star	5
5th Lunar Month Star	4
6th Lunar Month Star	3
7th Lunar Month Star	2
8th Lunar Month Star	1
9th Lunar Month Star	9
10th Lunar Month Star	8
11th Lunar Month Star	7
12th Lunar Month Star	6

Im Jahr 2002 ist es die Regel, dass der Jahresstern 7 und der erste Monatsstern 8 am 12ten Februar beginnt.
Bitte erinnern sie sich, der Jahresstern und der erste Monatsstern fangen im chinesischen Neujahr des jeweiligen Kalender Jahres an.

Die monatlichen Sterne

Um das aufeinander wirken der monatlichen Sterne an einem Platz zu bewerten, müssen sie in derselben weise vorgehen, wie man es tun würde, wenn man einen Jahresstern hätte. Sie müssen zuerst das Zusammenwirken des Monatssterns mit der Erdbasis und dem Facingstern prüfen. Danach ziehen sie in Betracht, welches Zusammenwirken es mit den Jahres- und Monatssternen hat.
Wie sie sehen, wird die Sache komplizierter, weil man 5 Energien in ihr Zusammenwirken in Betracht zu ziehen hat. Konzentrieren sie sich dahin, wie die monatlichen Sterne Nr. 2 + 5 + 9 mit der Erdbasis und dem Facingstern zusammenwirken.

Verschiedene Schulen verwenden verschiedene Systeme

Bei der Anwendung der monatlichen Sterne werden 2 verschiedene Systeme genutzt.

1) Einige Schulen lassen **alle monatlichen Sterne eines Jahres** in einem aufsteigenden Weg (Yang) in den Diagrammen fliegen.

2) Andere Schulen lassen die ersten Mondmonate vorwärts in einem aufsteigenden Weg fliegen, **aber in dem Mondmonat, in dem die Sonnenwende nach vorne fällt** zum Ende des Mondjahres in einem abfallenden (Yin) Weg.

Beispiel
für fliegende aufsteigende Monatssterne

7	3	5
6	8	1
2	4	9

Beispiel
für fliegende abfallende Monatssterne

5	9	7
6	4	2
1	8	3

Beispiel

Im Jahr 2002 fiel das chinesische Neujahr auf den 12ten Februar. Von diesem Jahr an vorwärts bis zum Ende von diesem Mondjahr wird der Jahresstern 7 vorherrschen. Der erste Mond Monat, beginnend zur selben Zeit, hat die Nummer 8. In den ersten vier Monaten des chinesischen Mondjahres steigen die monatlichen Sterne.
Die Sommersonnenwende ist am 21sten Juni und fällt in den 5ten Chinesischen Mondmonat, der die Nummer 4 hat. Im 5ten Mondmonat fliegt der monatliche Stern 4 deshalb abfallend und so machen es alle anderen Sterne des Mondmonats für den Rest des Jahres.

Yin und Yang im Zyklus eines Jahres
Während die erste Methode nicht das Wachsen und Schwächen von Yin und Yang im Zyklus eines Jahres in Anbetracht zieht, nimmt die zweite Methode dies in Betracht. Schulen, welche die zweite Methode verwenden, regulieren deren Wege zum Wechsel der kosmischen Energie, indem sie durch den Zyklus des Jahres gehen, was notwendig ist, um es mit der Wirklichkeit abzustimmen.

Das Geomantische Diagramm

Sobald die Periode und seine Facing Richtung bekannt sind, können wir das Geomantische Diagramm ausarbeiten, um zu sehen, wie sich die Richtungsenergien individuell im Gebäude durch ihre Lage zur Energie der acht Kompass Richtungen und auf die Periode der Gebäudeherstellung einstellen.

Der Zeit Faktor

Die Energien, die bekannt sind, dass sie die 8 Kompass Richtungen vertreten, stellen sich selbst in Übereinstimmung mit bestimmten Mustern, abhängig von der Periode der Gebäude Herstellung. Sie sind bekannt als Erdbasis oder Zeitstern.

Energien der 8 Kompass Richtungen

4	9	2
3	5	7
8	1	6

Energien Neuordnung in Periode 1

9	5	7
8	1	3
4	6	2

Die Lage der Richtung

Die Richtungslage, die sogenannte Facing Richtung, ist die Richtung von der Energie ins Gebäude eintritt und sich überall ausbreitet, folgend denselben Mustern, wie die Erdbasissterne dies tun.
Die Energie, die den Facingstern darstellt, steht rechts im Zentrum des Palastes und heißt Facingstern. Gegenüber der Facing Richtung ist die Sitting Richtung. Die Energie, die im Sitting Palast vorhanden ist, steht auf der linken Seite des Erdbasissterns und heißt Berg- oder Sittingstern.
Die Energie von Facing- und Bergsternen kann sich ausbreiten auf Yin = (abfallend) oder Yang = (aufsteigende) Art und Weise, abhängig davon, welche von den 3 Unterabteilungen von jeder der 8 Himmelsrichtungen das Gebäude anzeigt. Zum Beispiel

unterhalb der Gebäude ist die Facing Unterteilung 1 des W, die Facingsterne (blau) verbreiten sich auf eine Yang Art und Weise und die Bergsterne (rot) verbreiten sich auf eine Yin Art und Weise.

Muster wie die Energie fließt

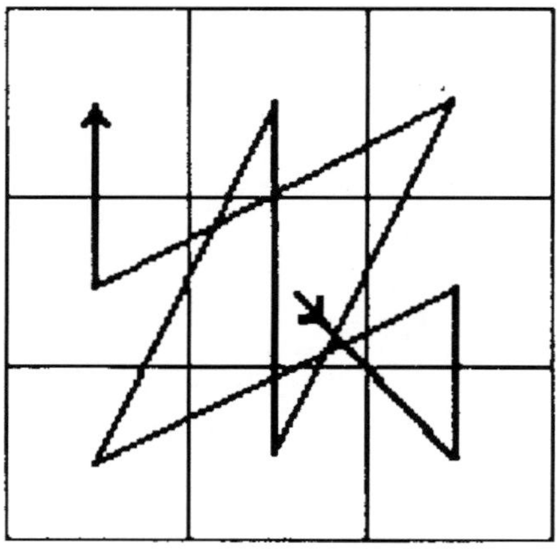

Energie Neuanordnung in Periode 1 mit Facing Richtung W1

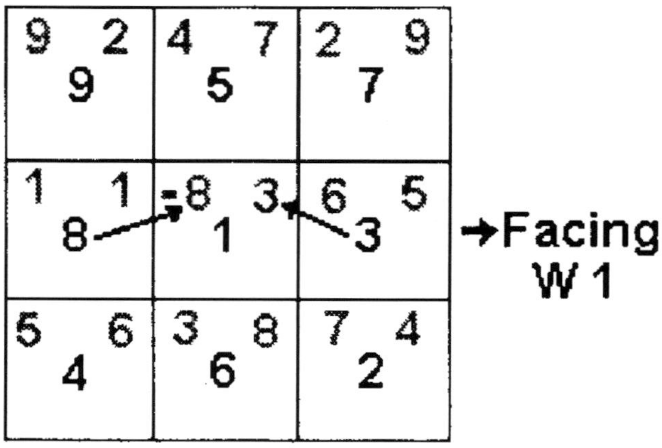

Um zu wissen, ob sich der Facing- und/oder Bergstern in einer gegebenen Periode und Facing Richtung in eine Yin oder Yang Art und Weise bewegt, nehmen sie bitte Bezug auf die folgenden 9 Diagramme. Die Nummern in der Mitte bezeichnen die Periode. Jede der 8 Kompass Richtungen hat Erdbasissterne, welche die Energie darstellen, wie sie zu einer Periode gehören. Die 3 Unterabteilungen von jeder Kompass Richtung haben ein + (Yang) oder ein - (Yin) Zeichen, was bezeichnet, auf welche Art und Weise die Energie sich ausbreitet.
Mit der Hilfe von diesen Diagrammen kann man Geomantische Diagramme von Gebäuden ausarbeiten für alle 9 Perioden und alle 24 Facing Richtungen.

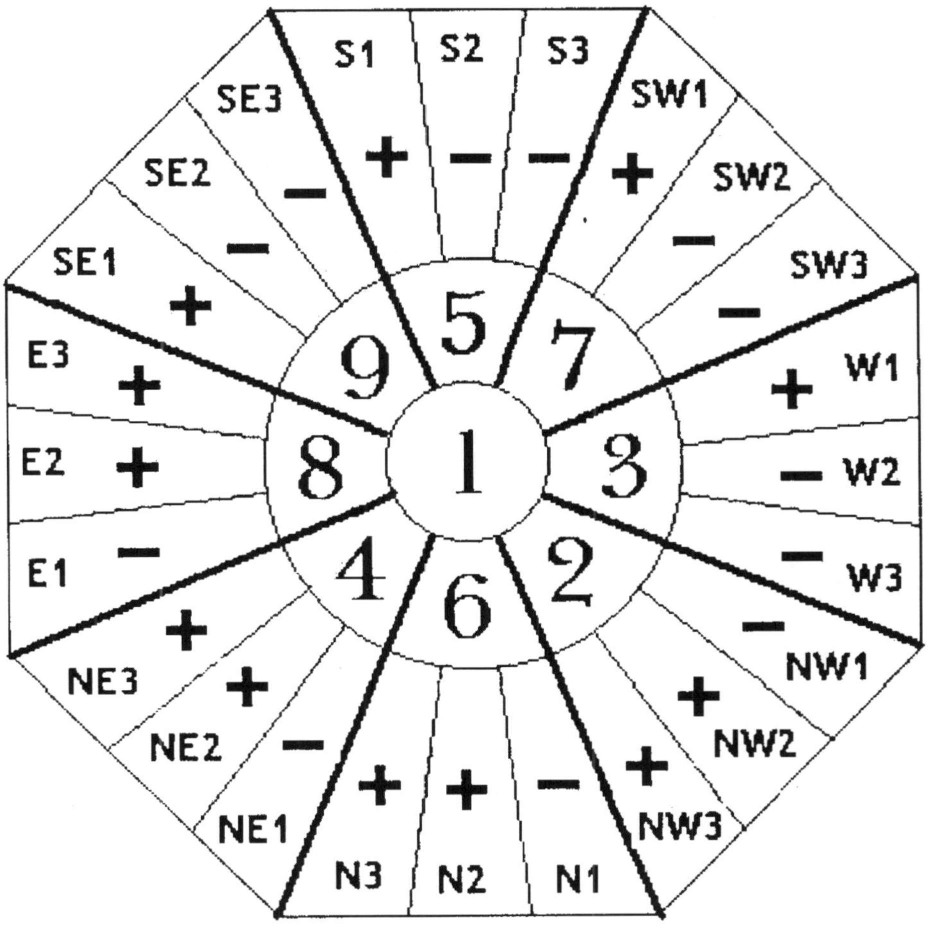
S1
S2
S3
SW1
SW2
SW3
W1
W2
W3
NW1
NW2
NW3
N1
N2
N3
NE1
NE2
NE3
E1
E2
E3
SE1
SE2
SE3
1
2
3
4
5
6
7
8
9

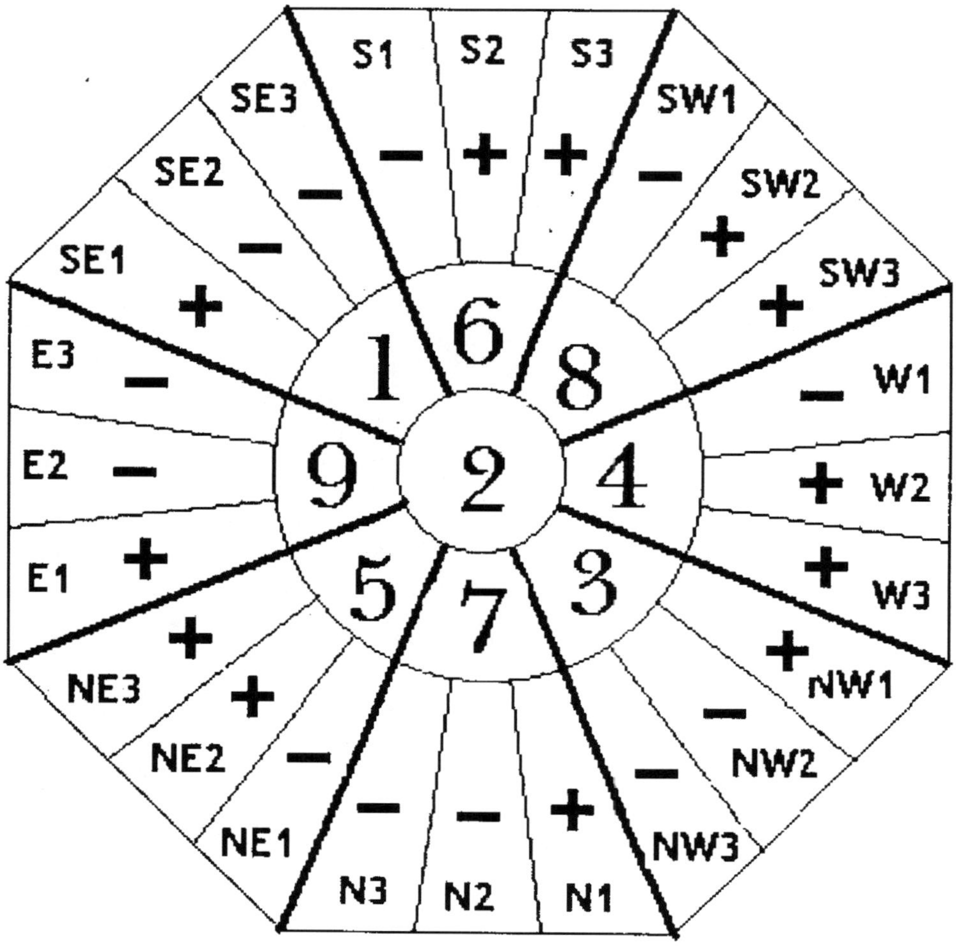
S1
S2
S3
SW1
SW2
SW3
W1
W2
W3
NW1
NW2
NW3
N1
N2
N3
NE1
NE2
NE3
E1
E2
E3
SE1
SE2
SE3
1
6
8
9
2
4
5
7
3

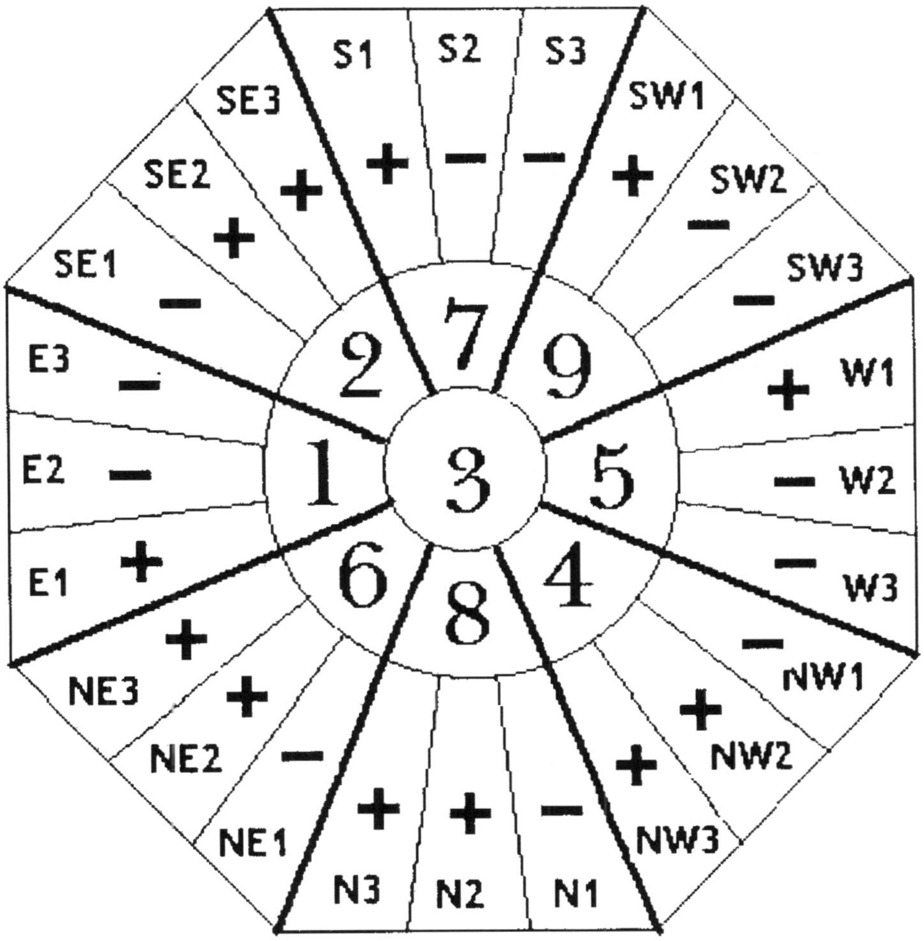
S1
S2
S3
SW1
SW2
SW3
W1
W2
W3
NW1
NW2
NW3
N1
N2
N3
NE1
NE2
NE3
E1
E2
E3
SE1
SE2
SE3
+
−
−
+
−
−
+
−
−
−
+
+
−
+
+
−
+
+
+
−
−
−
+
+
2
7
9
1
3
5
6
8
4

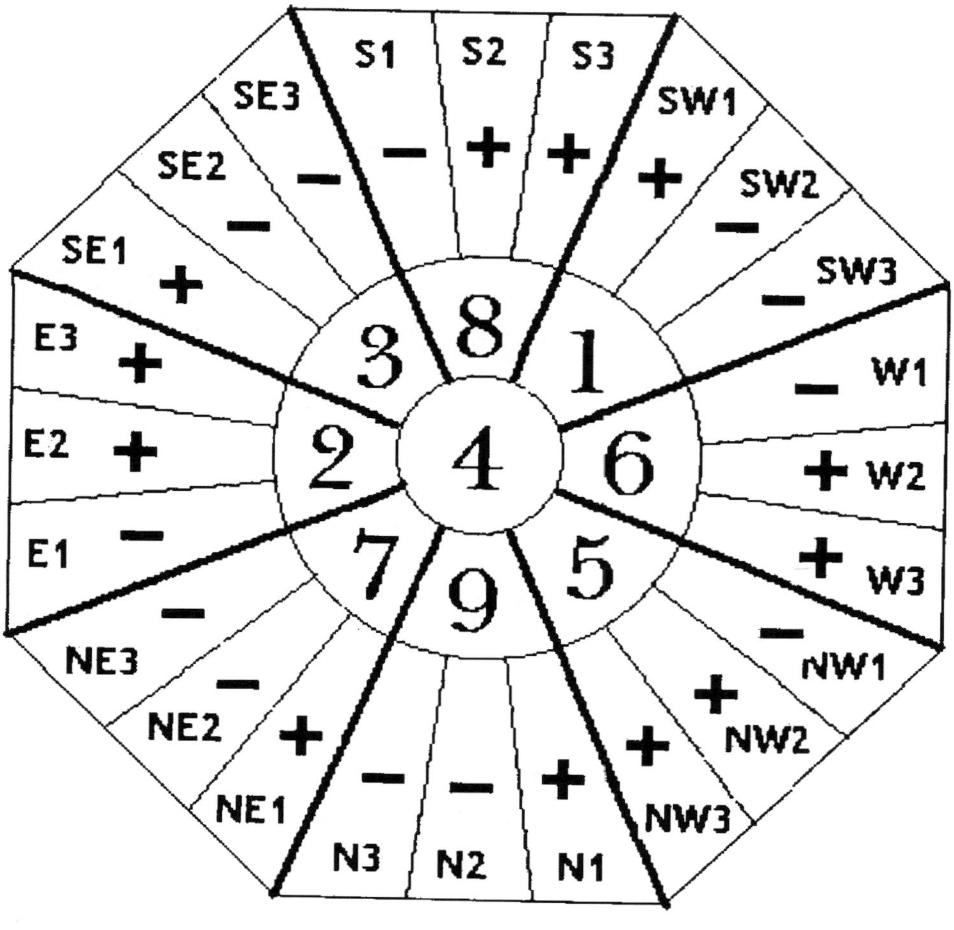
S1
S2
S3
SW1
SW2
SW3
W1
W2
W3
NW1
NW2
NW3
N1
N2
N3
NE1
NE2
NE3
E1
E2
E3
SE1
SE2
SE3
8
1
6
5
9
7
2
3
4

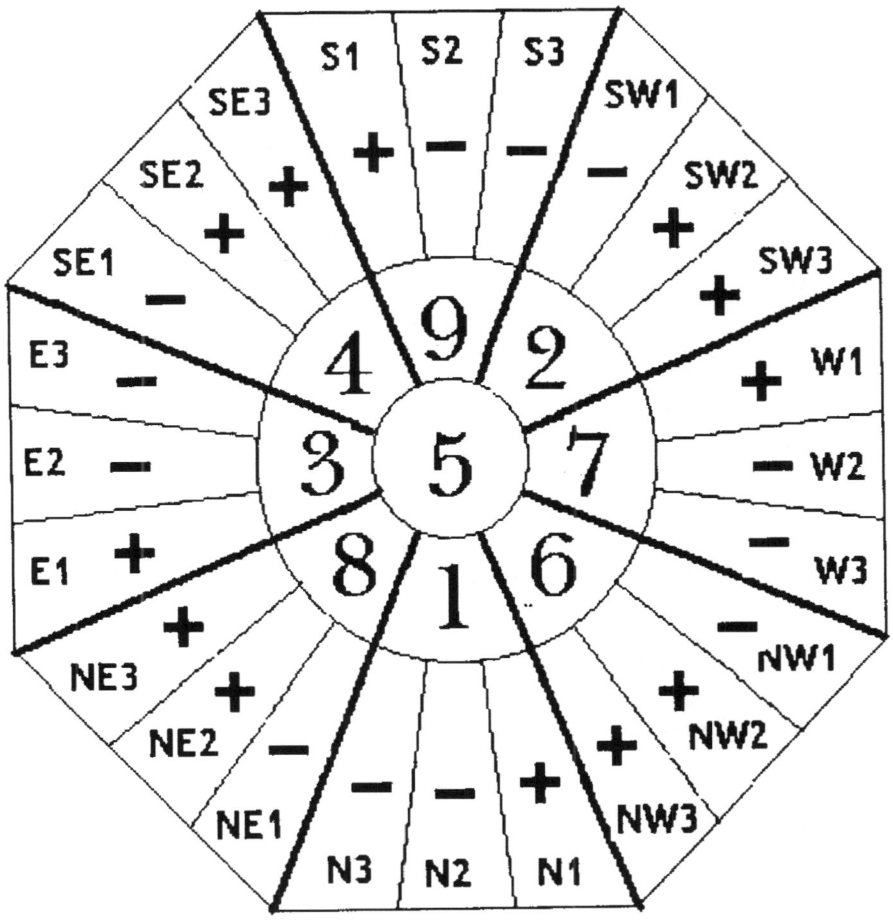
S1
S2
S3
SW1
SW2
SW3
W1
W2
W3
NW1
NW2
NW3
N1
N2
N3
NE1
NE2
NE3
E1
E2
E3
SE1
SE2
SE3
4
9
2
3
5
7
8
1
6

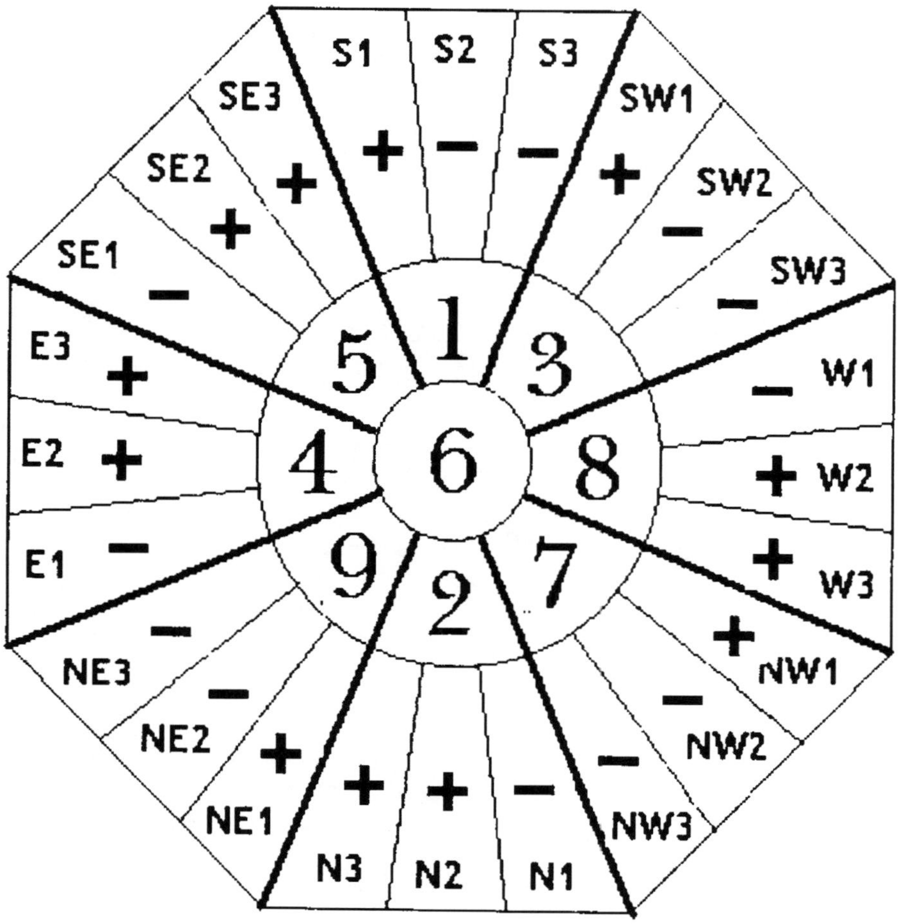
S1
S2
S3
SW1
SW2
SW3
W1
W2
W3
NW1
NW2
NW3
N1
N2
N3
NE1
NE2
NE3
E1
E2
E3
SE1
SE2
SE3
1
3
8
7
2
9
4
5
6

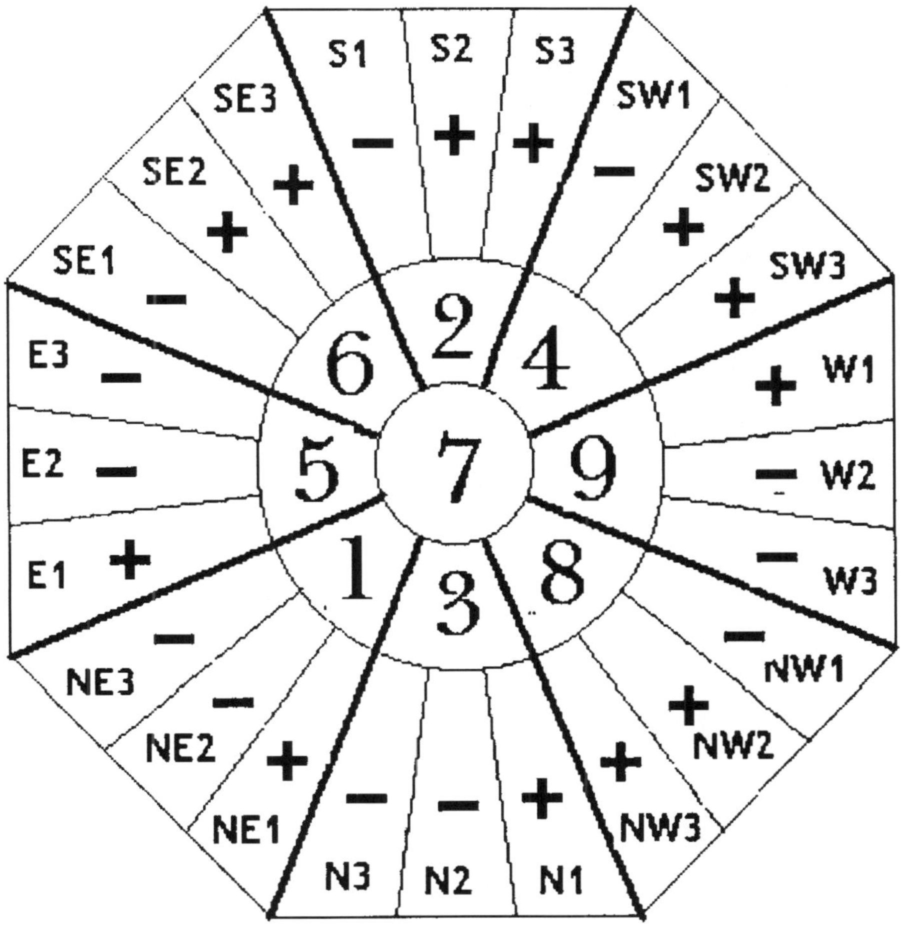
S1
S2
S3
SW1
SW2
SW3
W1
W2
W3
NW1
NW2
NW3
N1
N2
N3
NE1
NE2
NE3
E1
E2
E3
SE1
SE2
SE3
6
2
4
5
7
9
1
3
8

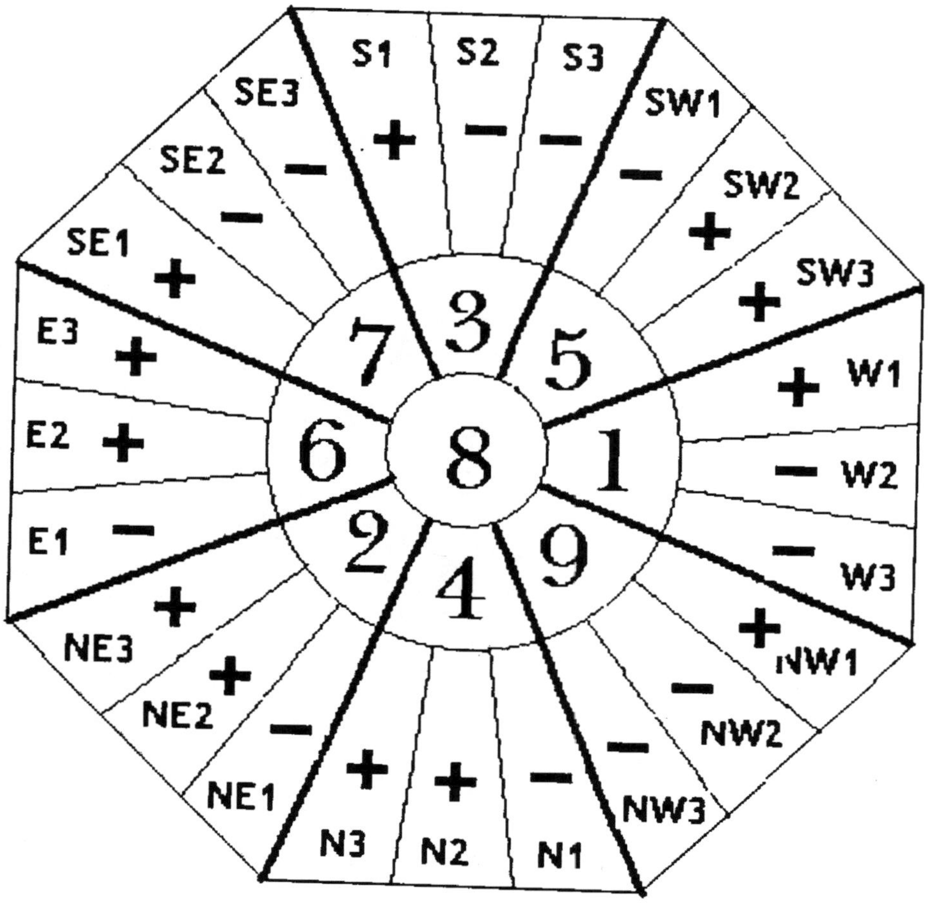
S1
S2
S3
SW1
SW2
SW3
W1
W2
W3
NW1
NW2
NW3
N1
N2
N3
NE1
NE2
NE3
E1
E2
E3
SE1
SE2
SE3
7
3
5
6
8
1
2
4
9

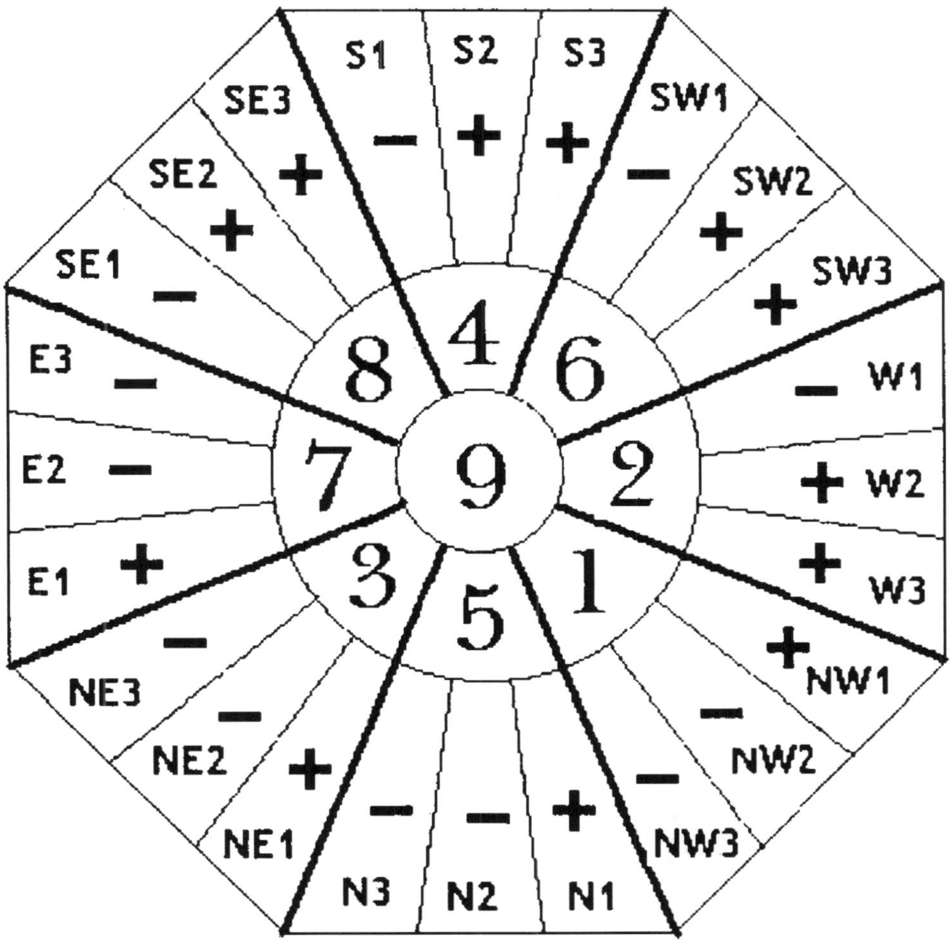
S1
S2
S3
SW1
SW2
SW3
W1
W2
W3
NW1
NW2
NW3
N1
N2
N3
NE1
NE2
NE3
E1
E2
E3
SE1
SE2
SE3
4
6
2
1
5
3
7
8
9

Die 9 Perioden

Der Zeitfaktor im Feng Shui hat 9 Perioden von je 20 Jahren, die einen gesamten Zyklus von 180 Jahren ausmachen.
Jede Periode beginnt mit dem ersten Tag des chinesischen Mondjahres. Die 8. Periode z. B. beginnt im chinesischen Neujahr in 2004 und endet an dem letzten Tag bevor das chinesische Neujahr in 2024 beginnt.

Periode 1	**1864 bis 1884**
Periode 2	**1884 bis 1904**
Periode 3	**1904 bis 1924**
Periode 4	**1924 bis 1944**
Periode 5	**1944 bis 1964**
Periode 6	**1964 bis 1984**
Periode 7	**1984 bis 2004**
Periode 8	**2004 bis 2024**
Periode 9	**2024 bis 2044**
Periode 1	**2044 bis 2064**
Periode 2	**2064 bis 2104**

Von der Energie, welche die gleiche Nummer hat, symbolisiert durch die Nummer 1 – 9, wird geglaubt, dass sie die Stärkste ist während der herrschenden Periode (Siehe unter rechtzeitige Energie).

Die Facing Richtung

Es ist manchmal eine geradezu einfache Sache, um die Facing Richtung zu bestimmen, aber dies kann auch die schwerste Aufgabe sein, die eine Menge Erfahrung und gründliche Kenntnisse über das Fundamentale benötigt.
Die Facing Richtung ist die Richtung, von welcher maximale Yang Energie durch das Gesicht des Gebäudes in einem Winkel von 90 Grad ins Gebäude eintritt.
Die Vorderseite des Gebäudes, die den größten Anteil an Yang Energie hat, ist das Gesicht des Hauses, vorausgesetzt die Energie kann durch die Eingänge in das Gesicht des Hauses durch große Fenster und/oder Türen eintreten.
Yang steht für Ausdehnung, Aktivierung der Wärme, Wachstum und Licht. Die unmittelbare Umgebung des Gebäudes ist zu prüfen, um die Richtung herauszufinden, in welcher Yang vorherrschend ist.
Getrennt davon sollte über die generelle Form und Struktur des Gebäudes nachgedacht werden, um das Gesicht des Gebäudes zu identifizieren, denn Energie kann durch eine lange Front besser ins Haus eindringen als durch eine schmale.
Wir müssen die Front des Gebäudes, die größer ist, den größten und meist genutzten Eingang hat, und/oder die meisten Fenster hat identifizieren. Wenn diese Front auch zur maximalsten Yang Energie der Umgebung geöffnet ist, wird es das Gesicht des Hauses sein. Die meisten Gebäude sind so wie das vorher Genannte.
Wenn die generelle Form und die Öffnungen des Gebäudes und die Richtung der maximalen Yang Energie der Umgebung nicht ein und dasselbe sind, müssen wir uns entscheiden für die Richtung, die mehr zur äußeren Energie gerichtet und geöffnet erscheint.
Nicht zuletzt ist die Leichtigkeit, mit der sich die Energie überall im Gebäude ausbreiten kann, wichtig.
Die Facing Richtung eines Gebäudes oder ein Teil davon, solche wie die eines Appartements oder eines Geschäftes, hängen daher von diesen 3 Faktoren ab.

1) **Die Richtung, in der die äußere Umgebung die vorwiegende natürliche Yang Energie hat.**

2) **Die Lage des Gebäudes oder Teile davon zur äußeren Umgebung**

3) **Die innere Struktur eines Gebäudes oder Teile davon, welche die Energie befähigen, sich zu all ihren Sektoren ausbreiten zu können.**

Die Facing Richtung eines Gebäudes mag sehr oft die Richtung des Eingangs sein, wenn die Nutzung des Eingangs die Aufnahme der Energie aktiviert, aber es muss nicht immer so sein. Es ist die Richtung, von der die maximale Yang Energie der Umgebung leicht in ein Gebäude eintreten kann und die sich leicht darin ausbreiten kann.

Um die Facing Richtung einer einzelnen Einheit in einem Gebäude zu bestimmen, so wie für ein Appartement oder ein Geschäft, bestimmen sie den Weg der Energie, der in die Einheit eintritt. Wir haben zuerst von allem herauszufinden, ob die Energie, die den Weg des Gebäude Facings nimmt, ins Gebäude eintritt, oder ob sie durch eine Richtung eintritt, die unabhängig von der Gebäude Facing Richtung ist.

Dies kann eine sehr herausfordernde Aufgabe sein.
Wenn in eine einzelne Einheit, wie ein Appartement, von mehr als einer Richtung, wie auch durch große Fenster, Energie ins Gebäude fließen kann, müssen wir sehr vorsichtig herausfinden, welche Energie die dominantere ist.

Die äußere Umgebung

Wenn Wasser als solches in tiefer liegendem Gelände gefunden wird, ist dieses als starken Yang Faktor in der äußeren Umgebung zu bewerten. Tiefer liegendes Gelände ist auch Yang, weil es Ausdehnung erlaubt, es erlaubt offensichtlich einen weitreichenden Blick. Ein Berg, eine künstliche Struktur oder ein höher liegendes Gelände begrenzt und behindert Ausdehnung und die Richtung dieses Ortes versteht man deshalb als eine vorherrschende Yin Natur.

Die Lage eines Gebäudes oder ein Teil davon

Die Front des Hauses oder einer Einheit ist diejenige, die es erlaubt, die Richtungsenergie auf dem Wege der Haupttüren, Eingänge oder Fenster herein zu lassen.

Die Innere Struktur eines Gebäudes oder ein Teil davon

Dieses ist der Faktor, der es der Energie, die in ein Haus oder in eine einzelne Einheit eintritt, erlaubt, sich durch alle Sektoren auf leichtem Wege ausbreiten zu können. Dies ist besonders zu überlegen, wenn mehr als eine Richtung als Facing Richtung für die Lage in Frage kommt, und zwar indem man Rechnung trägt mit der maximalsten Yang Energie. Die Richtung, von der die Energie sich am leichtesten ausbreiten kann zu allen Teilen des Gebäudes, ist die Facing Richtung.

Die Facing Richtungen haben dominante Energien

Eine Facing Richtung ist die Richtung von 90 Grad von der Front eines Hauses, die zur stärksten Yang Energie der unmittelbaren Umgebung gerichtet ist und in der Lage ist, dieser Energie zu erlauben auf dem Wege der Eingänge, Öffnungen und Fenster einzutreten.

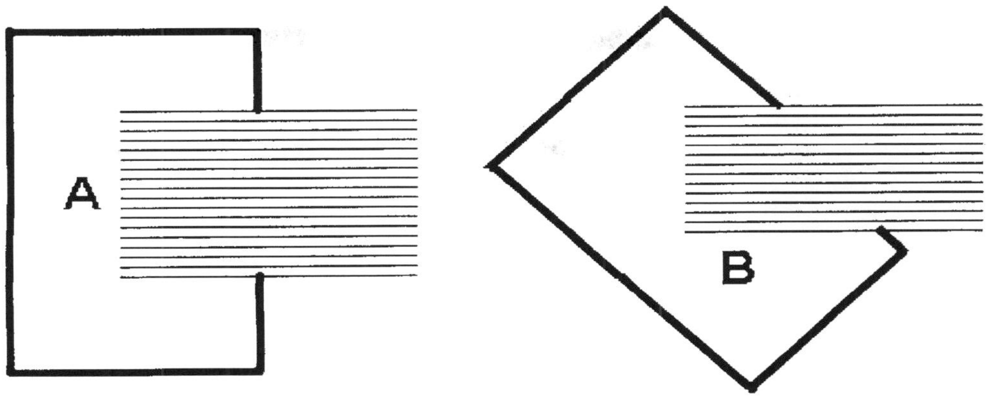

Gebäude A und B haben Öffnungen von gleicher Größe, wodurch Energie hereinkommen kann

Energie, die ins Gebäude (A) eintritt von der Facing Richtung, ist stärker als jede andere Energie und ist daher die dominanteste eines Gebäudes.
Energie, die ins Gebäude (B) eintritt in einem Winkel, der anders ist als 90 Grad hat nicht die gleiche Stärke.

Die Komplexität, um die Facing Richtung eines modernen Büros und Appartements herauszufinden

Appartement Gebäude **Geschäft im Erdgeschoss**

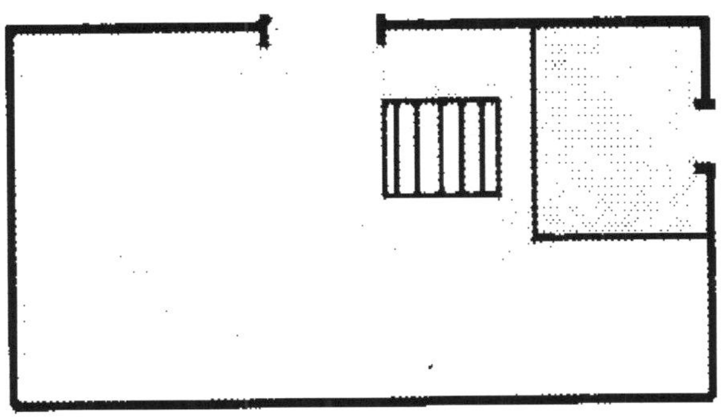

Appartement Gebäude **Appartem. in den Obergeschossen**

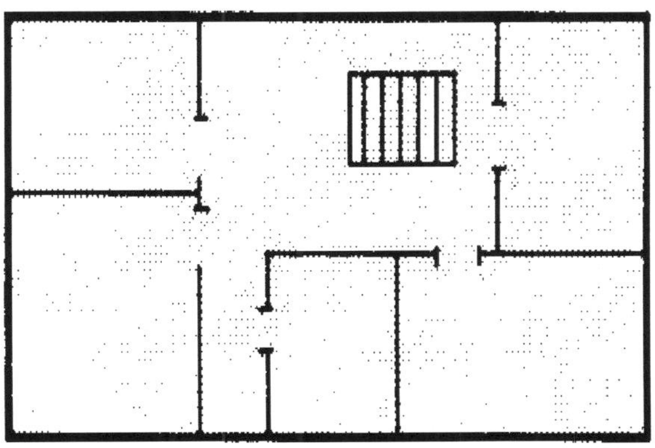

Die Facing Richtung des Geschäftes im Erdgeschoss ist unabhängig von der Facing Richtung des Gebäudes, da die Energie, die ins Gebäude kommt, sich nicht zum Geschäft ausbreiten kann.

Die Facing Richtung des Appartements in den oberen Geschossen, die in Verbindung zu allen anderen und zum Erdgeschoss des Treppenhauses stehen, bekommen die Energie, die das Gebäude durch die Facing Richtung des Gebäudes bekommen hat. Sie alle können sich die Facing Richtung des Gebäudes teilen.

2-stöckiges Appartement Haus

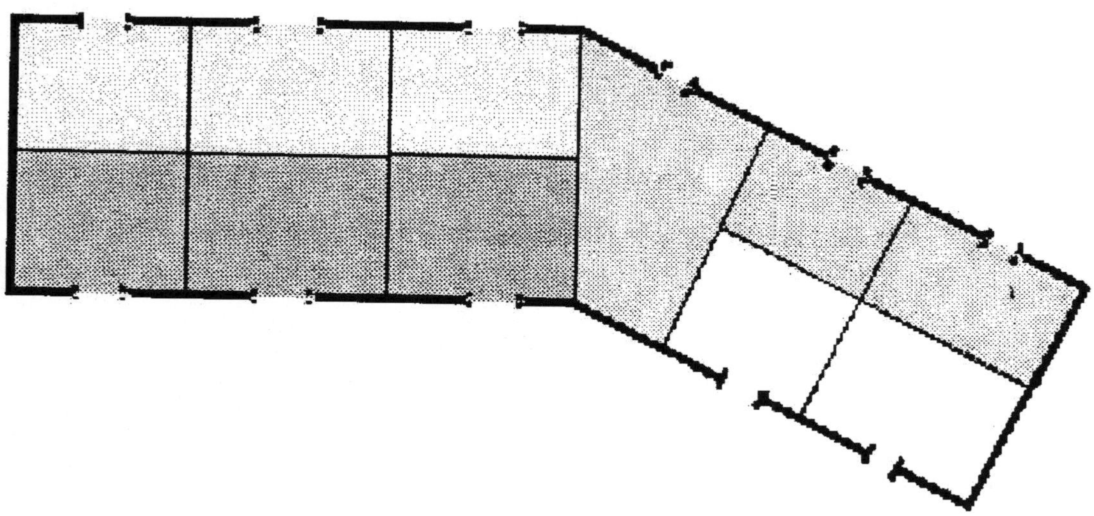

Das Gebäude hat keinen gemeinsamen Eingang. Jede Einheit hat ihren eigenen Eingang und es gibt keine Türen zum Anschluss an irgendeine Einheit. Jede Einheit hat daher ihre eigene Facing Richtung. Einheiten, die in derselben Farbe dargestellt sind haben die gleiche Facing Richtung.

Appartement Gebäude mit gemeinsamen Eingang

Die ersten 3 Etagen sind zu allen Seiten offen und werden zum Parken genutzt. Alle anderen Geschosse haben Wohneinheiten und sind durch ein offenes Treppenhaus miteinander verbunden. Der Lift verbindet alle Etagen.

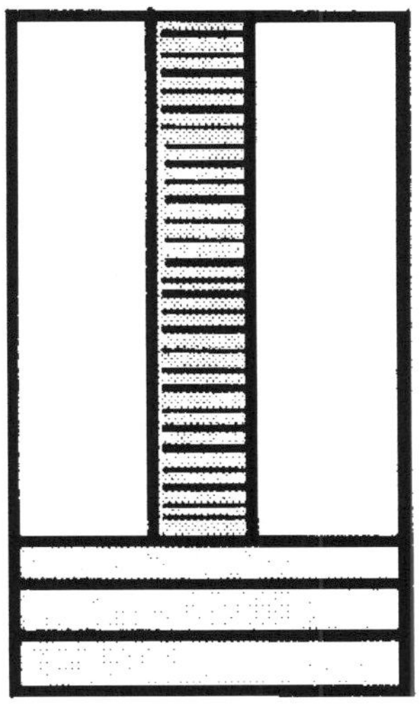

Seitenansicht des Gebäudes

Erdgeschoss des Gebäudes

Die Facing Richtung der ersten 3 Etagen ist die Richtung des gemeinsamen Eingangs des Appartementgebäudes. Es ist die Richtung, von der Energie durch die Aktivitäten der Bewohner und durch den Verkehr der Autos ins Gebäude eintritt.

Die Obergeschosse

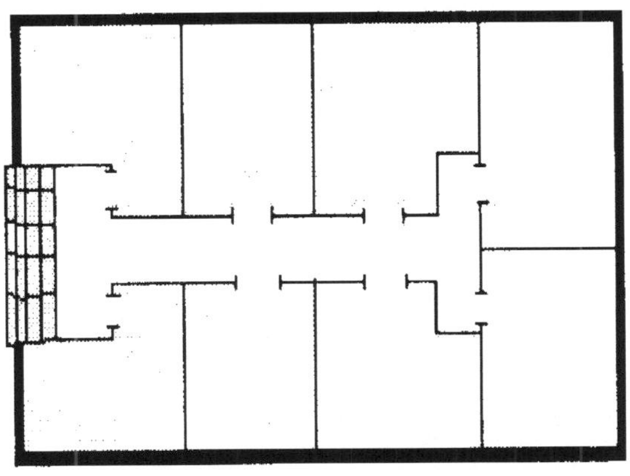

Die Facing Richtung vom Rest der Etagen ist bestimmt durch die Richtung des offenen Treppenhauses, welches diesen Etagen dient. Energie tritt ein von der Richtung des Treppenhauses und breitet sich aus zu allen Einheiten von jeder jeweiligen Etage. Die Richtung des offenen Treppenhauses kann sehr wohl die Facing Richtung von jeder Wohneinheit in allen Etagen sein, aber wir haben auch die Energie zu erwägen, die durch die Fenster von jeder Einheit Aufnahme findet. Die Richtung, von der die dominanteste Energie kommt, ist die Facing Richtung.

Geschäftsgebäude, die Glasfassaden an allen vier Seiten haben

Gemeinsamer Eingang im Erdgeschoss. Sechs Aufzüge und ein Treppenhaus bedienen alle oberen Etagen.

Ground Floor

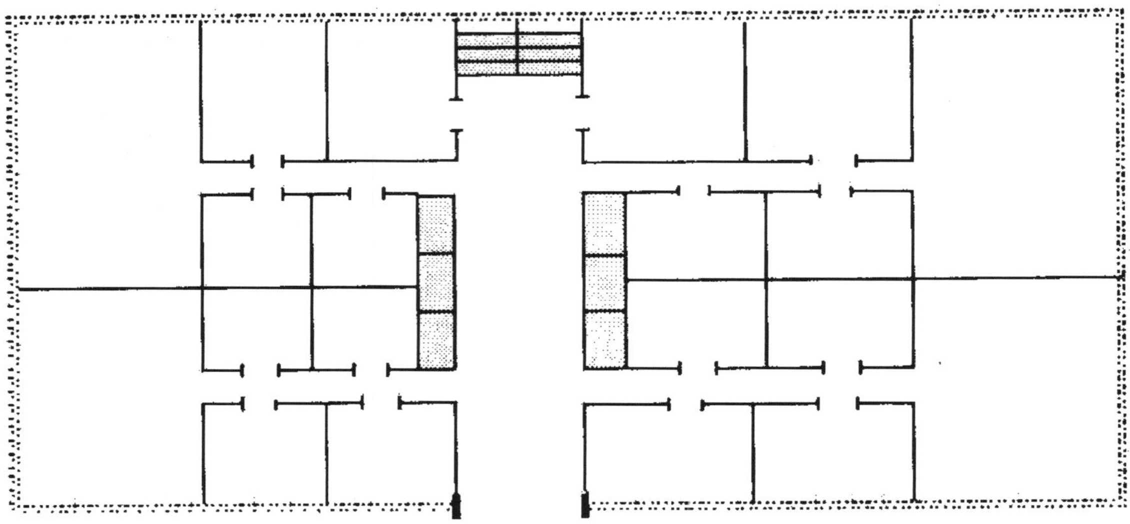

All Upper Floors

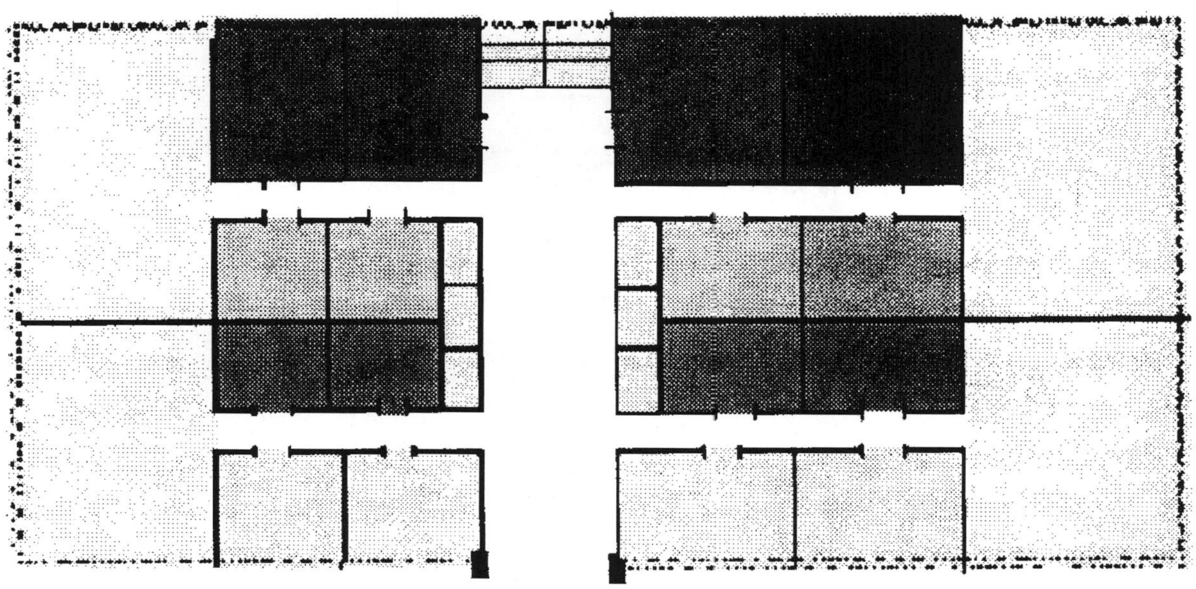

Die Facing Richtung des Erdgeschosses ist die Richtung des gemeinsamen Eingangs. Die Betriebsamkeit von vielen Menschen, die durch den gemeinsamen Eingang kommen und der weite offene Parkgrund an der Vorderseite befriedigt die Anforderungen von einer vorwiegenden äußeren Yang Umgebung und hat dazu noch eine außerordentliche Lage. Die innere Struktur des Erdgeschosses erlaubt es der Energie, sich durch alle Einheiten zu verteilen. Die verschiedenen Erdgeschoss Einheiten teilen sich aus diesem Grunde die Facing Richtung des Gebäudes.

Die Facing Richtungen der Einheiten von allen oberen Geschossen sind bestimmt durch ihre einheitliche Lage zur äußeren Umgebung. Die Aufzüge sind nicht geeignet, um die Energie des Erdgeschosses in die oberen Geschosse zu verteilen. Der Treppenhausanschluss erlaubt es allen Etagen, Energie, die durch den gemeinsamen Eingang kommt, sich in den oberen Etagen zu verbreiten, aber die Glasfronten von allen 4 Seiten des Gebäudes erlauben es der Energie ebenso herein zu kommen und diese Energie ist wahrscheinlich stärker und deshalb dominanter.
Alle vier Richtungen der Gebäude sind vorwiegend Yang, da das Gesicht der oberen Etagen tiefer liegende Umgebung rundherum hat. Wir können daher annehmen, dass von beiden Energien, und zwar von der Energie, welche durch den gemeinsamen Eingang kommt und sich in den oberen Etagen verteilt und von der Energie, die durch die Glasfront des Gebäudes kommt, die letztere wahrscheinlich die stärkere und dominantere ist.

Die Einheiten, die in grau markiert sind, haben ihre Fensterfassade in der selben Richtung wie der Eingang im Erdgeschoss und teilen sich deshalb die Facing Richtung des Erdgeschosses.

Die in Purpur markierten Einheiten zeigen in die gegenüber liegende Richtung, was darum auch ihre Facing Richtung ist.

Die in gelb markierten Einheiten haben 2 Richtungen, die sie wählen können. Die größere Fensterfassade von jeder der zwei Einheiten hat den Vorteil, dass mehr Energie hereinkommen kann, aber die Entscheidung sollte in Wirklichkeit von der äußeren Umgebung gemacht werden. Die Facing Richtung der Fensterfront, die in Wirklichkeit mehr Yang hat, sollte als Yang Richtung gewählt werden.

Die in rot markierten Einheiten haben keine Fenster und deshalb keinen Zugang zu konkurrierender Energie. Ihre Energie tritt ein durch ihre Türen. Die Richtung von ihren Türen und die Richtung von ihrem gemeinsamen Eingang im Erdgeschoss sind dieselben und so auch die Facing Richtungen.

Die in grün markierten Einheiten haben keine Fenster und deshalb keinen Zugang zu konkurrierender Energie. Wir müssen deshalb annehmen, dass ihre Energie, die durch ihre Türen hereinkommt, die dominantere Energie ist und die Richtung der Türen deren Facing Richtung ist.

Anwendung des Geomantischen Diagramms auf den Grundriss Plan

Das Geomantische Diagramm sollte so angewendet werden, das der gesamte Grundrissplan bedeckt ist. Gebäude, die L- oder U-förmig oder in irgendeiner anderen Weise unregelmäßig sind, können fehlende Paläste im Grundriss Plan haben. Wenn mehr als die Hälfte des Palastes nicht bedeckt ist durch den Grundriss Plan, dann ist die Energie von diesem Platz als fehlend im Gebäude zu bewerten.
Die richtige Anwendung des Geomantischen Diagramms auf den Grundriss Plan zeigen unterhalb zwei Paläste, die in grün markiert sind, die den Grundriss Plan nicht bedecken. Die Energie dieses Palastes wird deshalb im Gebäude vermisst.
Alle anderen Anwendungen des Geomantischen Diagramms, die nicht den gesamten Grundriss Plan bedecken sind falsch. Das Geomantische Diagramm bedeckt nicht die Bereiche, die in gelb markiert sind.

Richtige Anwendung

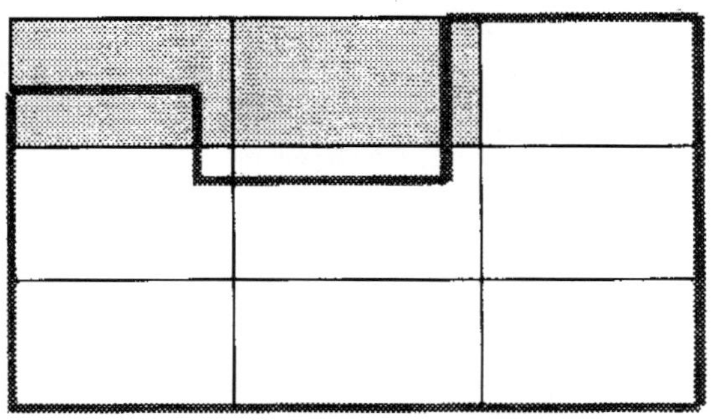

Falsche Anwendung

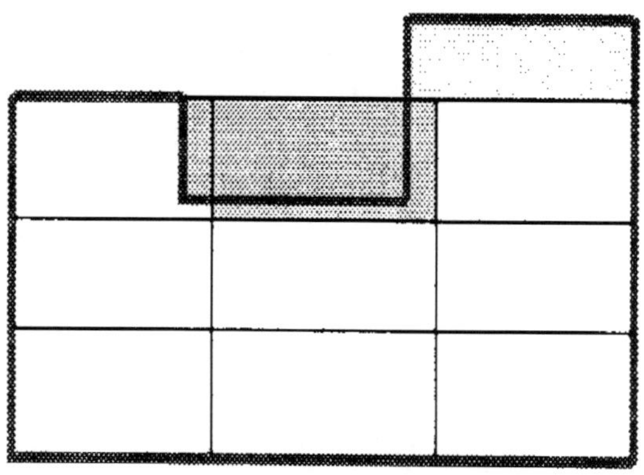

Richtige Anwendung

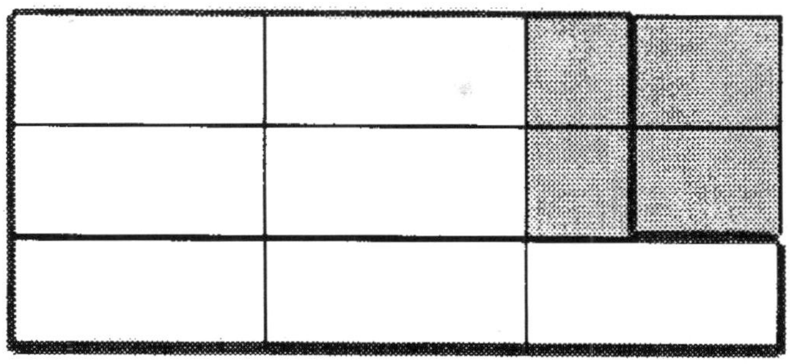

Falsche Anwendung

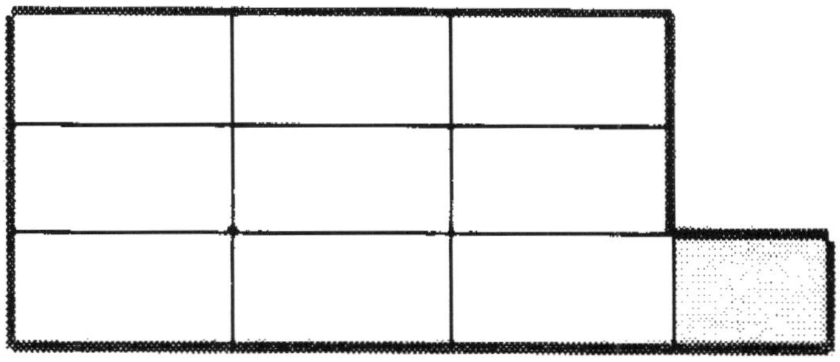

Die Position des Facing Palastes im Geomantischen Diagramm

Bitte erinnern sie sich immer daran, dass die Facing Richtung kein Ort ist, sondern eine Richtung. Der Facing Palast korrespondiert mit der Facing Richtung.

Die Position des Facing Palastes, die in blau markiert ist als S2 (180 Grad), ist als Lage des Haupteingangs gewählt.

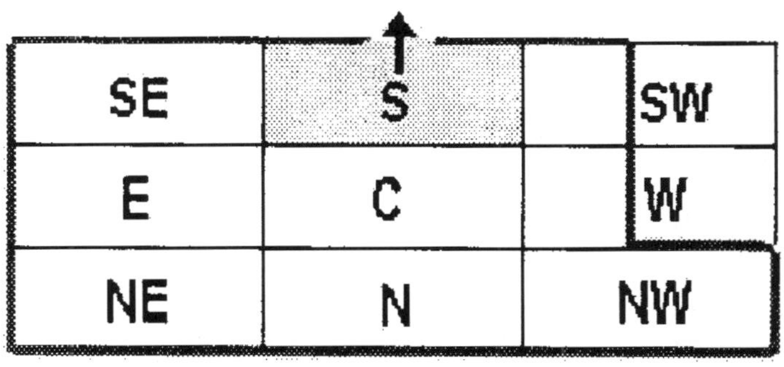

Die Position des Facing Palastes, die in blau markiert ist für die Facing Richtung S2 (180 Grad), ist als Lage des Haupteingangs gewählt.

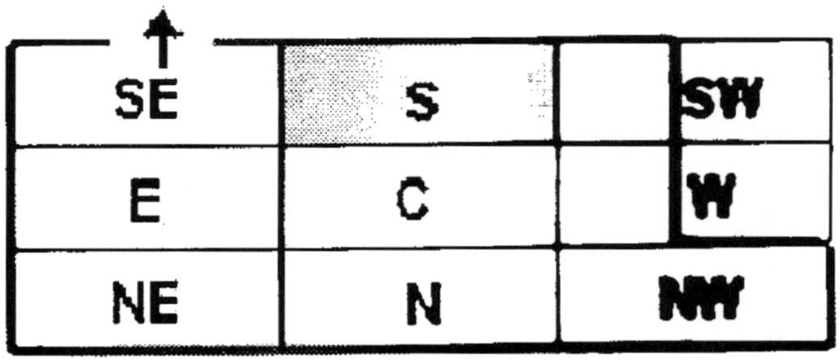

Die Position des Facing Palastes, die in blau markiert ist als die Facing Richtung SO1 (120 Grad), ist als Lage des Haupteingangs gewählt.

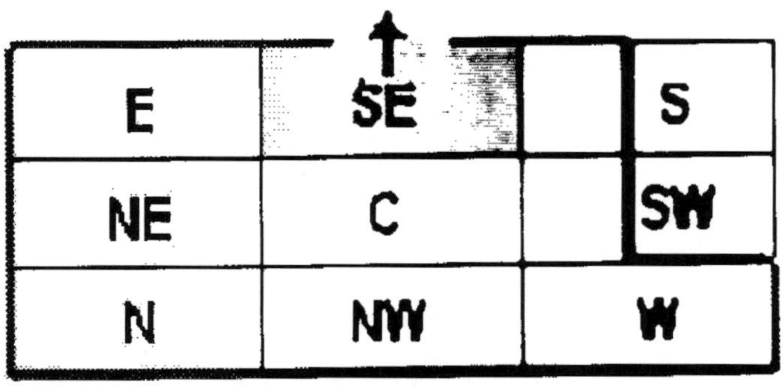

Die Position des Facing Palastes für die Facing Richtung SO1 (120) als Lage des Haupteingangs ist falsch.

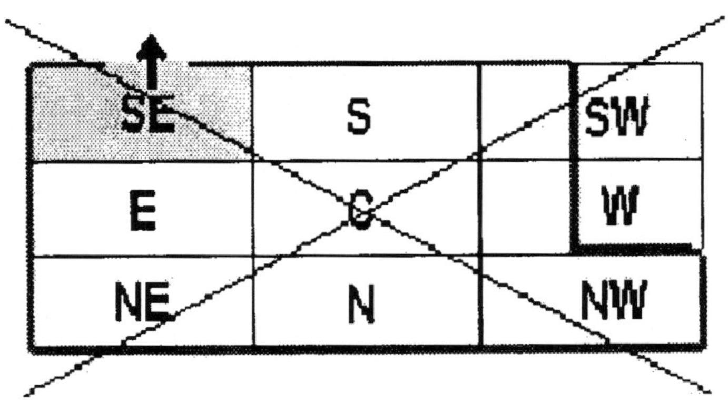

Dies ist eine falsche Positionierung des Facing Palastes

Die Position des Facing Palastes, markiert in blau, als Facing Richtung NW3 (300 Grad) gewählt als Ort des Haupteingangs.
Wenn weniger als die Hälfte von den Süd- und Ostpalästen im Grundriss Plan vorhanden sind, ist die Energie von diesen Palästen nicht im Gebäude.

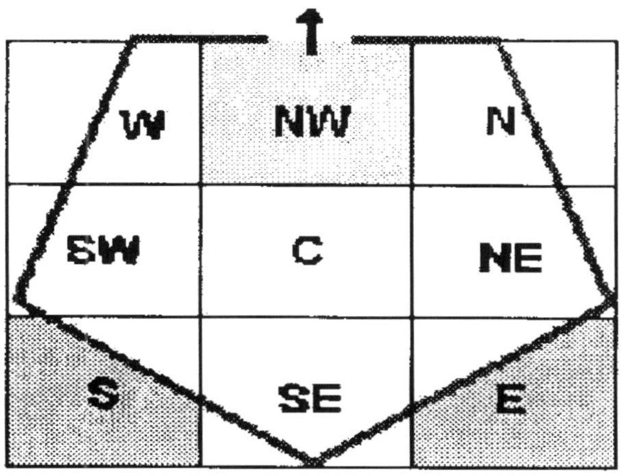

Die Position des Facing Palastes, markiert in blau, als Facing Richtung O 2 (90 Grad) gewählt als Lage der zwei Eingänge.
Der Facing Palast ist nicht überdeckt vom Grundriss Plan. Im NW und SW Palast überdeckt weniger als die Hälfte den Grundriss Plan. Die Energien von NW und SW und vom Facing Palast fehlen in dem Gebäude.

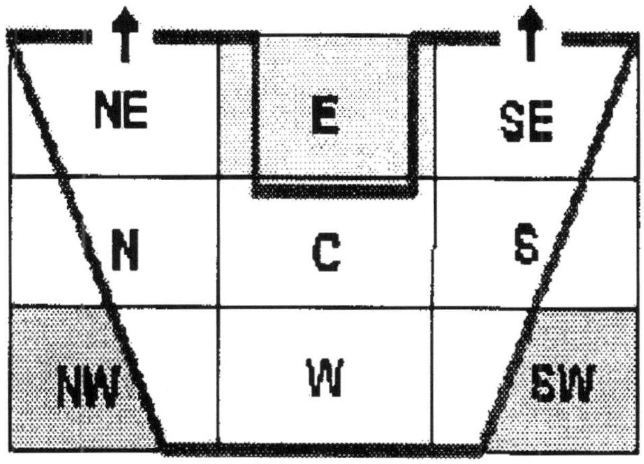

Probleme mit der Periode

Um ein Geomantisches Diagramm zu zeichnen, damit man die Verteilung der Energien in einem Gebäude bekommt, benötigen wir die folgenden Informationen.

- Die Facing Richtung des Gebäudes
- Die Periode des Gebäudes

Hinsichtlich der Periode sind 3 Systeme im Gebrauch.

- Zeit der Gebäudeherstellung
- Zeit des Einzuges ins Gebäude
- Gegenwärtige Periode

Die Zeit der Gebäudeherstellung

Die meisten der Feng Shui Berater nutzen die Periode, in welcher das Gebäude gebaut wurde. Dies gründet auf das Verständnis, dass die Energie der vorherrschenden Periode zur Zeit der Herstellung dominant ist.
Die weltweite Richtungsenergie, die zur Zeit der Herstellung des Gebäudes da ist, stellt sich auf den Zeitfaktor der vorherrschenden Perioden Verteilung dieser Energien um. Dieses Verfahren ist vergleichbar mit dem Abguss des Horoskops, begründet auf die Position der Planeten zur Zeit des Geburtstags.

Änderungen in der Konstruktion oder umfangreiche Renovierungen in einer späteren Periode können nochmals die Verteilung der weltweiten Energie ändern gemäß jener Periode. Es braucht eine Menge Erfahrung, um solch eine Situation zu bewerten.

Zeit des Einzugs in ein Gebäude

Diese Methode gründet auf die Annahme, dass die Energie von Himmel, Erde und Mensch zusammen kommen müssen, um den individuellen Energieaufbau des Gebäudes zu vervollständigen. Dieses sollte dann realisiert werden, wenn Bewohner einziehen. Es wird geglaubt, dass jeglicher Wechsel der Bewohner oder ein freies Gebäude für mindestens 100 Tage, die Periode des Gebäudes wechseln kann.

Gegenwärtige Periode

Diese Methode gründet auf die Idee, dass die Energieverteilung von jeder Periode sich über jede andere Verteilung der globalen Energien hinwegsetzt, und dass alle Gebäude mit dem Aufsetzen einer neuen Periode ihre Energieverteilung wechseln.

Probleme mit der Facing Richtung

Wie wir gesehen haben, kann es sehr schwer sein, um die Facing Richtung eines Gebäudes zu bestimmen.
Wenn zwei oder mehr Richtungen für die Facing Richtung eines Gebäudes oder einer einzelnen Einheit in Frage kommen können und wir uns nicht für eine von ihnen entscheiden können, ist es ratsam, mehrfache Diagramme zu verwenden.
Mehrfache Diagramme sollten auch verwendet werden, wenn die Periode eines Gebäudes nicht richtig bestimmt werden kann.
Dies kann oft der Fall sein, wenn die Herstellung des Gebäudes während des Wechsels der verschiedenen Perioden stattgefunden hat oder wenn Renovierungen während der verschiedenen Perioden gemacht wurden.
Es gibt auch noch ein anderes Problem hinsichtlich der Facing Richtung.Wenn die Facing Richtung innerhalb von 3 Grad von der Trennungslinie zwischen den 24 Kompass Richtungen verläuft, können sich die Energien vermischen. In solchen Fällen werden die Ersatzsterne angewandt (siehe unter Ersatzsterne).

Mehrere Diagramme

Manchmal ist es angebracht, mehr als ein Diagramm für die Diagnose eines Gebäudes zu nutzen. Dies mag seltsam aussehen, da bei aller Argumentation nur ein Diagramm richtig sein kann. Jedoch gibt es Situationen, wo mehrfache Diagramme erforderlich sind. Sie werden immer dann genutzt, wenn ein oder zwei

1. **Die Facing Richtung, oder**
2. **Die Periode des Gebäudes**

nicht zuverlässig ist (siehe unter Probleme mit der Facing Richtung und Probleme mit der Periode).
Sollte eine von den Perioden oder die Facing Richtung nicht richtig bestimmt werden können, sind mehrfache Diagramme erforderlich, um die Energien eines Gebäudes zu bewerten. In solchen Fällen sind mehrfache Diagramme als Sicherheitsmittel erforderlich auf Grund der Energien, die auf „andere" gute Diagramme hinweisen. Dies mag auch am häufigsten notwendig sein beim Versuch, die Facing Richtung von einer einzelnen Einheit in einem Appartement Gebäude zu finden. Der Mikrokosmos spiegelt den Makrokosmos wieder nach dem Prinzip der Einheit von Dingen im Kosmos. Eine Einheit in einem Gebäude ist somit der Mikrokosmos des ganzen Gebäudes, welches den Makrokosmos darstellt. Wie auch immer, dies ist der Fall, wenn eine Einheit in Anbetracht des Erdgeschoss Planes und seiner eigenen individuellen speziellen Lage zur unmittelbaren Umgebung eine Facing Richtung vorschlägt, die unabhängig von der Facing Richtung des Gebäudes ist. In solch einem Fall sollten die verschiedenen Diagramme genutzt werden, die beide Facing Richtungen wiederspiegeln.

Sehr oft wird nach der Analyse beider Diagramme dasjenige verwirklicht, welches für die Situation der Bewohner geeignet ist, wenn das andere dieses nicht tut. Eine Entscheidung für die Facing Richtung kann dann leicht gemacht werden. Das Diagramm, welches für die Situation am besten geeignet ist, ist die richtige Facingrichtung.
Wenn jedoch Verwirrung besteht, wird das durch die nachfolgende Methode abgesichert, indem Schaden vermieden wird.

Diese Methode zur Anwendung der Analyse von Sternen in verschiedenen Palästen der Diagramme und ihr aufeinander wirken, wird erklärt und wird im Detail behandelt im Kapitel über „Das Zusammenwirken der fünf Elemente".

Zwei konkurrierende Facing Richtungen

Lasst uns das Beispiel eines Hauses anschauen, das in der Periode 7 gebaut wurde. Das Haus hat zwei Richtungen S1 und O1, die als Facing Richtung qualifiziert sind.

Das Diagramm S1 hat gute Sterne im N, NO, NW und S Palast und schlechte Sterne und Sternkombinationen im O, SO, SW, W und C Palast.
Das Diagramm O1 hat gute Sterne im NW, SO und in einem etwas geringerem Grad im NO Palast und schlechte Sterne und Sternkombinationen im O, SW, W, S, N, und C Palast.
Schritt 1: Vergleiche Pälaste mit guten Sternen in beiden Diagrammen. Dieses sind der NO und der NW Palast in diesem Beispiel. Die Nummern der folgenden Sterne stellen die Berg-/Erdbasis-/Facingsterne dar.
Im NO Palast hat das Diagramm S1 die Sterne 6/1/8 und das Diagramm O1 hat die Sterne 3/1/8.
Im NW Palast hat das Diagramm S1 die Sterne 4/8/1 und Diagramm E1 hat die Sterne 1/8/6.
Ausgehend von der Natur der vorhandenen Sterne, können sie sicher die Räume in diesem Bereich als Schlafraume, Familien Räume und Heim-Büros nutzen. Bewohner, ausgenommen kleine Kinder, sollten die meiste ihrer Zeit in diesen Bereichen verbringen.
Schritt 2:: Vergleichen sie den Rest der Paläste mit guten Sternen von jedem Diagramm mit den übereinstimmenden Palästen der anderen Diagramme.
1.) Der N Palast im S1 Diagramm hat die Sterne 8/3/6, was eine ausgezeichnete Kombination ist.
Der N Palast des O1 Diagramms hat die Sterne 5/3/1. Hier macht der ausgezeichnete Facingstern 1 dies zu einem guten Palast, wenn Metall genutzt wird als Gegenmaßnahme, um den Bergstern 5 zu bewältigen. Eine Metall Gegenmaßnahme wird den guten Sternen des N Palastes im S1 Diagramm nicht schaden. Der N Palast kann deshalb auch als Schlafraum, Familienraum oder Heim-Büro genutzt werden, wo Menschen viel Zeit verbringen können.
2.) Der S Palast von Diagramm S1 hat die Sterne 7/2/7, was im Grunde sehr gut für ein Haus mit der Periode 7 ist, weil die Kombination 7/2 das Element Feuer darstellt, welches seinen Platz im S hat.
Der S Palast von Diagramm O1 hat die Sterne 4/2/9. Die Kombination Erdbasis 2 und Facingstern 9 ist sehr schlecht. Die Gegenmaßnahme hier sollte Wasser sein.
Wasser als Gegenmaßnahme wird andererseits auch die günstige doppelte 7 im Palast vermindern und die Kombination des Feuerelementes 2/7 im Diagramm S1 überschütten. Der Bereich ist deshalb nicht zu empfehlen für wichtige Räume. Ein Lagerraum oder Gästezimmer könnte dort sein.
Der SO Palast im Diagramm O1 hat die Sterne 8/6/4, welches eine hervorragende Kombination ist.
Der SO Palast von Diagramm S1 hat die Sterne 2/6/3, was in Anbetracht von 3/2 sehr schlecht ist und es wird Feuer als Gegenmaßnahme benötigt. Diese Gegenmaßnahme wird dem Facingstern 4 und dem Erdbasisstern 6 von Diagramm O1 schaden, jedoch nicht den Bergstern 8. Vergleichen sie die Situation in beiden Diagrammen, der Bereich ist nach Anwendung der Gegenmaßnahme in Ordnung, jedoch nicht für wichtige Räume zu empfehlen.

Schritt 3: Vergleiche den Rest der Paläste. Sie werden sehen, dass alle Paläste, ausgenommen der C Palast im Diagramm S1, entweder einen Stern 2 oder 5 hat, oder ebenso Kombinationen von 2 oder 5 mit 9, die alle schlecht sind. Der C Palast im Diagramm S1 hat die Kombination von 2/3, was eine ernsthafte schwache Stelle ist. Der selbe Palast im Diagramm O1 mit der Kombination 9/7/5 ist ebenso schlecht. Für Palast SW im Diagramm S1, der die Sterne 9/4/5 hat, ist die Gegenmaßnahme Wasser und im Diagramm O1, welches die Sterne 6/4/2 hat, ist es Metall.
Für den Palast O im Diagramm O1, der die Sterne 7/5/3 hat, ist unter Berücksichtigung der Stärke des Erdbasisstern 5 ratsam, Metall zu verwenden.
Für Palast O im Diagramm S1, der die Sterne 1/5/4 hat, sollte man Metall verwenden.
Für Palast W im Diagramm S1, der die Sterne 5/9/9 hat, wird Wasser benötigt.
Für Palast W im Diagramm O1, der die Sterne 2/9/7 hat, sollte Wasser angewendet werden.
Für Palast C mit dem Diagramm S1, der die Sterne 3/7/2 hat, wird Wasser benötigt.
Für Palast C mit dem Diagramm O1, der die Sterne 9/7/5 hat, wird Wasser benötigt.
Alle Bereiche benötigen Gegenmaßnahmen und keiner von Ihnen kann als wichtiger Raum empfohlen werden. Die Bereiche sollten für Räume reserviert werden, die selten oder nur für kurze Zeit genutzt werden.
Wenn man mehrfache Diagramme für die entsprechenden Perioden nutzt, ist dieselbe Methode anzuwenden.
Wenn sie das entsprechende Geomantische Diagramm gezeichnet haben, fahren sie fort mit Schritt 1, 2 und 3, wie zum Beispiel oben.

Ersatzsterne

Ersatzsterne werden genutzt, um die Facing- und Bergsterne von einem Diagramm zu ersetzen, wenn die Facing Richtung in der Nähe der Grenzlinie von einer der 24 Himmelsrichtungen ist.

Wenn die Facing Richtung eines Gebäudes innerhalb 3 Grad von einer anderen Richtung (Berg) ist, sowie N1 Grenzlinie N2 oder N3, Grenzlinie NO1, vermischen sich die beiden Richtungen. Um zu dem richtigen Diagramm für diese Energien zu gelangen, nutzt man die Ersatzsterne Formel. Dieses System ergibt einen neuen Satz der Sterne in den 9 Palästen, sogenannte Ersatzsterne, um den richtigen Effekt der gemischten Energien zu beschreiben.
Die Erdbasis Energie, abhängig nur von dem Zeitfaktor der Periode, bleibt dieselbe, aber die Facing- und Bergsterne sind zu wechseln.

Die Formel

Kompass Richtungen (Berge)	Ersatz Sterne
Zi, Gui, Jia, Shen N2, N3, O1, SW3	Tan 1
Mao, Yi, Wei, Kun, Ren O2, O3, SW1, SW2, N1	Ju 2
Chen, Xu, Oian, Hai, Xun, Si SO1, SO2, SO3, NW1, NW2, NW3	Wu 6
You, Xin, Chou, Gen, Bing W2, W3, NO1, NO2, S1	Po 7
Wu, Ding, Yin, Geng S2, S3, NO3, W1	Bi 9

Später Himmel und Ersatzsterne

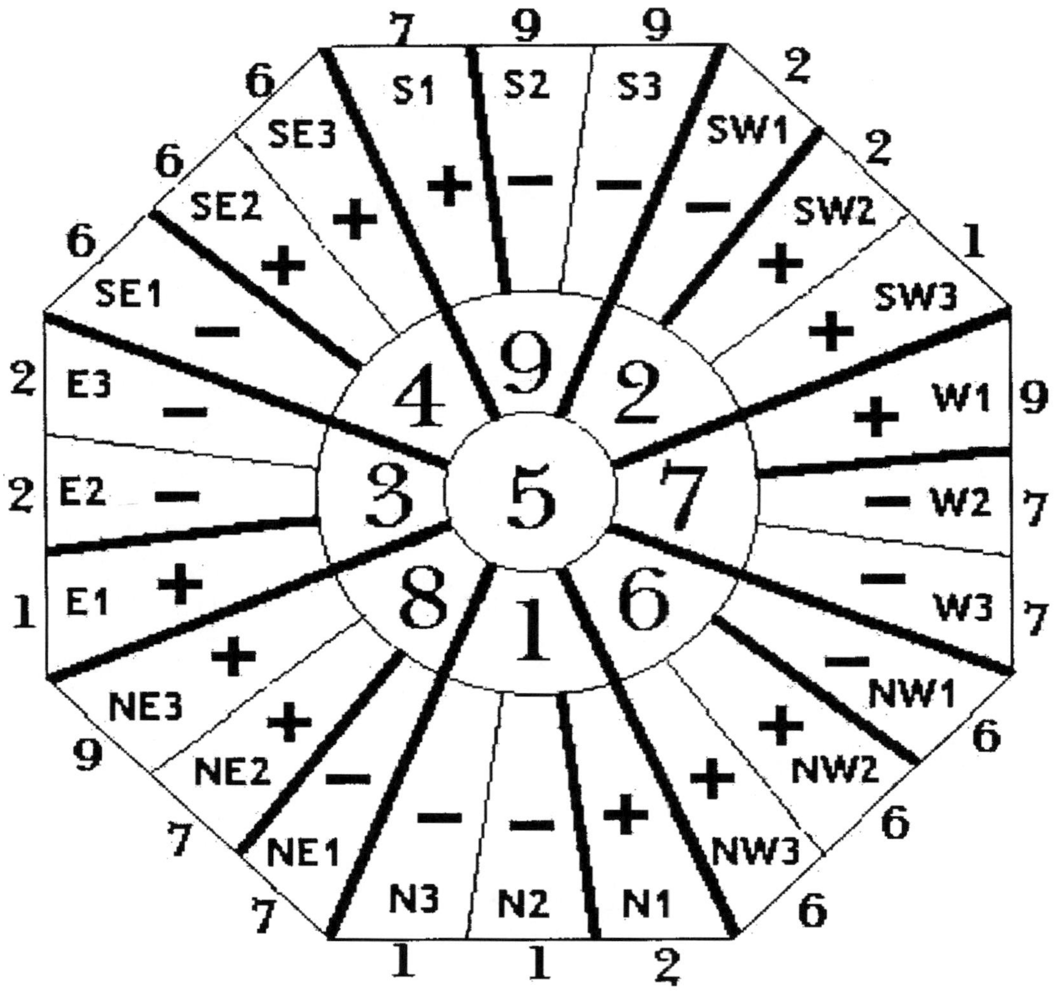

Die Methode
Beispiel

Ein Periode 6 Gebäude, Facing 249 Grad, welches bedeutet, W1 grenzend an SW3.

Periode 6 Facing W1

	-4 -8 6	

Ersatz Sterne

	-6 -7 6	

Unterhalb gibt es das Diagramm der Fliegenden Sterne

Periode 6 Facing W1

5 9 5	9 4 1	7 2 3
6 1 4	-4 -8 6	2 6 8
1 5 9	8 3 2	3 7 7

Ersatz Sterne

7 8 5	2 3 1	9 1 3
8 9 4	-6 -7 6	4 5 8
3 4 9	1 2 2	5 6 7

Folgen Sie diesen Schritten, um die Ersatzsterne zu finden

Schritt 1: Schauen sie auf das Diagramm von „Später Himmel und Ersatzsterne“ und suchen sie den Stern Nummer 8 vom inneren Kreis des Diagramms, die in der NO1 und NO2/3 Position sind.

Schritt 2: Da das Gebäude die erste Unterteilung von Westen zeigt und der Facingstern Nummer 8 abfallend (Yin) fliegt, wählen sie den Ersatzstern von der ersten Unterteilung des NO, welcher die Nummer 7 ist, die auch abfallend (Yin) fliegen wird.

Folgen sie demselben Verfahren, um die Ersatzsterne für den Bergstern Nummer 4 zu finden.
Schritt 1: Finden sie Stern Nummer 4 in den Diagrammen vom „Späten Himmel und Ersatzsterne", welche in der SO1 und SO2/3 Position sind.
Schritt 2: Da das Gebäude die Sitting Richtung O1 hat und der Bergstern (Yin) fliegt, wählen sie den Ersatzstern von der ersten Unterteilung des SO, welcher die Nummer 6 ist und ebenso abfallend (Yin) fliegen wird.
Während alle Kompass Richtungen Ersatzsterne haben, sind einige von der selben Nummer und andere haben eine unterschiedliche Nummer. Die Nummer 5 in der Mitte hat keine Richtung und hat somit auch keinen Ersatzstern.

Richtungen, die keine Ersatzsterne brauchen

Nicht alle Facing Richtungen, die innerhalb 3 Grad einer anderen Richtung (Berg) liegen, brauchen Ersatzsterne.
Facing Richtungen, die innerhalb von 3 Grad einer anderen Richtung liegen, die sich dieselbe Nummer teilen (zum selben Trigramm gehörend) und denselben Weg fliegen, abfallend (Yin) oder steigend (Yang), brauchen keine Ersatzsterne, da beide Richtungen dieselben Energien haben. Im vorstehenden Diagramm trifft man diese Richtungen mit dünnen Trennungslinien an.

Dies sind die folgenden Richtungen

Facing Richtung N2 innerhalb 3 Grad von Richtung N3
Facing Richtung N3 innerhalb 3 Grad von Richtung N2
Facing Richtung S2 innerhalb 3 Grad von Richtung S3
Facing Richtung S3 innerhalb 3 Grad von Richtung S2
Facing Richtung W2 innerhalb 3 Grad von Richtung W3
Facing Richtung W3 innerhalb 3 Grad von Richtung W2
Facing Richtung O2 innerhalb 3 Grad von Richtung O3
Facing Richtung O3 innerhalb 3 Grad von Richtung O2
Facing Richtung NO2 innerhalb 3 Grad von Richtung NO3
Facing Richtung NO3 innerhalb 3 Grad von Richtung NO2
Facing Richtung SO2 innerhalb 3 Grad von Richtung SO3
Facing Richtung SO3 innerhalb 3 Grad von Richtung SO2

Facing Richtung SW2 innerhalb 3 Grad von Richtung SW3
Facing Richtung SW3 innerhalb 3 Grad von Richtung SW2
Facing Richtung NW2 innerhalb 3 Grad von Richtung NW3
Facing Richtung NW3 innerhalb 3 Grad von Richtung NW2

Alle anderen Richtungen innerhalb von 3 Grad von anderen Richtungen, die Ersatzsterne brauchen, sind als dicke Trennungslinien im Diagramm anzutreffen.

Wenn man Ersatzsterne nutzen muss

Wenn der Facingstern nur 3 Grad oder weniger von der Trennungslinie zur nächsten Richtung entfernt ist, ist ein Einfluss der benachbarten Energie möglich.
Der Gebrauch von Ersatzsternen ist sehr umstritten unter verschiedenen Meistern. Generell können wir sagen, dass Ersatzsterne verwendet werden sollen, wenn die Facing Richtung nur 3 Grad oder weniger von der Trennungslinie zu der nächsten Richtung (Berg) entfernt ist, sodass einige Einflüsse von der benachbarten Energie möglich sind.
Einige Meister jedoch fordern, da die Energie von der Berg Richtung sehr stabil ist und die Energie der Nachbar Richtung nicht beeinflusst wird, dass keine Ersatzsterne genutzt werden, wenn die Facing Richtung innerhalb 3 Grad oder weniger von der Trennungslinie entfernt liegt.
Sie wollen Ersatzsterne nur dann nutzen, wenn die Facing Richtung direkt auf der Trennungslinie zwischen zwei Richtungen liegt.
Wenn die Facing Richtungen direkt auf der Trennungslinie zwischen zwei Richtungen liegen, entsteht eine Vermischung der Energien.
Facing Richtungen, die exakt auf der Trennungslinie zwischen zwei Richtungen liegen, innerhalb eines Trigramms wie N1 und N2, werden eine Vermischung der Energien haben. Die verschiedenen aufsteigenden und abfallenden Wege, in denen die Facing- und Bergsterne in den Diagrammen fliegen, verursachen den Unterschied der Energien von beiden Richtungen.
Facing Richtungen, die exakt auf der Trennungslinie liegen zwischen zwei Trigrammen, so wie NW3 und N1, werden ebenso eine Vermischung der Energien haben. In solchen Fällen ist der Unterschied der Energien verursacht durch die verschiedenen Trigramm Nummern und manchmal durch den unterschiedlichen Weg, in welchem der Facing- und der Bergstern im Trigramm fliegen. Der Unterschied von der Vermischung der Energien ist deshalb viel größer.
Empfehlungen der Meister ist in solchen Fällen, getrennte Ersatzsterne Diagramme für beide Richtungen zu machen und unter Berücksichtigung der Situation der Bewohner des Gebäudes, sich für einen von ihnen zu entscheiden. Wenn die Prüfung für die Entscheidung eines Diagramms schwierig sein sollte, kann die Methode der mehrfachen Diagramme (siehe mehrfache Diagramme für Details) genutzt werden.

Viele Meister stimmen anscheinend zu, dass Facing Richtungen, welche direkt auf der Trennungslinie zwischen zwei Richtungen liegen, Energien verursachen, die um die Vormachtstellung kämpfen, in einer üblen Kombination eingebunden sind, oder eine unentschiedene Situation verursachen, die negative Effekte auf die Bewohner haben werden, und geben ihnen den Ratschlag auszuziehen.
Jedoch, dies wird abhängig sein von der Natur der Energie Anwesenheit und muss nicht immer schlecht sein. Die Erfahrung hat gezeigt, dass nämlich in solchen Fällen mit einer richtigen Anwendung von Gegenmaßnahmen, die Bewohner erfolgreiche Leben leben.

Fan Fu Yin Diagramme

Die Formation von diesem Diagramm ist gegeben, wenn der Facing- oder Bergstern Nr. 5 im mittleren Palast ist. Das Fan Fu Yin Diagramm wird dafür gehalten, sehr unglücksbringend zu sein. Verschiedene Gründe für den unvorteilhaften Charakter von diesen Diagrammen sind gegeben. Einige von ihnen sind ziemlich bizarr und eine Sache des Glaubens. Es gibt jedoch eine überzeugende Erklärung, die verstanden und akzeptiert werden kann.

Später Himmel

4	9	2
3	5	7
8	1	6

Nach der kosmischen Ordnung der Späten Himmelsordnung der Energien, ist die 5 in der Mitte und hat kein Trigramm. Die Energie eines Sternes Nummer 5 ist undefiniert in seinen Yin/Yang Bestandteilen und in Anbetracht dessen nicht stabil aber sehr flüchtig und sein Charakter wird deshalb als schlecht verstanden.
Wenn ein 5 Facing- oder Bergstern im mittleren Palast ist, ist dessen Energie in seinen entsprechenden Palästen der Späten Himmelsordnung und ist deshalb dominant und schreitet ein mit der Verteilung der Periodenstern Energie.
Fliegende Sterne Feng Shui verbindet sich mit den dominanten Energien eines Diagramms. Dies ist wie eine Regel für die Energien von Facing-, Berg-, Erdbasis-, Jahres- und Monatssterne.
Die zu Grunde liegende Wirklichkeit der Späten Himmelsordnung von Energien ist dennoch immer vorhanden und sollte nicht ignoriert werden. Dies ist z. B. offensichtlich in der Situation der Ho Tu Nummern Kombinationen, sowie auch in manchen Sterne Kombinationen in bestimmten Palästen.
Z. B., wenn die Ho Tu Nummern Kombinationen von 1/6, die das Wasserelement darstellen, im Ost- oder Südost Palast gefunden werden, wird das Holzelement der Nummer 3 und 4 verbessert und wird deshalb erfolgreiche Studien und Forschung fördern.

Die Sterne Kombination 8/2, wenn sie im NW Palast gefunden wird, ist ein Anzeichen für ungeheuren Reichtum. Facingstern 8 kombiniert mit Erdbasis 2, stellt ein sehr mächtiges Erdelement dar, die das Element Nummer 6 stärkt in der Späten Himmelsordnung. Wenn man einen Facing- oder einen Bergstern 5 im Zentrums-Palast hat, verstärken sich die Energien als verteilend in der Späten Himmelsordnung, die sich vermischt mit der Verteilung der dominanten Perioden Energie und deshalb Blockierung verursacht.

Fan Fu Yin Diagramme werden unterteilt in:

1. Fan Yin Diagramme, die einen Facing- oder einen Bergstern Nummer 5 haben, der (Yin) abfallend fliegt und

2. Fu Yin Diagramme, in welchen die Nummer 5 Facing- oder Bergstern aufsteigend (Yang) fliegt.

Fan Fu Yin in einem 3 Kombinationen Diagramm oder in einer Kombination von 10er Diagrammen haben keinerlei negative Effekte und können ignoriert werden.

Heilmittel für Fan Fu Yin Diagramme

1.) Wechsel der Facing Richtung

Wenn möglich, sollte man die Facing Richtung wechseln, um den Facing- oder Bergstern Nummer 5 aus dem Zentrums-Palast zu befreien.
Die Veränderung der Haustür oder eines großen Fensters kann dieses tun, wenn eines von beiden für die Facing Richtung verantwortlich ist.
Wenn Umgebungsfaktoren, wie tiefer liegendes offenes Gelände, ein Weg oder ein Wasserelement entscheidende Faktoren für eine Facing Richtung sind, können eine Wand, Büsche oder Bäume genutzt werden, um diese Merkmale zu blockieren.

2.) Einladung der stärksten Energie in den Zentrums-Palast

Wenn der Wechsel der Facing Richtung nicht durchführbar ist, muss die stärkste Energie, die erhältlich ist, zum Zentrums-Palast geführt werden.
Die stärkste Energie wird im Facingstern sein, der die Nummer der aktuell laufenden Periode hat. Dieser Stern ist mit einem Wasserelement zu aktivieren. Der Fluss des Wassers sollte in Richtung des Zentrums-Palastes sein. Sichern sie ab, dass ein klarer ungehinderter Pfad zwischen diesem Stern und dem Zentrums-Palast den Fluss der Energie möglich macht.

Eingesperrter Perioden Stern

Vom Facingstern und Bergstern im mittleren Palast sagt man, dass sie an diesem Ort eingesperrt sind und deshalb unfähig, um die Energie von ihren Perioden ins Gebäude zu leiten. Diese Bedingung geschieht, wenn der Facing- oder Bergstern im mittleren Palast die Nummer der jeweiligen vorherrschenden Periode hat.
Der Facingstern und ebenso der Bergstern werden so verstanden, dass sie die Perioden Energie ins Gebäude leiten, dieses jedoch nicht tun können, wenn sie im mittleren Palast eingesperrt sind.

Beispiel von Periode 7, Facing W1

4 8 6	9 4 2	2 6 4
3 7 5	5 9 7	7 2 9
8 3 1	1 5 3	6 1 8

Ein Gebäude mit der Periode 7, Facing W1, wird einen eingesperrten Facingstern in Periode 9 haben.
In weniger als 40 Jahren, nachdem die Gebäudeherstellung fertig ist, wird das Gebäude unvorteilhaft sein, weil die Energie von Periode 9 nicht ins Haus eintreten kann. Das ist eine sehr bedauerliche Situation, welches belastend sein wird während der gesamten 20 Jahre von Periode 9.
Jedoch, wenn die Periode 9 vorüber ist und Periode 1 begonnen hat, ist die unglückliche Situation vorbei und die Perioden Energie der Periode 1 kann eintreten ins Gebäude. Das selbe geschieht mit dem Bergstern, wenn er im mittleren Palast eingesperrt ist.
Eingesperrte Sterne haben in einem 3 Kombinationen Diagramm keine negativen Effekte und verhüten nicht, dass ihre jeweiligen Energien ins Gebäude eintreten können.

Die Heilmittel

Der leichteste Weg, um eine eingesperrte Stern Situation zu heilen, ist der Wechsel der Facing Richtung, wenn möglich. Wegen dieses Mangels, gibt es ein anderes Heilmittel, welches daraus besteht, dass man die Energie der vorherrschenden Periode, in welcher ein Stern eingesperrt ist, also den Facingstern Nummer 5 mit einem Wasserelement aktiviert, um den Fluss des Wassers in Richtung des mittleren Palastes vom Gebäude zu bekommen. Diese Methode funktioniert nur unter der Bedingung, dass ein klarer reibungsloser Pfad zwischen Stern Nummer 5 und dem mittleren Palast den

Fluss von Energie zum Zentrum möglich macht.
Sie mögen denken, dieses könnte eine Fan Fu Yin Situation hervorrufen, doch das wird es nicht. Die Energie von Facing Nummer 5 oder Bergstern hat kein Trigramm und ist deshalb unfähig, hinsichtlich seiner Yin und Yang Zusammenstellung, er ist instabil und flüchtig und nimmt die Yin/Yang Zusammenstellung der Richtung des Späten Himmels ein, wo er seinen Platz hat. Ein Facingstern Nummer 5 im O Palast z. B. wird deshalb die Energie Zusammenstellung von einem Stern Nummer 3 haben.

Die Rechtzeitigkeit der Energie

Mit dem Wechsel der Perioden macht das Niveau der Energie, vertreten durch verschiedene Sterne, Wechsel durch. Diese Tatsache ist verständlich und richtet sich nach zwei verschiedenen Wegen.

- Die Rechtzeitigkeit von Facing- und Bergstern
- Das Wachsen und Zurückziehen der Erdbasis Energie

Die Rechtzeitigkeit von Facing- und Bergsternen

Schulen, die in der Analyse von Energien von Gebäuden hauptsächlich den Facing- und Bergstern berücksichtigen, verwenden einen Zeitfaktor für diese zwei Sterne. Abhängig von der jeweiligen anwesenden Periode, werden die Sterne positiv oder negativ interpretiert.
Die Rechtzeitigkeit eines Sternes wird als besonders wichtig angesehen. Z. B. ein Stern Nummer 7 in der Periode 7 wird als aktivierend und wohlwollend angesehen. In der Periode 8 zieht sich 7 zurück und ist gar nicht mehr günstig. Dieses Konzept von Rechtzeitigkeit der Energie der Sterne verkündet, dass der Charakter der Sterne durch deren Nummer bestimmt ist, und zwar durch Wechsel in verschiedenen Perioden.

Energie Niveau von Erdbasis-, Facing- und Bergsterne nach ihrer Rechtzeitigkeit

Energie der Sterne **Die 9 Perioden**

of stars	1	2	3	4	5	6	7	8	9
Prosperous	1	2	3	4	5	6	7	8	9
Growing	2 3	3 4	4 5	5 6	6 7	7 8	8 9	9 1	1 2
Retreating	9	1	2	3	4	5	6	7	8
Dead	6 7	9 6	1 6	2 8	2 3	4 9	5 4 3	2 6	6 7
Killing	5	5 7	7 9	7 9	2 9	2 3	2 3	3 4 5	3 4 5

Das Wachsen und Zurückziehen der Erdbasis Energie

Schulen, welche alle 3 Sterne erwägen, wenn sie die Energien eines Palastes bewerten, verwenden die Rechtzeitigkeit für die Erdbasissterne nur, wenn sie in den verschiedenen Perioden wachsen oder sich zurückziehen werden. Sie räumen ein, dass Facing- und der Bergstern ihren Charakter während der 9 Zyklen nicht ändern, aber stabil bleiben in ihrem guten oder schlechten Einfluss. Ein Facing- oder Bergstern der Nummer 7 in der anwesenden Periode von 7, wie in allen anderen Perioden, ist deshalb als neutral anzusehen in der Wechselwirkung der Sterne, aber sehr schlecht in bestimmten Zusammenstellungen. Der Wechsel in die Stärke des Erdbasissterns nach der vorherrschenden Periode wird nur einen veränderten Effekt in der Wechselwirkung der Sterne haben. Ein Erdbasisstern Nummer 7 in Periode 7 hat ein hohes Niveau an Energie, aber in Periode 8 versagt die Energie.

Übersetzung des oberen Tabellentextes:
Prosperous = Wohlstand, Erfolg, Reichtum
Growing = Wachsen, Zunehmen
Retreating = Rückzug
Dead = Tot
Killing = Tötung

Periode in der das Gebäude erstellt wurde

9 Perioden

	1	2	3	4	5	6	7	8	9
1	high	failing	rising	good	good	good	good	good	good
2	rising	high	failing	dead	dead	dead	neutral	rising	dead
3	neutral	rising	high	failing	destructive.	dead	failing	rising	dead
4	good	good	rising	high	failing	rising	neutral	good	good
5	dead	dead	dead	rising	high	failing	dead	dead	dead
6	good	good	good	good	rising	high	failing	good	good
7	dead	neutral	rising	dead	dead	rising	high	failing	dead
8	good	good	good	good	good	good	rising	high	failing
9	failing	dead	dead	neutral	dead	dead	neutral	rising	high

Übersetzung des obigen Tabellentextes:
high = hoch
rising = heranwachsend
neutral = neutral
good = gut
dead = tot
failing = nachlassend

Die Schlosstor Formel

Die Formel ist nur anwendbar für Gebäude, die während der jeweiligen gegenwärtigen Periode gebaut wurden und ist auf die Rechtzeitigkeit der Energie des Facingsterns begründet.

Die Formel wird gebraucht, um für die Gebäude, die während der gegenwärtigen Periode gebaut sind, die allerbeste Facing Richtung durchführbar zu machen und dabei die größte Möglichkeit für Besitz sicher zu stellen. Man macht das Gebäude zu einem Teil von einem größeren Bereich, welches ein Schlosstor als Facing Richtun hat, wechselt die Facing Richtung der Gebäude, die bereits gebaut sind. Gemäß der Formel ist ein Facingstern der Nummer 8 in der 8 Periode als sehr günstig anzusehen. Wenn der rechtzeitige Facingstern absteigend (Yin) fliegt und durch das Vorhandensein von Wasser aktiviert ist in der Facing Richtung, ist es sehr günstig (siehe Kapitel der vier Kombinationen von steigenden und fallenden Facing- und Bergsternen). Der günstige Wohlstand, welcher in der Formel den Besitz steigert, ist nur in seiner eigenen Periode anwendbar und nur, wenn das Gebäude umgeben ist von Bergen oder höheren Strukturen rundherum, geöffnet mit einer Lücke, wo Wasser gesehen werden kann.
Die Schlosstor Formel erklärt, von welcher Richtung die Energie, die günstig ist während der jeweiligen Periode herein geht in den Bereich und mit Wasser gestärkt werden kann.

Die Schlosstore sind die allerbesten Richtungen einer Periode und sind eingeteilt in:

1. **Die primären Schlosstore,** welche in der Richtung liegen, die sich auf die Facing Richtung der Ho Tu Nummern Kombinationen beziehen.

2. **Die sekundären Schlosstore** haben diese Merkmale nicht. Sie sind daher von geringer Wichtigkeit und als sekundär eingestuft.

Die Schlosstore beziehen sich auf die Facing Richtungen des Gebäudes in Winkeln von 45 Grad. Die Formel ist generell als eine große geheime Formel anzusehen, die in Betracht gezogen wird, um Wohlstand zu steigern.

Beispiel Gebäude in einem eingeschlossenen Bereich

Übersetzung: Pond=Teich, castle gate=Schlosstor, Building=Gebäude, fontain=Springbrunnen Unit=Einheit

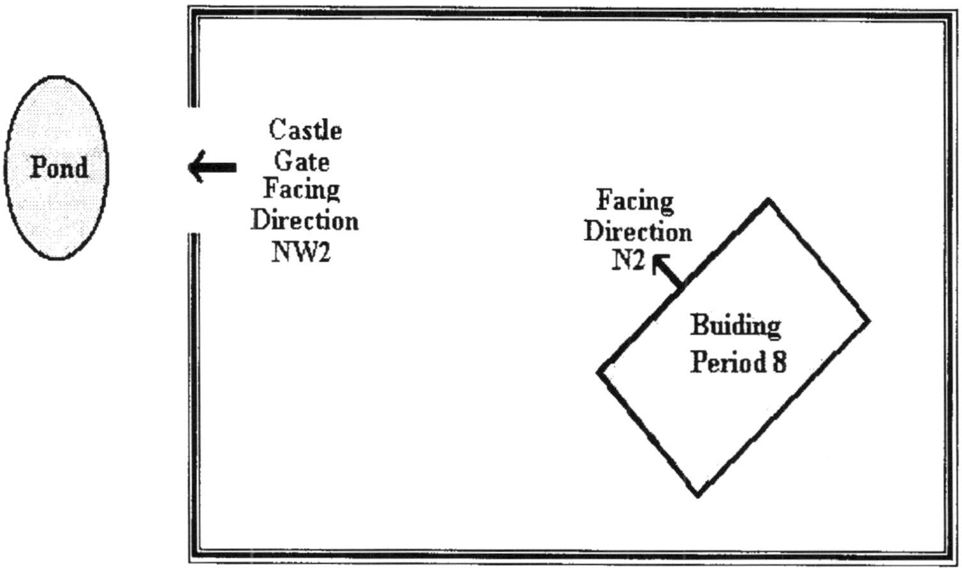

Beispiel
Periode 8 Einkaufskomplex

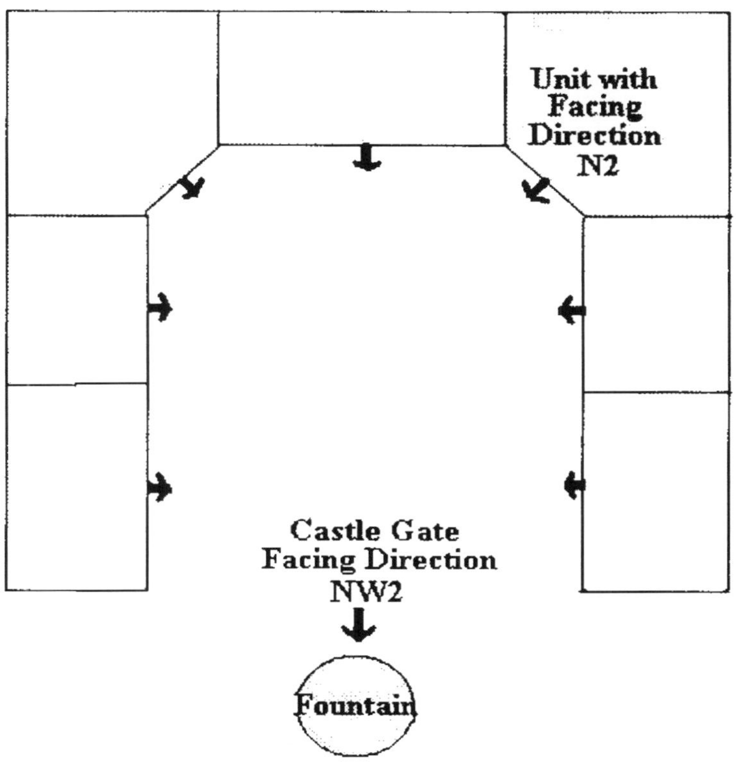

Die Schlosstor Formeln erklären, von welcher Richtung die Energien, die am wohlhabendsten sind während der jeweiligen Periode in den geschlossenen Bereich eintreten. Auf diese Weise wird das Gebäude die größte wohlhabende Energie der Periode genießen, was es sonst nicht könnte.

Last uns nun die Schlosstor Formel entschlüsseln

Was sind die Schlosstore ?
Die Schlosstore sind nichts anderes als die günstigsten Facing Richtungen von einer Periode.

Warum sind die Schlosstore die günstigsten Facing Richtungen ?
Die Schlosstore haben die Perioden Nummern als Facingstern Nummern im Facing Palast und die Sterne fliegen abfallend (Yin).

Beispiel

1 4 6	6 8 2	8 6 4
9 5 5	2 -3 **7**	4 1 9
5 9 1	**7 7** 3	3 2 8

Facing N 2/3

Harmonie Elemente der Kombination von Erdbasis- und Facingsterne

4/6 und 6/4
8/2 und 2/8
5/5 und 5/5
3/7und 7/3
9/1 und 1/9

Man sagt von Diagrammen, welche Facingsterne haben, die abfallend fliegen, dass sie ihren günstigen Charakter vergrößern, wenn man Wasser in der Facing Richtung sieht.
Weiter noch mehr, Facingsterne in Kombination mit den Erdbasissternen schaffen ein harmonisches Element, was sehr günstig ist und Wohlstand verstärkt. Dieses Harmonie Element ist vergleichbar mit dem Harmonie Element der „Kombination vom 10er Diagramm“.

Warum soll Wasser im Schlosstor sein ?
In allen Schlosstor Richtungen fliegt der Facingstern abfallend (Yin)

Diese Bedingung besagt, dass sie sehr günstig ist, wenn Wasser in der Facing Richtung zu sehen ist (siehe Kapitel in vier Kombinationen von steigenden und abfallenden Facing- und Bergsternen).

Warum hängen Schlosstore von der Bedingung ab, dass das Gebäude umgeben sein soll von höheren Strukturen, die eine Lücke offen lassen ?
Bei dieser Bedingung für die Schlosstore ist sicher zu stellen, dass es keine anderen Richtungen gibt, die mit der Facing Richtung konkurrieren.

Wie man herausfindet, welche Richtungen sich in einer gegebenen Periode als Schlosstore qualifizieren ?
Schauen sie sich das Geomantische Diagramm an von allen 24 Facing Richtungen einer gegebenen Periode. Identifizieren sie die Facing Richtungen, welche die Perioden Nummern als Facingstern Nummer in ihren Palästen haben. Diese Facing Richtungen sind als Schlosstore qualifiziert.

Kann die Schlosstor Formel auf ein Haus angewandt werden, das umgeben ist von flachem Land oder einem Appartement ?
Ja, im Falle eines Hauses mit flachem Land, haben wir diejenige Schlosstor Richtung auszuwählen, die 45 Grad getrennt von der Facing Richtung eines Gebäudes ist und alle anderen Richtungen rund ums Gebäude sind zu disqualifizieren, entweder mit Wänden oder Bäumen und Büschen. Nur bei Appartements, die eine Facing Richtung haben, die unabhängig von der Facing Richtung eines Gebäudes ist, kann die Formel genutzt werden, wenn eine der möglichen Facing Richtungen des Appartements eine Schlosstor Richtung ist und die Facing Richtung einschlagen kann, indem sie alle anderen wetteifernden Facing Richtungen mit Mitteln wie Vorhänge, Schirmen und anderen Geräten disqualifiziert.

Können wir mehr als eine Schlosstor Richtung für ein Gebäude nutzen ?
Dies ist ein sehr verführerischer Gedanke, aber die Formel macht es sehr klar, dass dort nur eine „Lücke“ sein sollte.

Geomantisches Diagramme von Periode 8

Facing Paläste, die Schlosstore sind, haben Facingsterne Nummer 8, ihre Facingsterne fliegen abfallend (Yin)

Period 8 Facing N 2/3

	SE	S	SW	
	4 3 7	8 8 3	6 1 5	
E	5 2 6	-3 4 8	1 6 1	W
	9 7 2	7 9 4	2 5 9	
	NE	N	NW	

Period 8 Facing N 1

	SE	S	SW	
	2 5 7	7 9 3	9 7 5	
E	1 6 6	3 -4 8	5 2 1	W
	6 1 2	8 8 4	4 3 9	
	NE	N	NW	

Period 8 Facing S 2/3

	SE	S	SW	
	3 4 7	8 8 3	1 6 5	
E	2 5 6	4 -3 8	6 1 1	W
	7 9 2	9 7 4	5 2 9	
	NE	N	NW	

Period 8 Facing S 1

	SE	S	SW	
	5 2 7	9 7 3	7 9 5	
E	6 1 6	-4 3 8	2 5 1	W
	1 6 2	8 8 4	3 4 9	
	NE	N	NW	

Period 8 Facing E 2/3

	SE	S	SW	
	2 5 **7**	6 1 **3**	4 3 **5**	
E	3 4 **6**	-1 6 **8**	8 8 **1**	W
	7 9 **2**	5 2 **4**	9 7 **9**	
	NE	N	NW	

Period 8 Facing E 1

	SE	S	SW	
	9 7 **7**	5 2 **3**	7 9 **5**	
E	8 8 **6**	1 -6 **8**	3 4 **1**	W
	4 3 **2**	6 1 **4**	2 5 **9**	
	NE	N	NW	

Period 8 Facing W 2/3

	SE	S	SW	
	5 2 **7**	1 6 **3**	3 4 **5**	
E	4 3 **6**	6 -1 **8**	8 8 **1**	W
	9 7 **2**	2 5 **4**	7 9 **9**	
	NE	N	NW	

Period 8 Facing W 1

	SE	S	SW	
	7 9 **7**	2 5 **3**	9 7 **5**	
E	8 8 **6**	-6 1 **8**	4 3 **1**	W
	3 4 **2**	1 6 **4**	5 2 **9**	
	NE	N	NW	

Period 8 Facing NE 2/3

	SE	S	SW	
	4 1 7	9 6 3	2 8 5	
E	3 9 6	5 2 8	7 4 1	W
	8 5 2	1 7 4	6 3 9	
	NE	N	NW	

Period 8 Facing NE 1

	SE	S	SW	
	6 3 7	1 7 3	8 5 5	
E	7 4 6	-5 -2 8	3 9 1	W
	2 8 2	9 6 4	4 1 9	
	NE	N	NW	

Period 8 Facing SW 2/3

	SE	S	SW	
	1 4 7	6 9 3	8 2 5	
E	9 3 6	2 5 8	4 7 1	W
	5 8 2	7 1 4	3 6 9	
	NE	N	NW	

Period 8 Facing SW1

	SE	S	SW	
	3 6 7	7 1 3	5 8 5	
E	4 7 6	-2 -5 8	9 3 1	W
	8 2 2	6 9 4	1 4 9	
	NE	N	NW	

Period 8 Facing SE 2/3

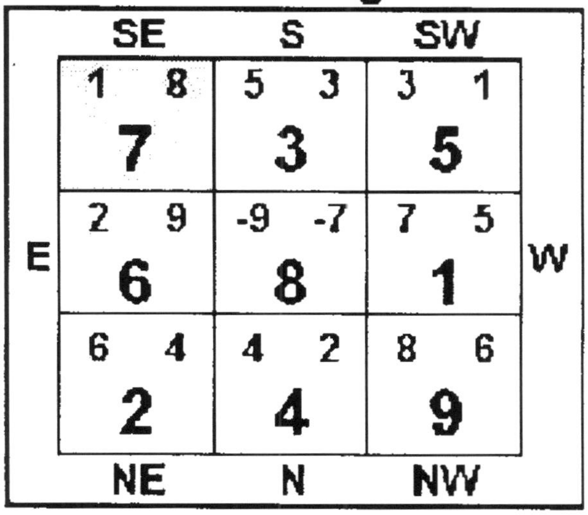

Period 8 Facing SE 1

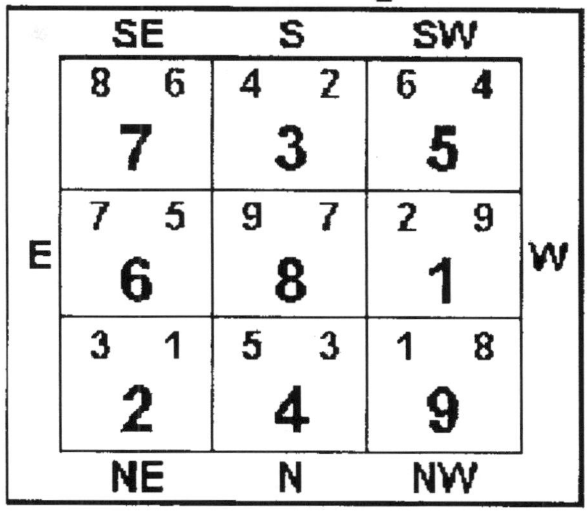

Period 8 Facing NW 2/3

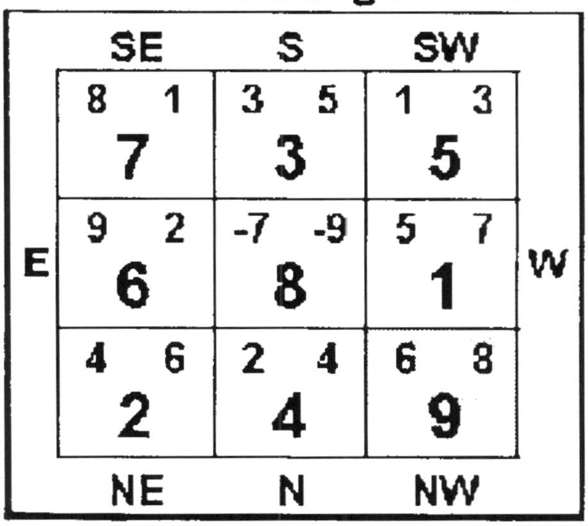

Period 8 Facing NW 1

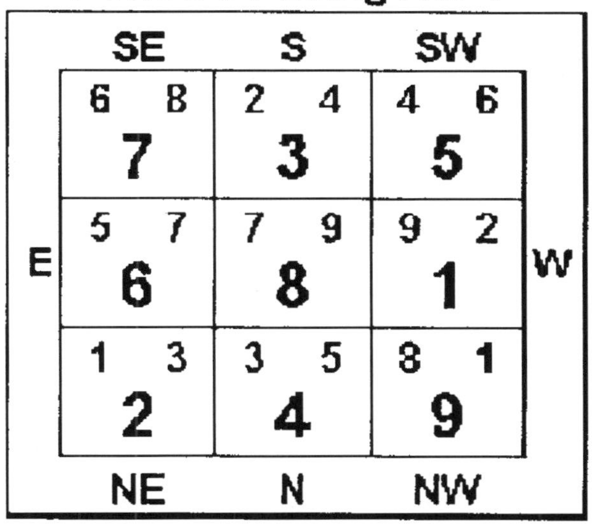

Facing Richtungen, die in Periode 8 als Schlosstore befähigt sind

Die folgenden Facing Richtungen von Periode 8 Gebäuden sind als Schlosstor Facing Richtungen befähigt:

N1, NO1, O1, SO2/3, S2/3, SW1, W2/3, NW2/3

Schlosstore in Periode 8

Facing Richtung	Primär Schlosstor	Sekundär Schlosstor
S1		SW2
S2	SO2	

S3	SE3	
SW1		
SW2	W2	S2
SW3	W3	S3
W1	SW1	
W2		NW2
W3		NW3
NW1	N1	
NW2		W2
NW3		W3
N1		NE1
N2	NW2	
N3	NW3	
NE1	E1	N1
NE2		
NE3		
E1	NE1	
E2		SE2
E3		SE3
SE1		E1
SE2	S2	
SE3	S3	

Zwei Typen von Facing Richtungen eines Gebäudes

1.) Weil die meisten Gebäude, Häuser oder Appartements rechteckige Formen bestätigen, selbst wenn Ecken vermisst werden, entscheidet die Facing Richtung des Gebäudes, welches der Schlosstore genutzt werden kann. Unter der Bedingung, dass das Gebäude eine rechteckige Form und auch Gesicht hat, wie **N1, NO1, O1, SO1, S1, SW1, W1, NW1, können wir in der Periode 8** nur die Schlosstor Richtungen **N1, NO1, O1 und SW1 nutzen.**

2.) Unter der Bedingung, dass das Gebäude eine rechteckige Form und auch Gesicht wie **N2/3, NO2/3, O2/3, SO2/3, S2/3, SW2/3, W2/3, NW2/3** hat, **können wir in der Periode 8** nur die Schlosstor Richtung: **SO2/3, S2/3, W2/3 und NW2/3 nutzen.**

Wenn die Schlosstor Richtung und die Facing Richtung eines Gebäudes identisch sind

In solch einem Fall hat das Gebäude bereits die wohlhabendste Facing Richtung, die aktiviert werden sollte, indem man ein Wasserelement in diese Richtung stellt. Sonst nichts ist zu tun.
Bei der Schlosstor Formel geht die meiste wohlhabendste Energie der Periode unmittelbar ins Gebäude, welches das Gebäude in Anbetracht seiner Facing Richtung sonst nicht genießen könnte.

Früher Himmel

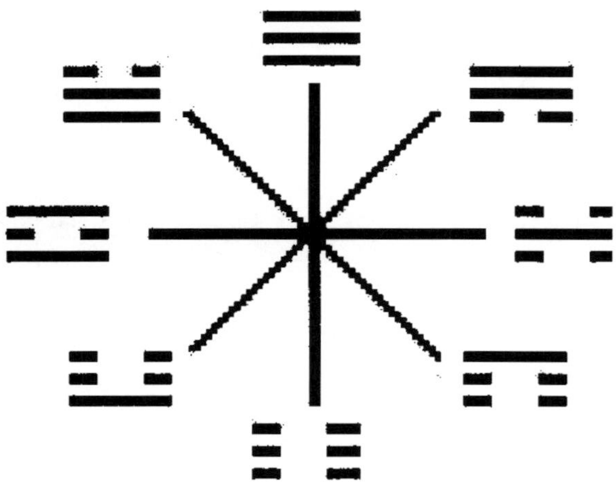

Früher Himmel in Nummern

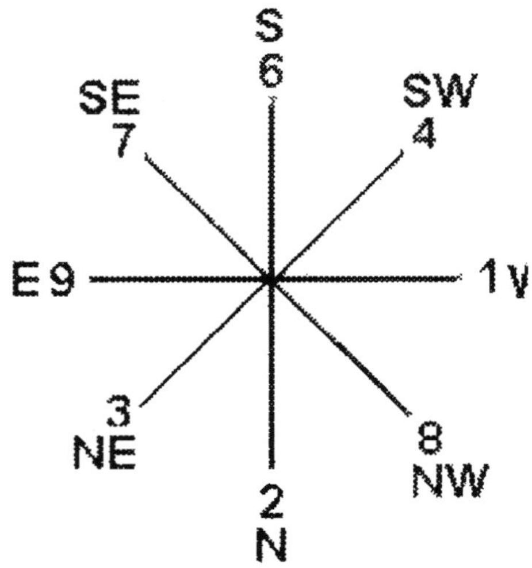

Oberhalb zeigen Diagramme die Anordnung der Energien des frühen Himmels. Die blauen Nummern und deren Richtungen stellen Energien dar, die vorwiegend Yin im Charakter sind und die roten sind Yang.
Die blauen Nummern stehen für Zusammenziehung und Zerfall und sind die schlechten Energien. Beide Energiegruppen sind eindeutig geteilt, was in allen Zyklen im Wechsel der Natur beobachtet werden kann.
Die Teilungslinie zwischen beiden Gruppen, wie zum Beispiel der Tageszyklus, richtet sich nach dem Konzept der Taoistischen Kosmologie, nicht von Sonnenaufgang zu Sonnenuntergang, aber von Mitternacht bis Mittag.
Es ist der Faktor des Wuchses oder Wachsens, welcher die beiden Gruppen teilt. In der Mittagszeit ist Yin geboren und beginnt zu wachsen bis zum Gipfel um Mitternacht, wenn Yang beginnt zu wachsen und es erreicht seinen Höhepunkt am Mittag.

Wie man die Sterne liest

Wenn wir die Energie von einem Palast bewerten, haben wir den Blick auf folgende Faktoren zu richten.

1. Die Gäste/Gastgeber Beziehung der Energien der Sterne (siehe entsprechendes Kapitel).
2. Die Wechselwirkung der Fünf Elemente in Beziehung zu den Sternen (siehe entsprechendes Kapitel).
3. Und nicht zuletzt die Stärke der Energien, dargestellt durch die Sterne.

Der Facingstern ist der Stärkste, der Erdbasisstern ist in dazwischenliegender Stärke und die Stärke des Berges hat ein niedrigeres Niveau, gefolgt von Jahres- und Monatssternen.

Wenn wir die Energie eines Gebäudes oder Platzes bewerten, müssen wir folgende Faktoren im Blick haben.

1. Die Energien des Facing Palastes sind die stärksten, durch die Tatsache, dass die Richtungsenergie durch diesen Palast in das Gebäude eintritt.
2. Der mittlere Palast bezieht sich auf alle Paläste, auf Grund seiner Position und hat deshalb Einfluss auf ihre Energie. Man sagt deshalb, dass die Energien des mittleren Palastes auf alle Bewohner des Gebäudes einwirken.
3 Der Palast, indem die Haupttür (meist genutzte Tür) liegt, ist von spezieller Bedeutung, da der Verkehr, welcher durch diese Tür geht, die jeweiligen Sterne aktiviert.

Das System der 5 Elemente
5 verschiedene Wechselwirkungen von Energie

These are:

1. **The full and nourishing energy coming from the front.**
2. **The empty energy coming from behind.**
3. **The robbing energy coming from the undefeated.**
4. **The small energy coming from the defeated.**
5. **The direct energy coming from the same element itself**

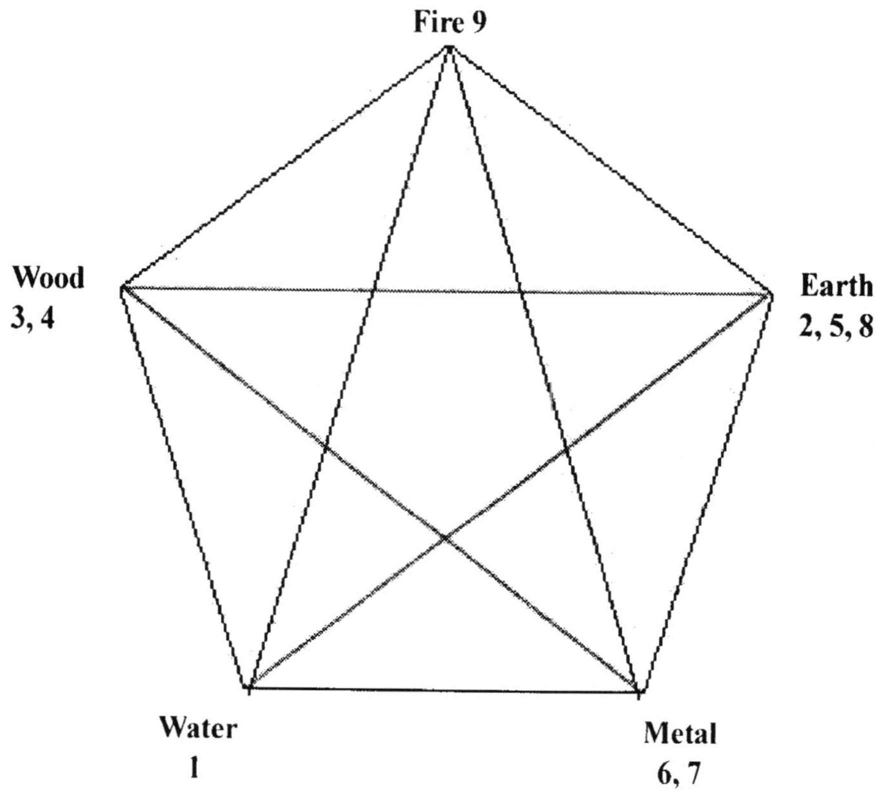

Übersetzung von oberem Text

Diese sind:

1. **Die volle und nährende Energie, von der Frontseite kommend**
2. **Die leere Energie, die von hinten kommt**
3. **Die Beraubungs-Energie aus dem Unbesiegten kommend**
4. **Die kleine Energie, die aus dem Besiegten kommt**
5. **Die direkte Energie, die aus dem gleichen Element selbst kommt**

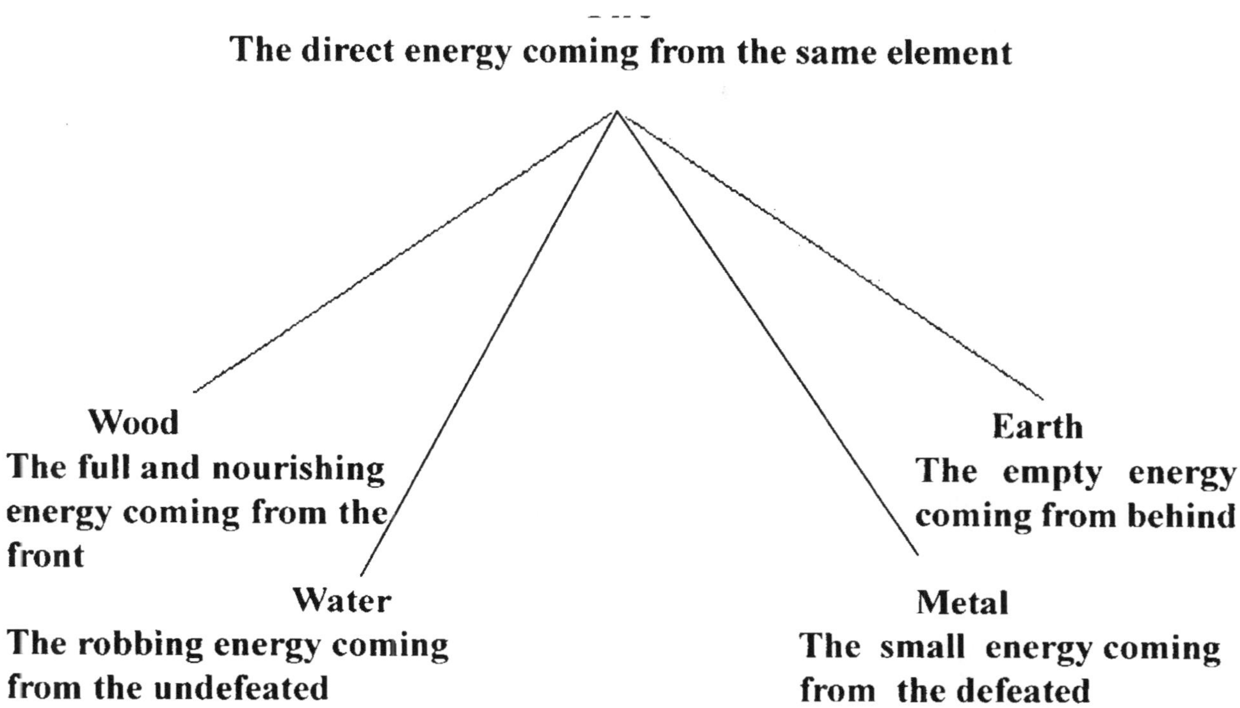

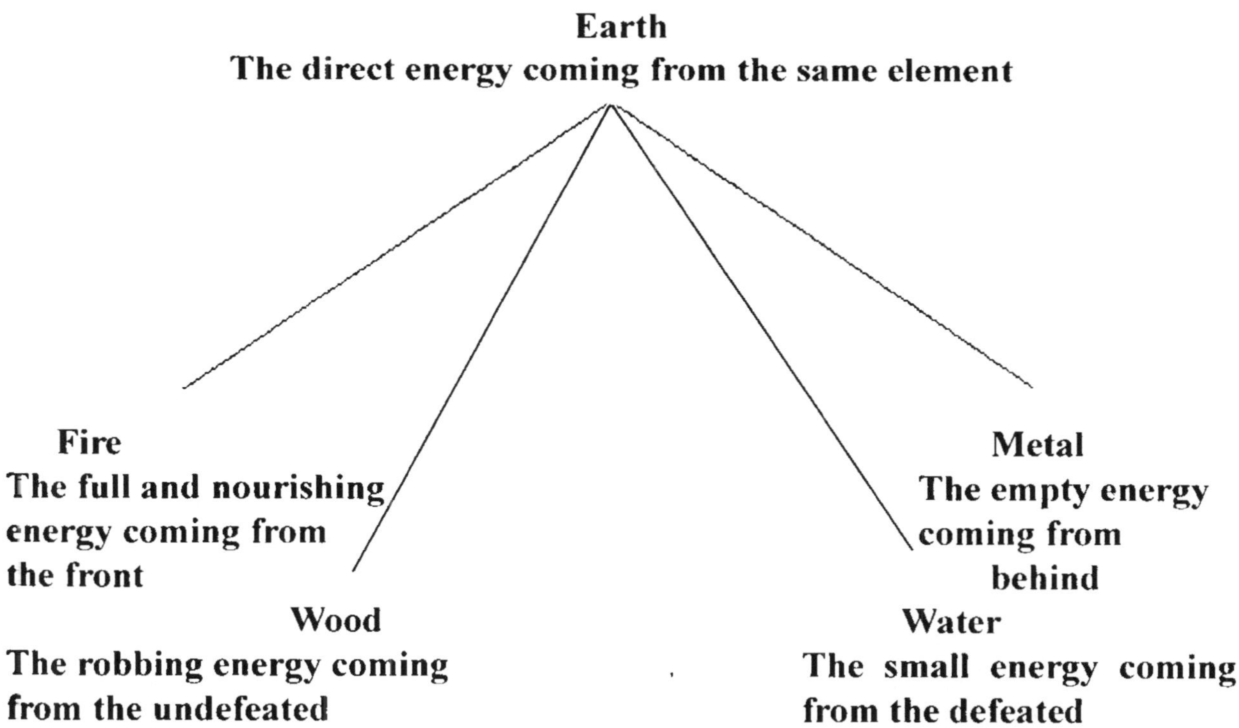

Übersetzung siehe Seite 62

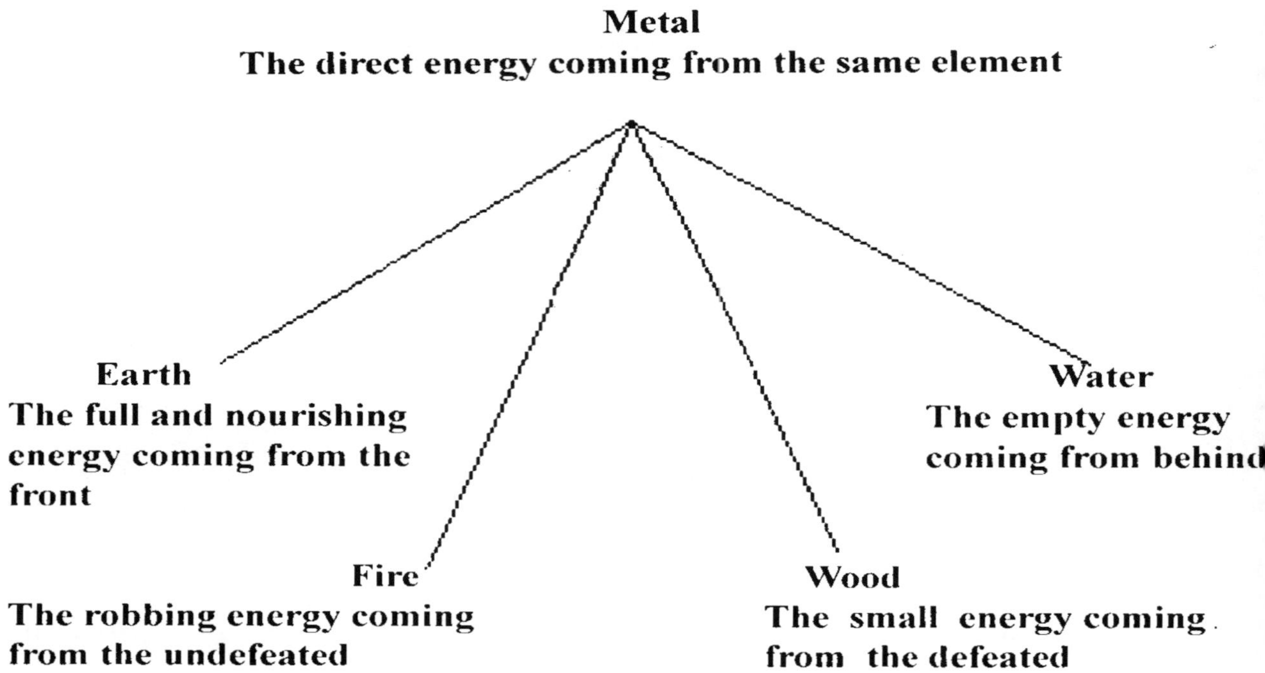

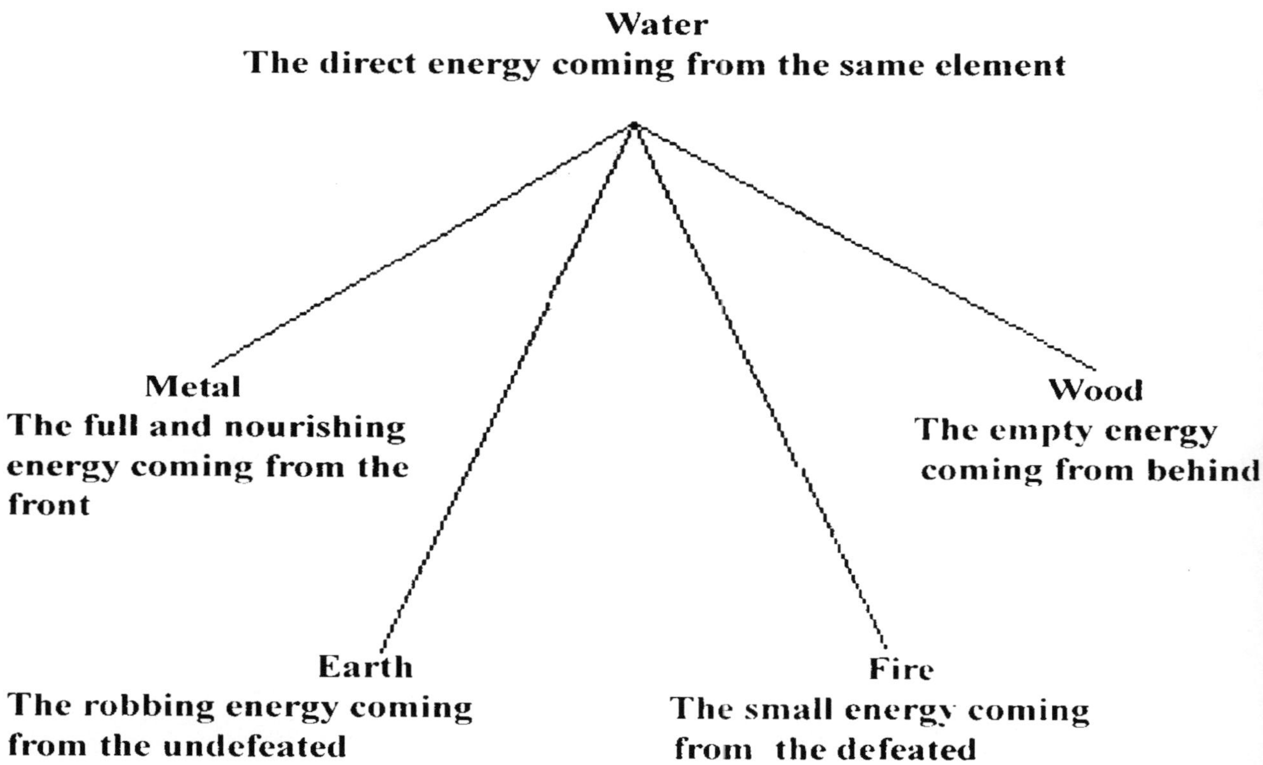

Übersetzung siehe Seite 62

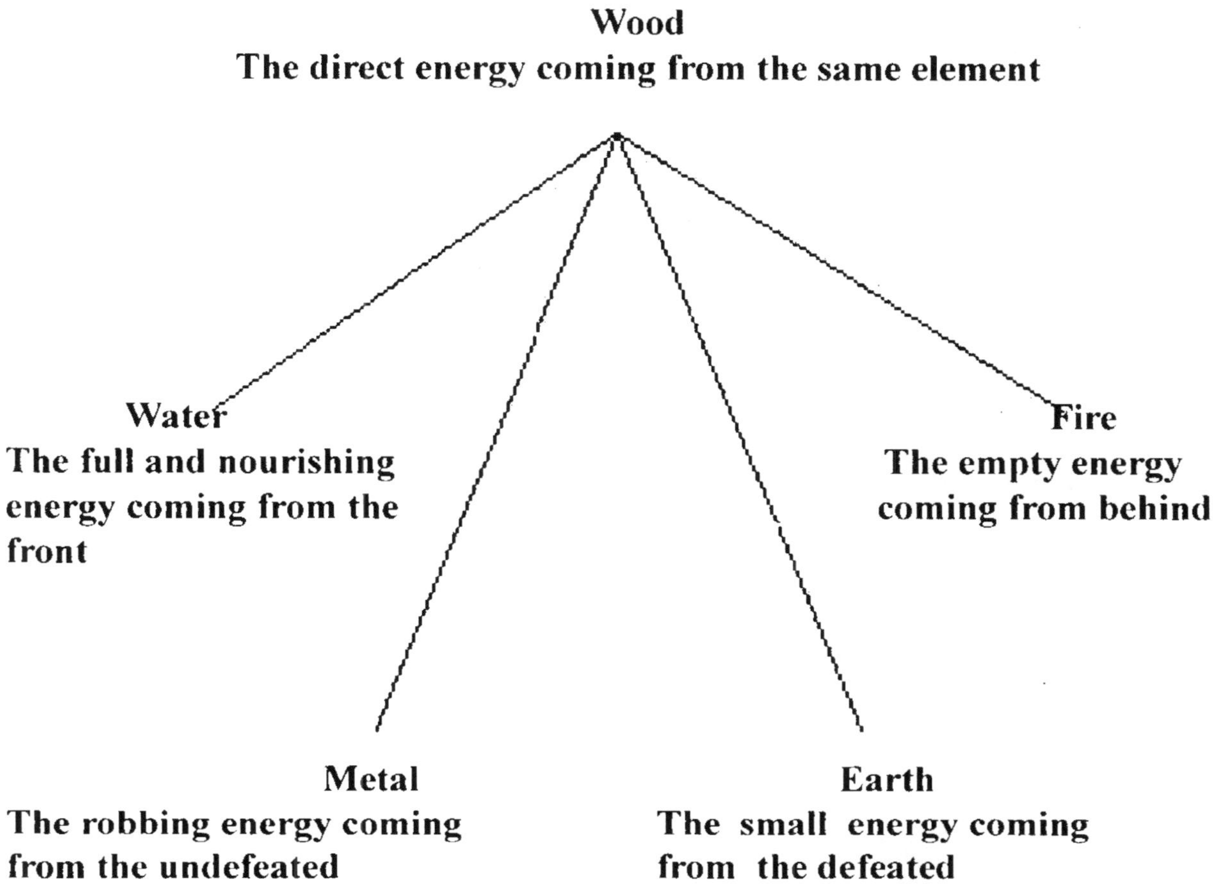

Übersetzung des obigen Textes siehe Seite 62

Lasst uns nun prüfen, wie die Wechselwirkung der Energien arbeitet.
Angenommen ein Palast hat die Erdbasis 9, Facingstern 6 und Bergstern 4.
Wenn wir uns die Erdbasis 9 und den Facingstern 6 anschauen, können wir zu dem Ergebnis kommen, dass das Feuerelement von 9, das Element 6 zerstört. Wir können auch denken, das Metallelement von 6 greift das Feuerelement 9 an.
Zerstört das Metallelement der 6 das Holzelement der 4 oder wirkt das Holzelement auf das Metallelement der 6 ?
Ist das Holzelement von 4 nährend fürs Feuer von 9 oder entwässert das Feuerelement der 9 das Holzelement 4 ?
Welche von diesen Möglichkeiten ist die Richtige?
Alle sind für sich richtig, so weit es die Wechselwirkung der 5 Elemente betrifft. Wie auch immer, da die Energien in einem Palast nicht alle die gleiche Stellung haben, aber auf jede andere in der Art und Weise wie eine Gastgeberenergie oder eine Gastenergie wirken, folgt ihre Wechselwirkung einem bestimmten Muster, diktiert von deren Status (siehe Gastgeber/Gast Beziehung der Sterne).
Wir müssen herausfinden, welche der verschiedenen Energien in Wechselwirkung mit einer von den anderen ist. Ist die Metallenergie der 6 in Wechselwirkung mit der Feuerenergie 9 oder ist das Feuer von 9 in Wechselwirkung mit Metall 6 ?

Beide Wechselwirkungen nehmen generell nicht Platz unter den gleichen Bedingungen zur selben Zeit.

1. **Der Erdbasisstern stellt die Gast- oder Gastgeberenergie eines Palastes dar. Die Facing- und Bergsterne sind Besucher- oder Gastenergien und solche sind die Jahres- und Monatssterne, die vor allem besonders in Wechselwirkung mit dem Erdbasisstern stehen, aber es ist ebenso mit anderen Sternen möglich (siehe Gastgeber/Gast Beziehung der Sterne).**

2. **Das Zusammenwirken von Facing- und Bergstern mit der Erdbasis ist der Grund, weshalb in dem bedingungslosen Zusammenwirken von bestimmten Kombinationen von Sternen, die Nummern der Erdbasis- und die der Facingsterne nicht gewechselt werden können.**

3. **Der spezielle Effekt von der Kombination Erdbasis 8 und Facingstern 9, der für glückliche Beziehungen steht, ist nicht gegeben in der Kombination von Erdbasis 9 und Facingstern 8. Im ersten Beispiel verbessert die 9 die 8, wohingegen im zweiten die 8 die Energie der 9 abfließen lässt.**

4. **Wenn wir das Zusammenwirken der Sterne analysieren nach den 5 Elementen, müssen wir im Sinn haben, dass das Zusammenwirken von Facingsternen mit der Erdbasis als viel wichtiger anzusehen ist, wie das Zusammenwirken von Bergstern mit der Erdbasis.**

5. **Es ist in Anbetracht des Facingsterns zu überlegen, eine stärkere Energie als die der Bergsterne zu nehmen. Die Jahres- und Monatssterne sind noch weniger mächtig und ihre Wechselwirkung ist deshalb als letztes zu erwägen.**

Warum soll dies so sein, ist eine Frage, die gestellt werden kann.
Wir wissen, dass die Energie, welche die Erdbasis darstellt, durch den Zeitfaktor der Gebäudeherstellung definiert ist, die Periode des Gebäudes. Die Erdbasis Energie ist ein Teil des Gebäudes, das nicht wechselt, es sei denn, es werden strukturelle Wechsel gemacht, die das Gebäude in einem Ausmaß wechselt, dass es als neues gedacht werden kann.

Energie, die von der Facing Richtung in ein Gebäude eintritt, ist nicht als solches ein Teil des Gebäudes, so wie es die Basis Energie ist. Es ist eine Besucher Energie, die von der Facing Richtung ins Gebäude eintritt und seine Qualität ist abhängig von der Facing Richtung. Mit dem Wechsel in der Facing Richtung, wechselt diese Energie ebenso. Wechsel in der Facing Richtung kann erbracht werden durch Faktoren, die Teil des Gebäudes sind, sowie die Installation von neuen Fenstern und Wechsel von Türen, sowie auch Wechsel der äußeren Umgebung, wie Wachstum von Bäumen, die

Erstellung von Gebäuden und Straßen in der Nähe.

Die Besucher Energien von Facing- und Bergsternen treten beide von der Facing Richtung ein. Beide Energien beglückwünschen sich einander. Sie beziehen sich zueinander in der selben weise, wie die zwei Basiskräfte Yin und Yang es tun und stellen die Dualität der kosmischen Energie dar.
Wir wissen auch, dass die Facing Richtung diejenige Richtung ist, welche die größte Einwirkung auf die Yang Energie (Beweglichkeit, Geräusch, Licht, Ausbreitung in Form des ungehinderten Blicks) hat. Der Facingstern kann deshalb als ein Stern gesehen werden, der diese Yang Energie trägt, die wünschenswert mit der vorwiegenden Yin Energie des Bergsterns umgeht. Ich denke, dies macht offensichtlich, dass der Facingstern Energie darstellt, die energischer ist als der Bergstern. Auf Grund dessen können wir verstehen, dass das Zusammenwirken von Facingstern mit der Erdbasis das wichtigste Merkmal in einem Palast ist.

Die Jahres- und Monatssterne sind ebenfalls Besucher Energien, gebracht durch kurze Zeitwechsel im Universum. Sie wirken vor allem mit der Erdbasis Energie.

Wie man Harmonie in das Zusammenwirken von Energien herstellen kann.
Nehmen sie das Beispiel von oberhalb, das Holz von Bergstern 4 und das Metall von Facingstern 6 wirken mit dem Feuer auf die Erdbasis.
Um das Gleichgewicht des Effektes von Metall des Facingstern 6 zur Erdbasis 9 zu bekommen, haben wir als Gegenmaßnahme Wasser zu nutzen. Um zu verstehen warum wir Wasser nutzen, schauen sie das Diagramm der 5 Elemente an. Metall bezieht sich zu Feuer wie kleine Energie, die von dem Besiegten kommt, und Wasser verhält sich zu Feuer, wie die Beraubungs-Energie, kommend vom Unbesiegten. Diese beiden Energien haben begonnen ins Gleichgewicht zu kommen.

Um den Effekt, den Holz aufs Feuer hat nichtig zu machen, sollten wir das Erdelement nutzen, da die volle und nährende Energie, kommend von der Frontseite, und die leere Energie, von hinten kommend, begonnen haben ins Gleichgewicht zu kommen.

1. **Wie sie vom oberen Beispiel gesehen haben, sind die volle und nährende Energie, die von der Frontseite kommt und die leere Energie, die von hinten kommt, entgegengesetzte Kräfte im Zusammenwirken, welche ins Gleichgewicht gebracht werden müssen, um Harmonie herzustellen.**

2. **Ähnlich sind die Beraubungs-Energie, die aus dem Unbesiegten kommt, und die kleine Energie, die aus dem Besiegten kommt, entgegengesetzte Kräfte, die zu harmonisieren sind.**

3. **Was oft nährender Zyklus genannt wird, wo in der Reihenfolge von Feuer, Erde, Metall, Wasser und Holz, die Elemente einander nähren, ist in umgekehrter Richtung Feuer, Holz, Wasser, Metall und Erde ein abfließender Zyklus.**

4. **Der destruktive Zyklus, in der Reihenfolge von Feuer, Metall, Holz, Erde und Wasser ist in seiner umgekehrten Richtung, Feuer, Wasser, Erde, Holz und Metall ähnlich des nährenden Zyklus, die Energien verbessernd.**

5. **Bitte nehmen sie zur Kenntnis, dass der nährende Zyklus und der destruktive Zyklus und seine umgekehrten Richtungen nicht notwendiger weise Harmonie schaffen, aber sie geben einen speziellen stärkenden oder schwächenden Effekt.**

6. **Harmonie kann man nur erreichen, wenn man die gegensätzlichen Energien ins Gleichgewicht bringt, wie unter 1 und 2.**

An unsere Ziele denkend, wenn man sich für Gegenmaßnahmen und Verstärkung entscheidet

Wenn man das Zusammenwirken der Elemente in Betracht zieht und die Gegenmaßnahme angewandt wird, ist es sehr wichtig, an unsere Ziele zu denken, die hamonisiert oder stimuliert werden müssen oder die von verschiedenen Effekten entfernt werden müssen. Wir haben deshalb zuerst zu entscheiden, ob die Sterne günstig oder schlecht sind. Danach schauen wir, welchen Effekt der Facingstern auf den Erdbasisstern hat, ist er wünschenswert oder unerwünscht. Der Effekt des Bergsterns auf die Erdbasis und später der Effekt auf die Jahres- und Monatssterne muss überlegt werden bevor wir uns für eine Gegenmaßnahme entscheiden.

Das Zusammenwirken der 5 Elemente ist die Basis zur Entscheidung von Verstärkungen und Gegenmaßnahmen.

Sterne, welche die Nummer 2 und 5 haben sind schlecht und unerwünscht. Nummer 2 in Kombination mit anderen Sternen wird meistens, jedoch nicht immer, schlechten Effekt haben. Unser Ziel ist deshalb, ihn zu zerstreuen oder zu erwecken.

Stern Nummer 9 ist ebenso unerwünscht, jedoch in verschiedenen Kombinationen wie 8/9, wo die Erdbasis 8 ist und der Facingstern 9, ist er sehr wünschenswert. Der unerwünschte Charakter von Stern 9 ist hauptsächlich fällig, bei der Tatsache, dass das Feuerelement die schlechten Sterne 2 und 5 stärkt, aber ebenso für die Wahrscheinlichkeit, dass Schaden oder Verletzungen durch Feuer im Palast, wo der Stern 9 gefunden wird, verursacht wird durch einen Feuerplatz, wie ein Herd in der Küche.

Sterne, welche die Nummer 1, 4, 6 und 8 haben, sind sehr wünschenswert und so auch ihre Kombinationen, ausgenommen für die Kombination 8/3 und 8/4, wenn Nummer 8 der Erdbasisstern ist. Unser Ziel ist zu verbessern und zu nähren. Unter verschiedenen Bedingungen wird es ratsam sein Verstärker anzuwenden. Wir werden später sehen, wie dieses getan wird.

Die Sterne 3 und 7 sind als neutral in ihrer Handlung anzusehen, aber in Kombination mit anderen Sternen können sie zu manchen Zeiten günstig oder sehr zerstörerisch sein und Gegenmaßnahmen sind anzuwenden, um ihren Effekt zu heilen.

Gastgeber/Gast Beziehungen der Sterne

Verschiedene Schulen verwenden verschiedene Methoden, abhängig davon, welcher der 3 Sterne, der Facing-, der Berg- oder der Erdbasisstern als wichtiger gesehen wird. Generell gesprochen werden zwei Systeme genutzt.

1. **System 1 nimmt als erstes von allen Achtung zur Yin/Yang Dualität eines Gebäudes,** vertreten durch die Berg- und Facingsterne und deswegen sehen sie ihre Wechselwirkung als sehr wichtig an. Die Energie des Basissterns wird als zweitrangige Wichtigkeit angesehen.

2. **System 2 zieht hauptsächlich das Energie Niveau** der Sterne in Betracht und konzentriert sich auf das Zusammenwirken des Facing- und Erdbasissterns, da diese beiden Sterne als Repräsentanten der stärksten Energien gesehen werden, die den größten Effekt auf das Wohlsein der Bewohner haben. Der Bergstern ist mit einem niedrigen Niveau in Betracht zu ziehen, aber sollte als gut berücksichtigt werden.

Beide Systeme ziehen manchmal auch die Späte Himmelsordnung in Betracht, wenn sie das Zusammenwirken der Sterne analysieren.

Das Zusammenwirken der Sterne in verschiedenen Perioden

Beide Systeme geben dem Facing Palast größte Bedeutung, wenn Richtungsenergie durch den Facing Palast in ein Gebäude eintritt und von da geleitet wird zum Rest des Gebäudes, indem es die Energie in allen anderen Palästen in einigem Ausmaß beeinflußt. Die Energien, die im Facing Palast vertreten sind, sind als dominant zu verstehen.
Getrennt von der Wechselwirkung der Sterne im Facing Palast, sind die zwei Systeme verschieden in der Einschätzung der Energien im Rest der Paläste.

1. **System 1** vertritt die Ansicht, dass die Wechselwirkung des Facing- und Berg-Bergsterns sehr wichtig ist, dass das Zusammenwirken im Facing- und Sittingpalast gleich ist. Diese zwei Paläste werden dafür angesehen, dass sie dieselben Yin/Yang Dualitäts-Eigenschaften der zwei Sterne haben. Sie sehen generell eine Notwendigkeit für den Perioden Berg- und Facingstern in diesen zwei Palästen, und zwar damit diese durch äußere Elemente unterstützt werden, solche wie Berge oder hohe Strukturen für Bergsterne und Wasserstrukturen oder Straßen für Facingsterne, wovon man glaubt, dass sie die jeweiligen Sterne aktivieren.

Danach werden der Berg- und der Facingstern von den anderen 7 Palästen analysiert in ihrer Besucher/Gast Beziehung. Ihre Unterstützung durch äußere Elemente ist als notwendig zu verstehen.

2. **System 2**, welches mehr Bedeutung auf den Facing- und Erdbasisstern legt, weil die Wechselwirkung der Sterne des Facing Palastes als am wichtigsten gesehen wird, gibt entsprechend acht auf das Zusammenwirken der Sterne in allen anderen Palästen. Die Anwesenheit der äußeren Elemente in Richtungen der Facing- und Bergsterne ist nicht als zwingender Einfluss zu sehen. Die Harmonie Elemente der Energien in den Palästen sind andererseits als sehr wichtig zu sehen (siehe die vier Kombinationen der Facing- und Bergsterne, jeweils aufsteigend und abfallend fliegend).

Beide Systeme achten besonders auf die Wechselwirkung der Sterne in dem Palast, wo die Haupttür liegt.
Der Zentrumspalast bekommt auch spezielle Beachtung, da man seiner Energie nachsagt, dass sie auf alle Bewohner des Hauses einwirkt.

Beispiel der Gastgeber/Gast Beziehung von beiden Systemen

Gebäude Periode 7

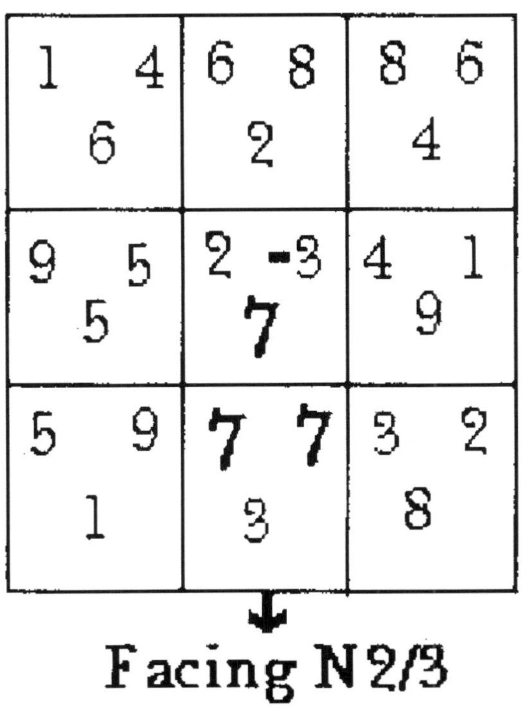

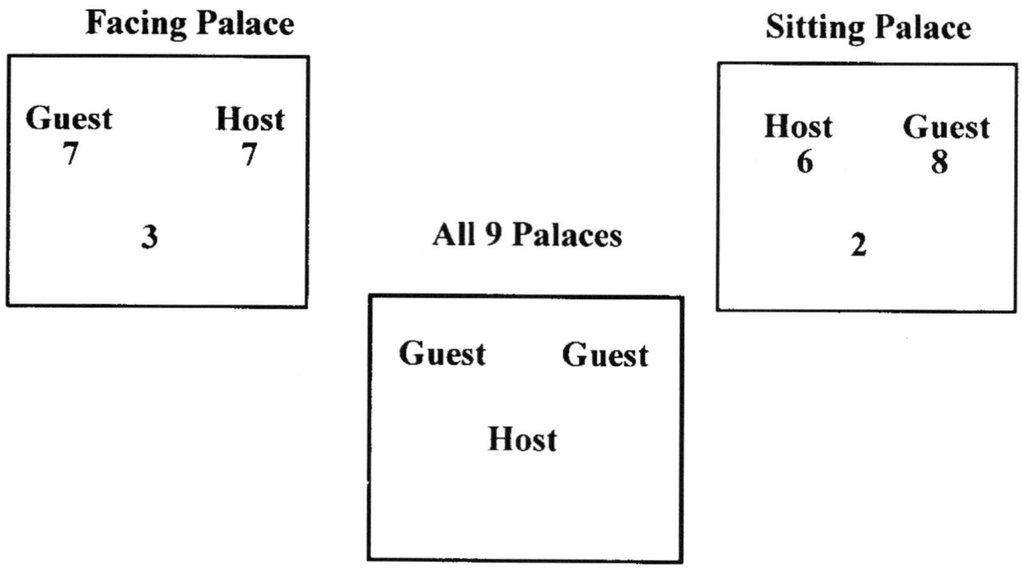

Guest
Period Earth Base Stars

6	2	4
5	7	9
1	3	8

Host
Later Heaven Stars

4	9	2
3	5	7
8	1	6

Die Gastgeber/Gast Beziehung der Sterne

Günstige Beziehungen

Wenn die Gäste den Gastgeber stärken = Ist es volle und nährende Energie, kommend von der Frontseite

Wenn die Gäste und der Gastgeber die selben sind = Die direkte Energie, kommend vom selben Element

Wenn der Gastgeber gegen- über vom Gast ist =	Ist es kleine Energie, kommend vom Besiegten

Ungünstige Beziehungen

Wenn der Gastgeber den Gast verbessert =	Ist es die leere Energie, kommend von hinten
Wenn der Gast gegenüber vom Gastgeber ist =	Ist es die Beraubungs-Energie, kommend aus dem Unbesiegten

Die Gastgeber/Gast Beziehung im Zusammenwirken mit dem Feuerelement

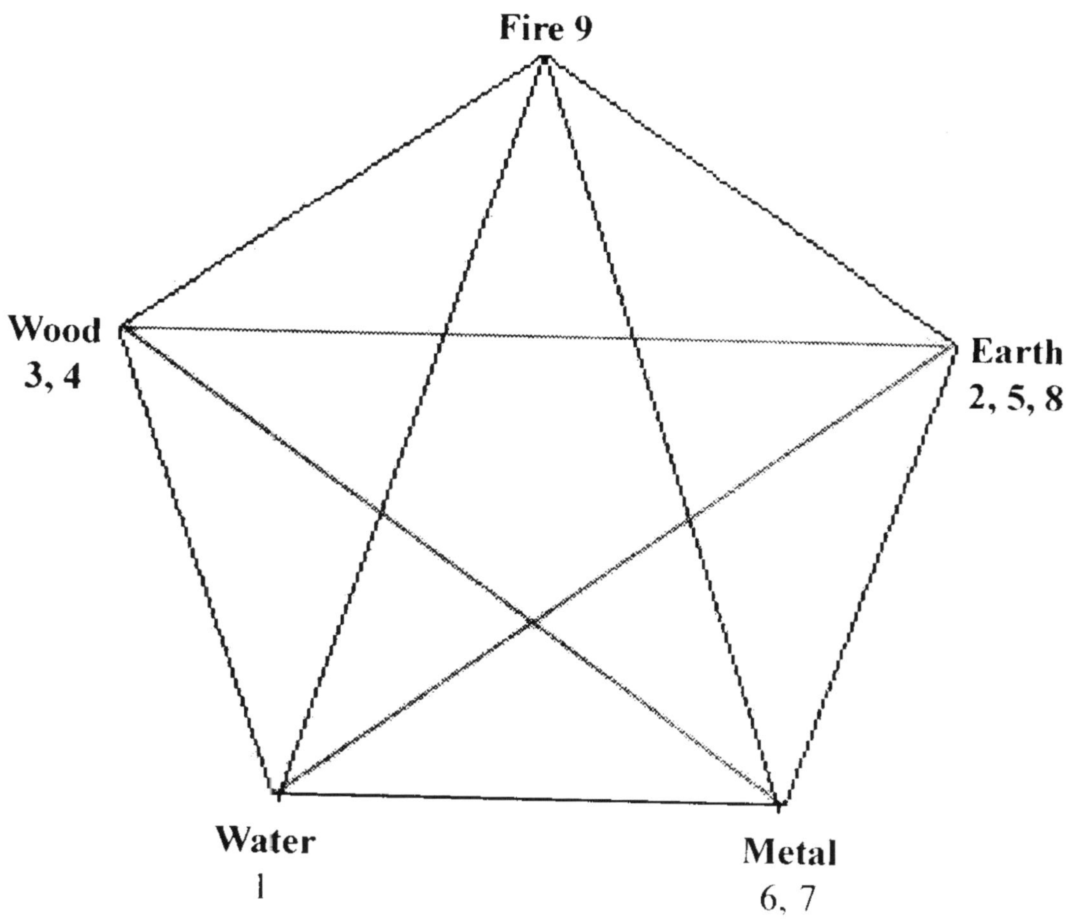

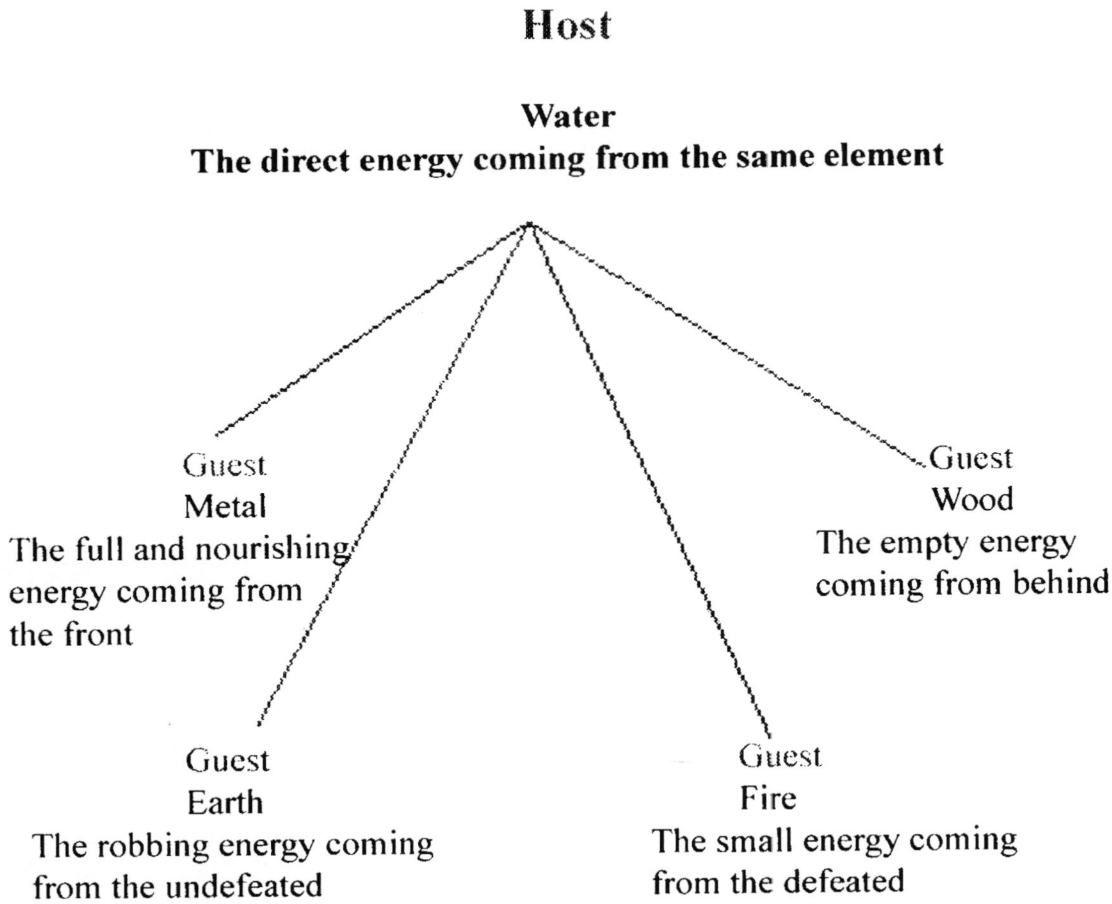

Übersetzung des oberen Textes siehe Seite 62

Host

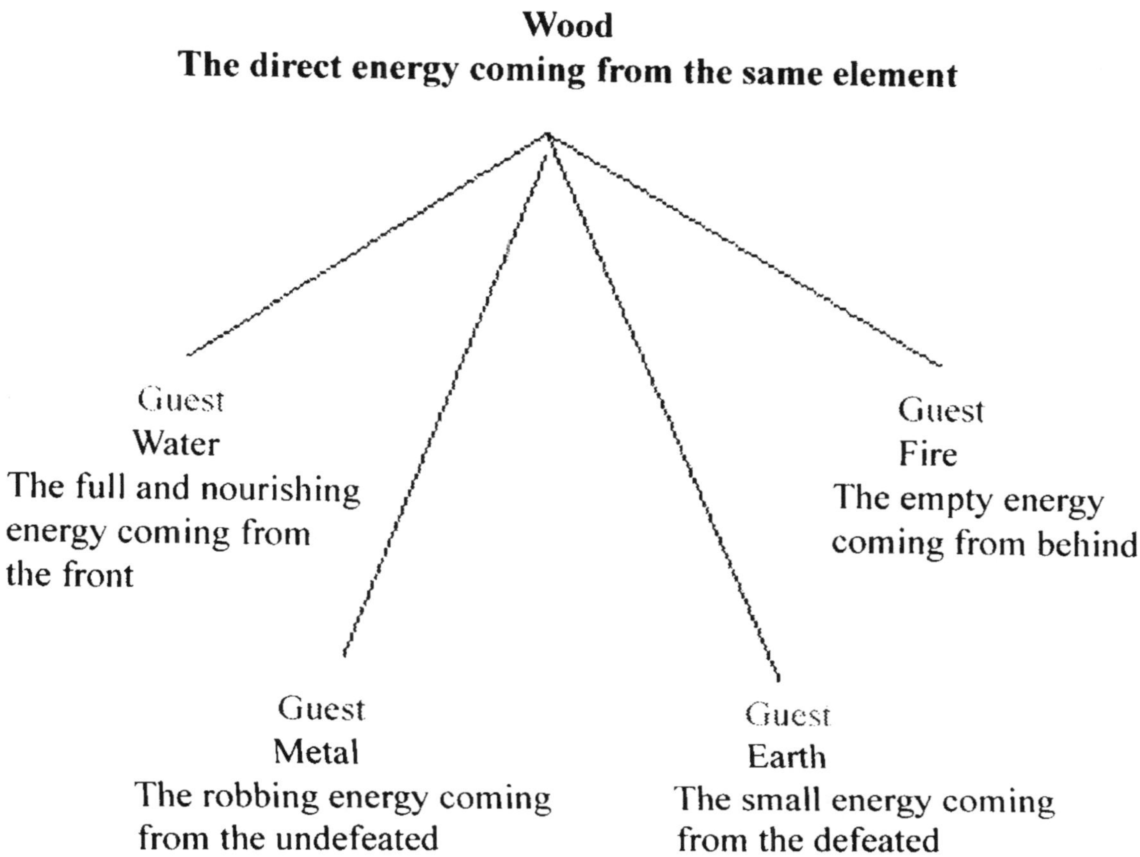

Übersetzung des oberen Textes siehe Seite 62

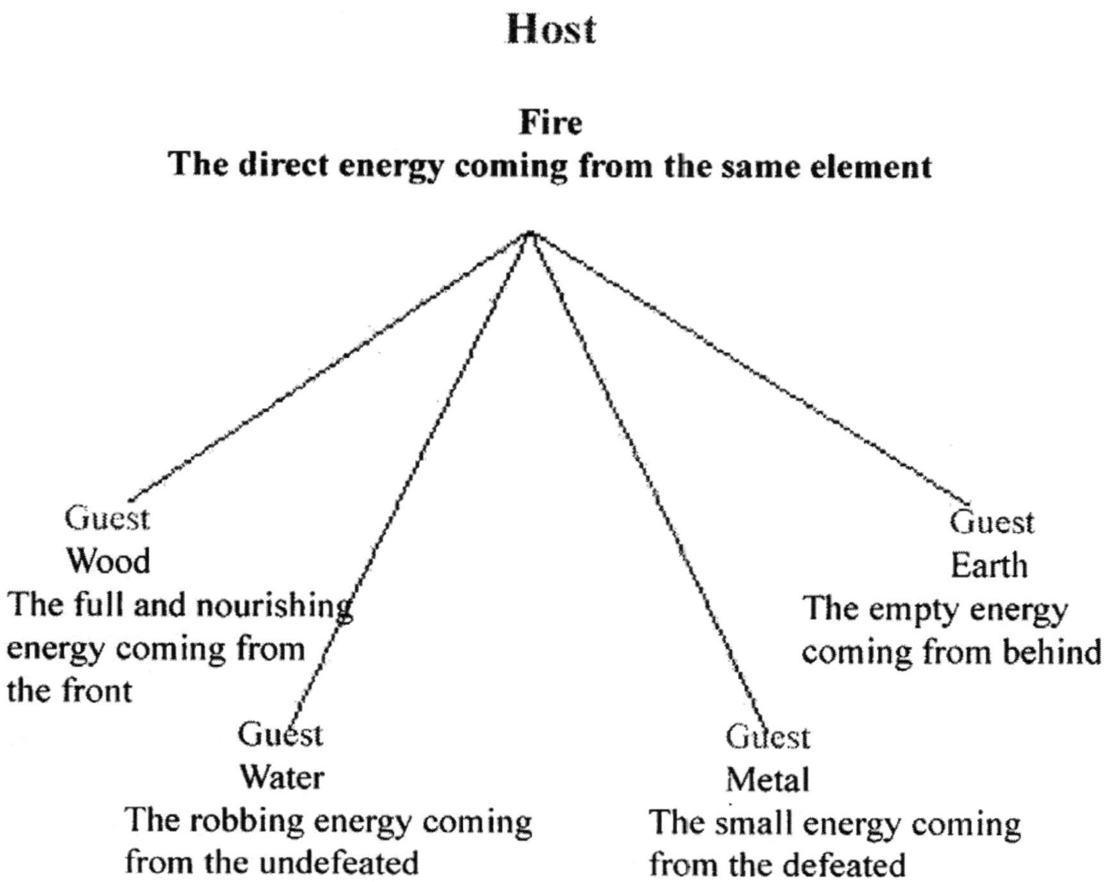

Übersetzung des oberen Textes siehe Seite 62

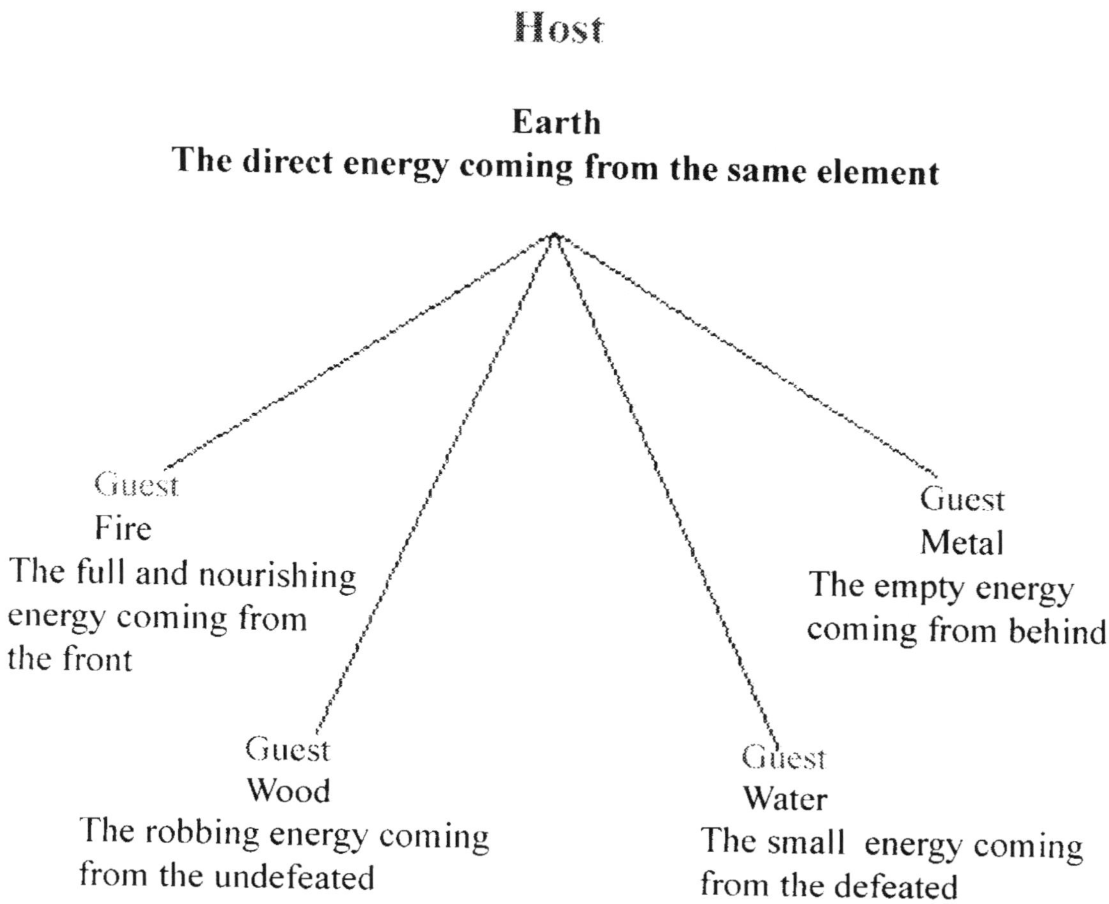

Übersetzung des oberen Textes siehe Seite 62

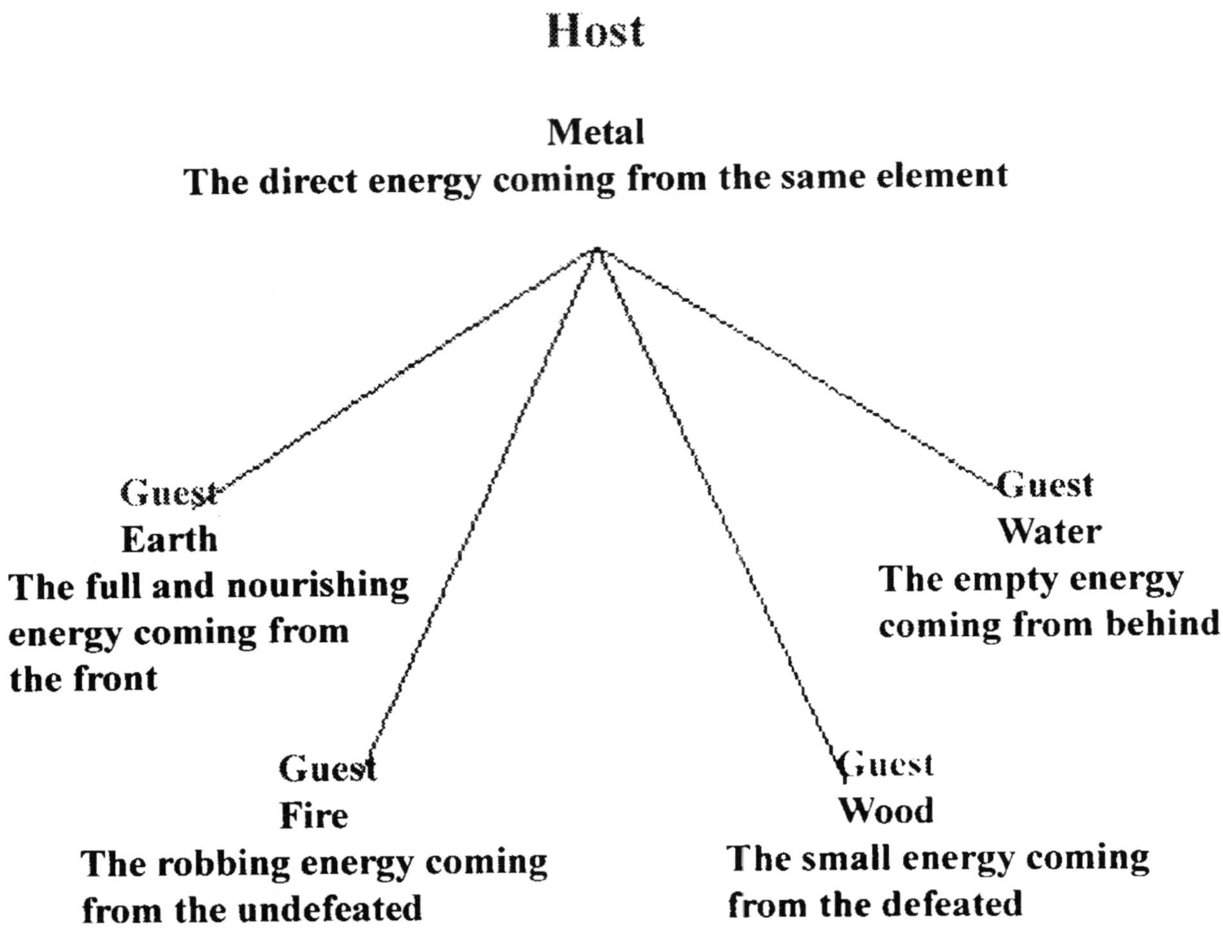

Übersetzung des oberen Textes siehe Seite 62

Beispiel für System 1 für eine Periode 7 Gebäude Facing N2/3

Facing Palace	Sitting Palace
Guest Host 7 7 3	Host Guest 6 8 2

Facing Palast: Wenn der Gast und der Gastgeber gleich sind, ist die Beziehung günstig.

Die Energie des Gastgebers ist verstärkt durch die Energie des Gastes. Da der Gastgeber der Facingstern ist, ist diese Energie Kombination gut für Reichtum, aber nur in der Periode 7, wenn seine Energie rechtzeitig ist. In Periode 8, wenn die Energie auf keinen Fall rechtzeitig ist, wird die Kombination bewaffnete Überfälle, Verlust und Konflikte verursachen.

Heilmittel: Um die doppelte 7 zu entfernen, die in Periode 8 schlecht ist, sollte man Wasser nutzen, welches deren Metallelemente Energie schwächen wird.

Sitting Palast: Wenn der Gast den Gastgeber stärkt, ist die Beziehung günstig. Die Energie des Gastgebers ist gestärkt durch die volle und nährende Energie des Gastes, kommend von der Frontseite.

Da der Gastgeber der Sitting Stern ist, ist diese Energie gut für menschliche Beziehungen und Gesundheit. Weit mehr wird die Kombination von 6 und 8 verstanden als Erfolg in Finanzen und andere wettbewerbsfähige Wagnisse.

Beispiel von System 2 für ein Gebäude Periode 7 Facing N 2/3

Alle 9 Paläste

Guest 7 Guest 7
Host 3

Alle 9 Paläste

Guest 6 Guest 8
Host 2

Facing Palast; Wenn der Gast gegenüber vom Gastgeber ist, ist es die Beraubungsenergie, kommend von dem unbesiegten Gast, welcher die Energie des Gastgebers zerstört. Diese Beziehung ist ungünstig und wird bewaffnete Überfälle, Verluste und Konflikte verursachen.

Heilmittel: Das Erdelement ist als Gegenmaßnahme zu verwenden, um den negativen Effekt zu heilen. Ein Felsblock oder kleine Steine, das Erdelement Nummer 8 darstellend, wird auf das Gleichgewicht wirken, welches das Metallelement der 7 auf das Holzelement der 3 hat und wird mit dem Metallelement der 7 perfekte Harmonie von Yin und Yang schaffen (siehe Harmonie Funktionen der zwei Himmel).

Sitting Palast: Wenn der Gast (Facingstern 8) auf den Gastgeber (Erdbasis 2) wirkt, ist der Effekt weder verringert noch vergrößert, aber die Gastgeber Energie verstärkend. Da die Facing Energie stärker ist als die Basisstern Energie, kann günstige Energie des Facingsterns die schlechte Energie des Erdbasissterns erobern.

Wenn der Gast (Bergstern 6) auf den Gastgeber (Erdbasis Stern 2) wirkt, ist die leere Energie, kommend von hinten, die abfließende Energie des Gastgebers, aber ebenso kombiniert mit der Gastgeber Energie (Erdbasis 2) und dadurch perfekte Harmonie von Yin und Yang schaffend (siehe Harmonie Eigenschaften des Frühen Himmels). Wir können schlussfolgern, dass die Energie im Sitting Palast das Wachsen von Wohlstand sehr unterstützen wird und die Bewohner werden geachtet und werden Erfolg haben durch Ihre Anstrengung.

Bewertung der Energie der Sterne in einem Palast, woran wir uns immer erinnern sollten

Der Facingstern kann Gastgeber oder Gast sein zum Bergstern
Der Bergstern kann Gastgeber oder Gast sein zum Facingstern

Mit anderen Worten, dies bedeutet, dass der Facingstern auf den Bergstern einwirken kann und der Bergstern auf den Facingstern einwirken kann.

Der Facingstern kann nur Gast sein zum Erdbasisstern
Der Bergstern kann nur Gast sein zum Erdbasisstern

Dies bedeutet, dass der Facingstern auf den Erdbasisstern einwirkt, aber der Erdbasisstern wirkt nicht auf den Facingstern ein und der Bergstern wirkt auf den Erdbasisstern, aber der Erdbasisstern wirkt nicht auf den Bergstern ein.

Die Jahressterne sind Gäste der Erdbasis-, der Berg- und der Facingsterne

Die Jahressterne wirken auf die Erdbasissterne ein. Der Erdbasisstern wirkt nicht auf die Jahressterne ein. Die Jahressterne wirken auf die Facing- und Bergsterne ein. Facing- und Bergsterne wirken nicht auf die Jahressterne ein.

Die Monatssterne sind Gäste der Jahressterne, der Erdbasis-, der Facing- und Bergssterne

Die Monatssterne wirken auf die Jahressterne ein. Die Jahressterne wirken nicht auf die Monatssterne ein. Die Erdbasis-, der Facing- und die Bergsterne wirken nicht auf die Monatssterne ein.

Gegenmaßnahmen und Verstärker sind Gast Energien

Gegenmaßnahmen und Verstärker sind Gast Energien. Sie wirken auf die Erdbasis-, die Facing-, die Berg-, die Jahres- und Monatssterne so gut wie auf jede andere.

Die günstigste Beziehung der Sterne

Die Facingsterne und die Bergsterne stärken die Erdbasissterne und die Erdbasissterne stärken die Sterne des Späten Himmels.

Beispiel
Periode 6 Gebäude Facing NO1

NO Palast

6		3
	9	

Später Himmel

4	9	2
3	5	7
8	1	6

Facingstern (Gast) ist volle und nährende Energie von der Frontseite kommend, den Erdbasisstern (Gastgeber) stärkend.
Der Bergstern (Gast) hat die kleine Energie, kommend von dem Besiegten und dem Erdbasisstern (Gastgeber) helfend.
Der Erdbasisstern (Gast) hat volle und nährende Energie, kommend von der Frontseite, den Stern des Späten Himmels stärkend (Gastgeber).

Die ungünstigsten Beziehungen der Sterne

Die Facing- und Bergsterne sind gegen den Erdbasisstern und der Erdbasisstern ist gegen den Stern des Späten Himmels.

Beispiel
Periode 3 Gebäude Facing S1

N Palast

3		3
	8	

Später Himmel

4	9	2
3	5	7
8	1	6

Facing- und Sittingstern (Gäste) sind die Beraubungsenergie, kommend von der unbesiegten Zerstörung des Erdbasissterns (Gastgeber).

Erdbasis (Gast) ist die Beraubungs-Energie, kommend von der unbesiegten Zerstörung des Späten Himmelssterns (Gastgeber).

Der Gebrauch von Farbe im Feng Shui

Moderne Bücher über Feng Shui raten immer Farben zu nutzen, um verschiedene Attribute der vier Haupt- und der vier sekundären Kompass Richtungen zu stimmulieren.
Da dort offensichtlich einige Verwirrung ist, hinsichtlich des Gebrauchs von Farbe im Feng Shui, wird das folgende ein besseres Verständnis der Sache bringen.

Nach dem System der Fünf Elemente

1. Das Holzelement ist der Bereich der Farbe
2. Das Feuerelement ist der Bereich des Geruchs
3. Das Metallelement ist der Bereich des Klangs
4. Das Wasserelement ist der Bereich des Fließens, Flüssigkeitsbewegung
5. Das Erdelement ist der Bereich des Geschmacks

Das System der Fünf Elemente kennt

1. Fünf Farben
2. Fünf Gerüche
3. Fünf Klänge
4. Fünf Wege von Flüssigkeit in Bewegung
5. Fünf verschiedene Geschmäcker

Betreffend der Effektivität von der Nutzung von Farbe im Feng Shui, sollten wir dessen Nutzen im Zusammenwirken der Fünf Elemente analysieren.
Die fünf Farben: rot, gelb, grün, weiß und schwärzlich blau sind Erklärungen des Holzelementes.

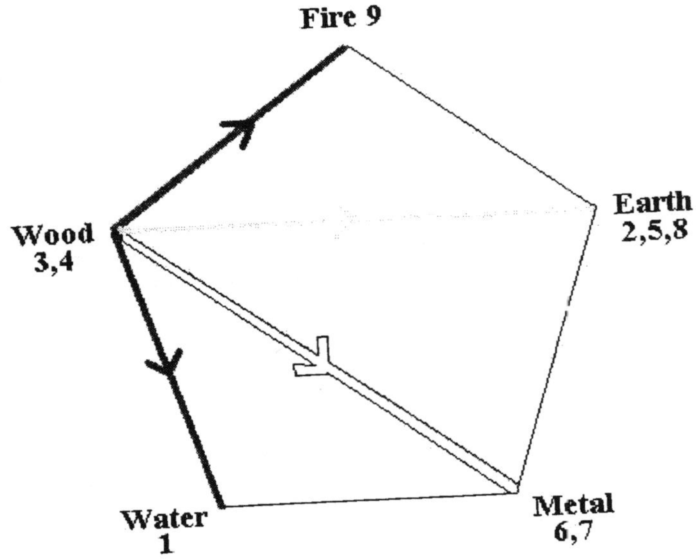

1. Grün ist eine Manifestation für das Holzelement in seinem eigenen Element.

2. Rot ist eine Manifestation des Holzelementes in seinem Zusammenwirken mit dem Feuerelement und dadurch nähren und stärken sie es.

3. Gelb ist die Manifestation des Holzelementes in seinem Zusammenwirken mit dem Erdelement und ist dadurch zerstörend.

4. Schwärzlich-blau ist eine Manifestation des Holzelementes in seinem Zusammenwirken mit dem Wasserelement und ist dadurch abfließend.

5. Weiß ist eine Manifestation des Holzelementes in seinem Zusammenwirken mit dem Metallelement und hilft ihm dadurch.

Von dem oberen können wir verstehen das

1. Im Feng Shui ist rot die intensivste Farbe, da sie die Energie darstellt, welche das Feuerelement nährt und verstärkt.

2. Weiß kann ebenso genutzt werden, da es dem Metallelement hilft, besonders wenn die Anwesenheit des Feuerelementes (Sternen Kombination 6/9 und 7/9) droht, es zu zerstören.

3. Gelb kann ebenso genutzt werden, da es das Erdelement zerstört. Die seltsame Klang Empfehlung von einigen Meistern, die Sterne 2 und 5 zu beschwichtigen mit ihrer eigenen Element Farbe gelb, ist nach allem nicht so merkwürdig, aber hat seinen Wert, da gelb das Element von den Sternen 2 und 5 zerstören wird.

Indem wir gelb nutzen, werden wir, wie auch immer, die Schaffenskraft der Sternenkombination 3/2 beenden, was nicht wünschenswert ist, wie alle von uns wissen.

4. Grün kann genutzt werden, um das Holzelement zu verstärken, aber dort ist der Gewinn zu klein.

5. Schwärzliches Blau sollte nie genutzt werden, da es das Wasserelement abfließen lässt.

Die Farbe rot

Von den vier Farben, die das Zusammenwirken des Holzelementes mit den Fünf Elementen vertreten, ist es nur die Farbe rot, die effektive Resultate bringt, wenn sie im Feng Shui genutzt wird. Rot wird das Erdelement (die Sterne 2, 5 und 8) stärken. Die Farbe rot wird große Resultate mit Stern 8 ergeben, aber muss streng vermieden werden, wenn Stern 2 und 5 anwesend sind.

Nutzung der Farbe rot als ein genereller Verstärker

In der chinesischen Tradition ist die Farbe rot ein Symbol für Wohlstand und Glück. Es ist deshalb nicht überraschend, dass die Farbe rot als ein genereller Verstärker genutzt wird, wenn der Erdbasis-, der Facing- und der Bergstern im Palast von Natur aus günstig sind.
Die Farbe rot, die das Feuerelement darstellt, ist gedacht zum Verstärken des günstigen Effekts der wohlwollenden Sterne 1, 4, 6 und 8. Die Bedingung, um rot zu nutzen als genereller Verstärker ist, dass alle Sterne in einem Palast wohlwollend sind.

Die Farbe rot sollte nie genutzt werden, wenn Sterne der Nummer 2, 5 und 9 in einem Palast vorhanden sind und wenn dort eine Feuerstelle vorhanden ist.

Die Nutzung der Farbe rot als ein genereller Verstärker z. B. unter der oben angeführten Bedingung, ist eine alt hergebrachte Methode, auf die Erfahrung von unzähligen Generationen von bestimmten Schulen begründet.
Liniengetreue Inhaber dieser Schulen sind nicht immer in Stimmung, um die Rationalität dieser Methoden zu erklären. Für viele von Ihnen ist sie eine Methode, die sie nutzen, aber ohne zu wissen, wie sie wirkt. Die Tradition hat viele Beispiele dafür. Wissen ist oft übergeben wie ein Werkzeug, welches es den Studenten ermöglicht, es zu nutzen, ohne aktuell zu wissen, warum und wie es wirkt.
Lass uns versuchen, zu verstehen, ob und warum und wie diese Methode arbeitet, indem wir die Basis des Zusammenwirkens der Fünf Elemente analysieren.

Farbe rot

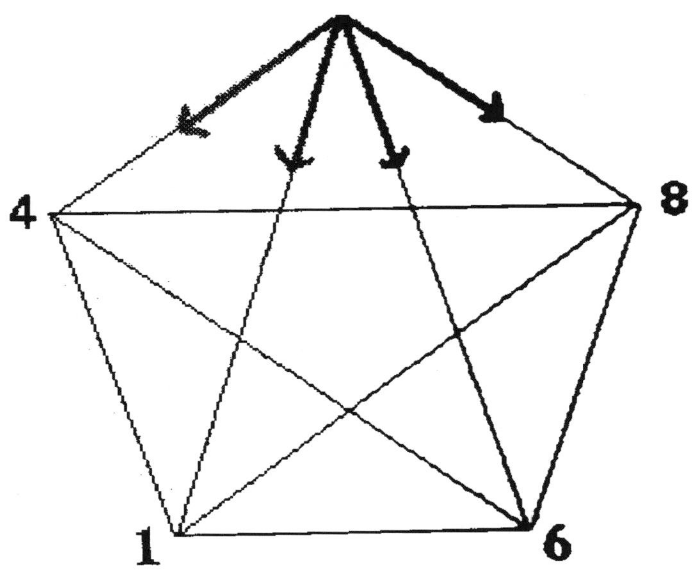

Wie sie in dem oben angeführtem Diagramm sehen, stellen die vier wohlwollenden Sterne vier der Elemente dar. Um es zu kompletten Fünf Elementen zu machen, muss das Feuerelement hinzugefügt werden.
Wenn Erdbasis-, der Facing-, der Monats- und Jahresstern alle wohlwollende Nummern haben, vervollständigen sie das Zusammenwirken der 5 Elemente, wenn sie die Farbe rot als generellen Verstärker nutzen.

Wenn nur die Erdbasis-, der Facing- und der Monatsstern wohlwollende Nummern haben und die Nummer des Jahressterns ist weder 2, 5 oder 9, kann die Farbe rot als genereller Verstärker genutzt werden mit Nutzen nur unter bestimmten Bedingungen.

Wenn angenommen beim Zusammenwirken von Erdbasis-, Facing- und Bergstern alle wohlwollende Nummern haben, sind 24 Kombinationen möglich (siehe unter Zusammenwirken von wohlwollenden Sternen).

Von diesen 24 Kombinationen werden 6 Kombinationen (1/8/4, 4/8/1, 1/8/6, 6/8/1, 6/1/8, 8/1/6) von der Farbe rot als Verstärker richtigen Nutzen haben (siehe Zusammenwirken von wohlwollenden Sternen).

Und für weitere 12 Kombinationen (1/6/4, 4/6/1, 4/6/8, 8/6/4, 1/4/8, 8/4/1, 4/8/6, 6/8/4, 4/1/8, 8/1/4, 6/4/1, 1/4/6) ist es auch nützlich, wenn die Farbe rot als ein Verstärker genutzt wird, um Harmonie zu begründen (siehe unter Zusammenwirken von wohlwollenden Sternen).

Die Kombinationen (1/6/4, 4/6/1, 4/8/6, 6/8/4, 4/1/8, 8/1/4, 6/4/1, 1/4/6) ist nützlich, aber als Zusatz zur Farbe rot, sollte ein anderer Elementen Verstärker genutzt werden, um ihr volles Potenzial zu entwickeln (siehe unter Zusammenwirken der wohlwollenden Sterne).

Die Kombination (6/1/4, 4/1/6) wird Nutzen haben, wenn die Farbe rot als ein Verstärker genutzt würde, da es die Erdbasis stärken würde, aber es würde die Harmonie stören.

Die Kombinationen (1/6/8, 8/6/1, 6/4/8, 8/4/6) werden nicht von der Farbe rot als generellen Verstärker Nutzen haben, sondern werden Schaden von Ihnen haben.

Wie wir von dem oberen gesehen haben, hat die Methode zur Nutzung der Farbe rot als ein genereller Verstärker seinen Wert und ist richtig in 75 % aller möglichen Kombinationen der wohlwollenden Sterne, wenn alle drei Sterne in einem Palast wohlwollend sind. Dieses stellt eine sehr hohe Erfolgsrate sicher, wenn es angewandt wird. Tatsächlicher Schaden kann nur in 16,66 % von allen möglichen Fällen verursacht werden.

Diese Methode ist darum passend von denjenigen zu nutzen, die nicht wissen, wie man das Zusammenwirken der 5 Elemente anwendet, um die Energie in einem Palast zu verstehen und um sich für eine Verstärkung oder für eine Gegenmaßnahme zu entscheiden.

Jedoch, für jene, die sich sicher fühlen, dass sie fähig sind, um das Zusammenwirken der 5 Elemente anzuwenden, wird diese Methode keinerlei Attraktion haben.

Die vier Kombinationen von Berg- und Facingsternen

Die vier Kombinationen :

- Der Bergstern fliegt Yin (abfallend) und der Facingstern fliegt Yang (aufsteigend)
- Der Bergstern fliegt Yang (aufsteigend) und der Facingstern fliegt Yang (aufsteigend)
- Der Bergstern fliegt Yang (aufsteigend) und der Facingstern fliegt Yin (abfallend)
- Der Bergstern fliegt Yin (abfallend) und der Facingstern fliegt Yin (abfallend)

Alle Geomantischen Diagramme für die 24 Richtungen (Berge) in den 9 Perioden haben eine von diesen Kombinationen.

Bergstern Yang
Facing Stern Yin

9 5 6	5 9 2	7 7 4
8 6 5	1 -4 7	3 2 9
4 1 1	6 8 3	2 3 8

Bergstern Yang
Facing Stern Yang

9 3 6	5 8 2	7 1 4
8 2 5	1 4 7	3 6 9
4 7 1	6 9 3	2 5 8

Bergstern Yin
Facing Stern Yin

2 5 6	6 9 2	4 7 4
3 6 5	-1 -4 7	8 2 9
7 1 1	5 8 3	9 3 8

Bergstern Yin
Facing Stern Yang

2 3 6	6 8 2	4 1 4
3 2 5	-1 4 7	8 6 9
7 7 1	5 9 3	9 5 8

Zwei Systeme von Auslegung auf verschiedene Konzepte begründet

Die vier folgenden Konzepte tragen Rechnung mit allen Schulen. Sie sind ein grundlegender und vollständiger Teil des Fliegende Sterne Feng Shui.

System 1

System 1 gründet auf harmonische Eigenschaften der Energie, verursacht durch den abfallenden (Yin) Weg der Sterne die im Diagramm fliegen. Das Vorhandensein von Umgebungsstrukturen, um den Facing- und/oder Bergstern zu unterstützen ist als notwendig erkennbar.

Steigender Berg/Abfallendes Facing.
Wenn der Facingstern (Yin) in einem abfallenden Weg fliegt und im Facing Palast seinen Platz hat, wird die Anwesenheit von Wasser an der Frontseite große Verstärkung für den günstigen Charakter des Diagramms haben.

Abfallender Berg/Steigendes Facing.
Wenn der Facingstern in abfallendem Weg (Yin) fliegt und seinen Platz im Sittingpalast hat, wird das Vorhandensein von einem Berg an der Rückseite eine große Verstärkung des günstigen Charakters des Diagramms haben.

Steigender Berg/Steigendes Facing.
Wenn beide, der Facing- und der Bergstern in aufsteigendem Weg (Yang) fliegen, wird das Diagramm wohlwollend sein in einigem Ausmaß, nur wenn Wasser an der Frontseite und Berg an der Rückseite ist.
Ein Diagramm mit dieser Bedingung ist am geringsten erfolgreich, da beide Sterne (Yang) in einem aufsteigenden Weg fliegen. Wasser an der Frontseite und Berg an der Rückseite wird jedoch einigen Auftrieb geben.

Abfallender Berg/Abfallendes Facing.
Wenn beide, der Facing- und der Bergstern in abfallendem Weg (Yin) fliegen und jeder von Ihnen seinen Platz in dem Sitting- oder Facing Palast hat, bringt das Diagramm Glück ohne Rücksicht auf irgend ein Wasser oder Berg in der Facing- oder Sitting Richtung. Dies ist das Glücklichste von den vier Diagrammen.

Wenn Facing- und Bergstern in abfallender Art fliegen (Yin), so ist es extrem glücksverheißend, sodass ein Berg oder ein Wasser an der Frontseite oder Rückseite nicht von großer Folge sind.

System 2

System 2 gründet auf dem Konzept, dass das Vorhandensein von Umgebungsstrukturen notwendig ist, um den Facing- und/oder Bergstern im Facing- oder Sitting Palast zu unterstützen. Es erkennt keinerlei Harmonie Elemente an.

Schulen, die sich in ihrer Diagramm Analyse hauptsächlich auf die Kombination von Berg- und Facingstern konzentrieren, lehren, dass die Perioden Nummern der Facing- und Bergsterne rechtzeitig sein müssen und sollten unterstützt werden von geeigneten Elementen in der äußeren Umgebung durch Wasser und Berge fürs Diagramm, um aktiviert zu werden.

Aufsteigender Berg / Abfallendes Facing.
Wenn der rechtzeitige Facing- und Bergstern im Facing Palast platziert sind, sollten Wasser und ein Berg an der Frontseite sein.

Abfallender Berg / Aufsteigendes Facing.
Wenn der rechtzeitige Facing- und Bergstern ihren Platz im Sitting Palast haben, sollten Wasser und ein Berg an der Rückseite sein.

Aufsteigender Berg / Aufsteigendes Facing.
Wenn der rechtzeitige Facingstern im Sitting Palast ist und der rechtzeitige Bergstern im Facing Palast ist, sollte ein Berg an der Vorderseite und Wasser an der Rückseite sein.

Abfallender Berg / Abfallendes Facing.
Wenn der rechtzeitige Facingstern im Facing Palast und der rechtzeitige Bergstern im Sitting Palast ist, sollte Wasser an der Frontseite und Berg an der Rückseite sein.
Wenn die Umgebungs-Unterstützung durch einen Berg oder Wasser gegeben ist, werden Facing- und Bergstern aktiviert und werden Geld bringen und Karriere, sowie gute Beziehungen und gesundheitliches Glück ergeben.
Wenn nur der Facingstern mit Wasser unterstützt wird in der äußeren Umgebung, werden die Bewohner Erfahrung mit Wohlstand und Glück im Leben erfahren.
Wenn nur der Bergstern in der näheren Umgebung unterstützt wird, werden die Bewohner guten Wohlstand und gute Beziehungen genießen.

Vergleich von System 1 mit System 2

Beispiel
Aufsteigender Berg/Abfallendes Facing

1 4 6	6 8 2	8 6 4
9 5 5	2 -3 7	4 1 9
5 9 1	7 7 3	3 2 8

Facing N 2/3

System 1: Hängt nicht ab von der Umgebungsunterstützung, da es Harmonie Elemente in den Diagrammen erkennt, welche ähnlich in einigem Ausmaß so wie solche der Kombination der 10er Diagramme sind (siehe spezielle Diagramme). Jedoch, Wasser an der Frontseite steigert den günstigen Charakter eines Diagramms, wenn der Facingstern im Facing Palast auf abfallendem Weg fliegt.

System 2: Um einen günstigen Charakter für ein Diagramm zu erhalten, ist es notwendig, den Berg zu aktivieren und Wasser an der Frontseite ist notwendig, wenn der rechtzeitige Berg- und Facingstern ihren Platz im Facing Palast haben.

Beispiel
Abfallender Berg/ Steigendes Facing

3 2 6	7 7 2	5 9 4
4 1 5	-2 3 7	9 5 9
8 6 1	6 8 3	1 4 8

Facing N 1

System 1 ist nicht abhängig von der Umgebungsunterstützung, da es Harmonie Eigenschaften im Diagramm erkennen kann. Der abfallend (Yin) fliegende Bergstern im Sitting Palast ist günstig und das Diagramm wird gestärkt, wenn der Berg auf der Rückseite ist.

System 2: Beide rechtzeitigen Sterne sind im Sitting Palast. Um den günstigen Charakter des Diagramms zu aktivieren, ist Berg und Wasser an der Rückseite notwendig.

Beispiel
Aufsteigender Berg/Aufsteigendes Facing

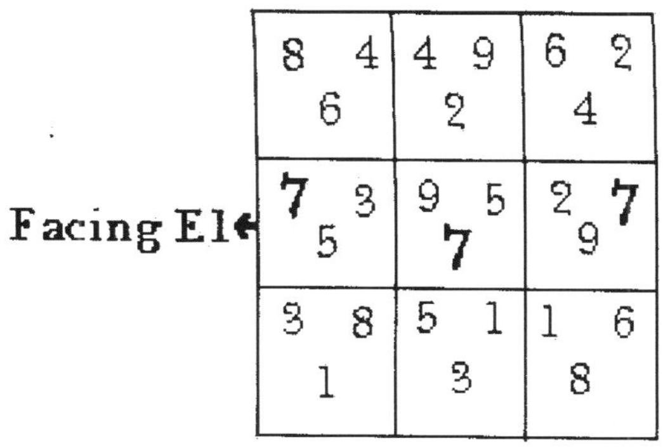

System 1 erkennt keinerlei Harmonie Elemente in diesem Diagramm. Der aufsteigend (Yang) fliegende Bergstern im Facing Palast und der aufsteigend fliegende Stern im Sitting Palast sind nicht als günstig in Betracht zu ziehen, aber das Diagramm wird unterstützt in einigem Ausmaß, wenn Wasser an der Frontseite und ein Berg an der Rückseite ist.

System 2: Es ist notwendig, dass der rechtzeitige Facingstern im Sitting Palast mit Wasser an der Rückseite und der rechtzeitige Bergstern im Facing Palast mit einem Berg an der Frontseite unterstützt wird.

Beispiel
Abfallender Berg /Abfallendes Facing

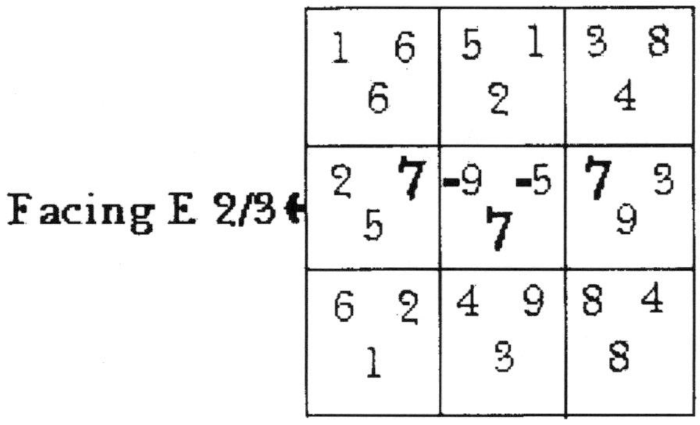

System 1 ist nicht abhängig von irgendeiner Umgebungs-Unterstützung, da es ausgezeichnete Harmonie Eigenschaften erkennt, welches dieses Diagramm als das günstigste von diesen Diagrammen erkennt, da beide Sterne (Yin) in abfallendem Weg fliegen. Das Diagramm ist günstig ohne Rücksicht auf irgendeinen Berg oder Wasser an der Rückseite oder Frontseite.

System 2: Der rechtzeitige Bergstern in dem Sitting Palast sollte unterstützt werden durch einen Berg auf der Rückseite und der rechtzeitige Facingstern im Facing Palast sollte mit Wasser an der Frontseite unterstützt werden, um den günstigen Charakter des Diagramms zu unterstützen.

Die Methode von System 1

Die Methode von System 1 benötigt weiterer Prüfung, um unterstützt zu werden. Es gründet auf den abfallenden (Yin) Weg, den die Sterne im Diagramm fliegen, was Harmonie Eigenschaften der Energien von Erdbasis- und dem abfallend fliegendem Berg- und/oder Facingstern schafft.

Die Harmonie Elemente des perfekten Gleichgewichts von Nummern Kombinationen

Wenn man sich das **Abfallende Berg/Abfallende Facing** Diagramm ansieht, welches Periode 7, Facing Ost 2/3 ist, fliegen der Berg- und der Facingstern (Yin) abfallend. Die Energie der Erdbasis- und des abfallend fliegenden Facingsterns, sowie der abfallend fliegenden Bergsterne machen umgekehrte Energie Kombinationen in jedem Palast des Diagramms und schaffen deshalb Gleichgewicht und Harmonie für alle Energien (siehe auch Spezial Diagramme).

Die Erdbasis Kombination
und monatliche Sterne
1/6 und 6/1
5/2 und 2/5
3/4 und 4/3
9/7 und 7/9
8/8 und 8/8

Die Erdbasis Kombination
und Facingsterne
6/6 und 6/6
1/2 und 2/1
8/4 und 4/8
7/5 und 5/7
3/9 und 9/3

Die Harmonie Elemente, wie sie von dem oberen Diagramm sehen können, sind zu finden in
Abfallende Berg/Abfallende Facing Bedingung mit dem Berg- und dem Facingstern und ist deshalb als das günstigste Diagramm zu sehen.
Steigende Berg/Steigende Facing Bedingungen haben nicht all diese Harmonie Eigenschaften und sind deshalb nicht als günstig anzusehen.
Abfallende Berg/Steigende Facing Bedingung haben das Harmonie Element der Erdbasis mit dem Bergstern.
Steigende Berg/Fallende Facing Bedingung haben das Harmonie Element der Erdbasis mit dem Facingstern.

Da diese Harmonie Elemente vollständig sein müssen, um ein Gleichgewicht der Energien betreffend zu schaffen, sind sie nur effektiv, wenn alle 9 Paläste im Erdgeschoss Plan überdeckt sind. Wenn ein Palast fehlt, ist das Gleichgewicht der Energie nicht vollständig (siehe auch Spezial Diagramme).

Die Methode von System 2

Methode 2 ist aufrichtig, leicht zu verstehen und macht Sinn. Die unterstützenden Umgebungselemente des Berges und Wassers sollten in Richtung des rechtzeitigen Berg- und Facingsterns sein, um das Diagramm zu aktivieren.

Facing Richtungs-Anforderungen
Jedoch, wenn man diese Methode der Auslegung eines Hauses, die zum Beispiel einen Steigenden Berg/Steigendes Facing Diagramm hat, anwendet, sollte das höher liegendes Gelände in der Facing Richtung an der Vorderseite haben und Wasser in der Sitting Richtung an der Rückseite. Dies ist einfach nicht möglich, wenn man die Anforderung an die Facing Richtung berücksichtigt.

Yin/Yang Dualität
Der Berg- und der Facingstern in einem Palast stellt die Yin/Yang Dualität der Energien dar. Der Facingstern handelt und verhält sich in einer Yang Art und Weise und ist von Yang Faktoren aktiviert, solche wie Aktivität und besonders von der Anwesenheit von fließendem Wasser.
Es ist wohl bekannt, dass, wenn man einen Facingstern mit Wasser Elementen aktiviert, sich der Bergstern verringert. Dies ist generell zu halten, da der Bergstern ins Wasser fällt und fällig wird für komplettes Wachsen und Zurückziehen von Yin und Yang. Wenn Yang expandiert, zieht sich Yin zurück und umgekehrt, wenn man den Facingstern aktiviert, wird sich der Bergstern verringern und zieht sich zurück.

Wenn man einen Berg und Wasser an der Frontseite oder Sitting Seite hat, um den Berg- und Facingstern zu aktivieren, um **Abfallenden Berg/Aufsteigendes Facing** zu bekommen und der **Aufsteigende Berg/Abfallendes Facing Diagramm** ist, macht es deshalb keinen Sinn die Dualität auf beide Sterne anzuwenden. Beide Sterne zur gleichen Zeit zu aktivieren ist nicht möglich.

Der Fehlschlag, um Wohlstand zu realisieren mit dem Abfallenden Berg/Abfallendem Facing Diagramm ist generell anzuklagen bei einer korrekten Anwendung von Umgebungs-Elementen. Durch Untersuchung werden wir herausfinden, dass das jeweilige Gebäude „Vermisste Ecken“ hat, z. B. ein oder zwei Paläste fehlen im Erdgeschoss Plan.

Kein Zweifel, die Elemente in der äußeren Umgebung haben einen Einfluss auf die globale Richtungsenergie in ihrer Nähe. Dies hat auch der Ort der Eingänge und der Ort der Möbel im Mikrokosmos des Gebäudes. Diese Einflüsse jedoch sind nicht von erster Wichtigkeit.

Der Einfluss von Zeit (Periode der Herstellung) und Facing Richtung (Richtungslage) eines Gebäudes, der die globale Richtungsenergie in die individuelle Energie eines Gebäudes wechselt, wie man sieht im Geomantischen Diagramm der Gebäude, ist vom Wert der Wichtigste und die Harmonie Elemente einer individuellen Energie eines Gebäudes sind deshalb die günstigsten Elemente von allen.

Harmonie Elemente der Frühen und Späten Himmelsanordnung der Energien

Früher Himmel
Anordnung der Energien

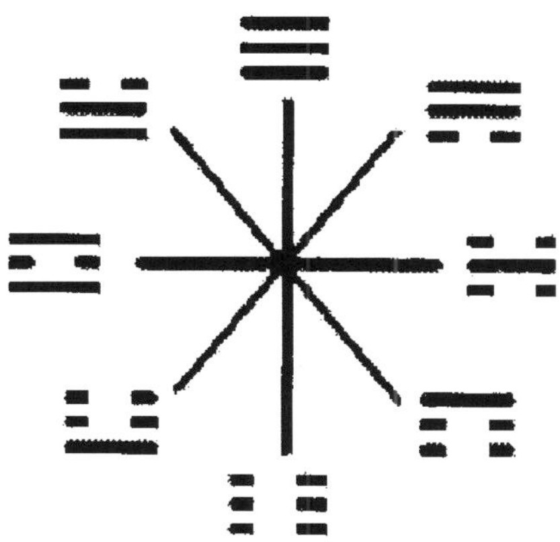

Später Himmel
Anordnung der Energien

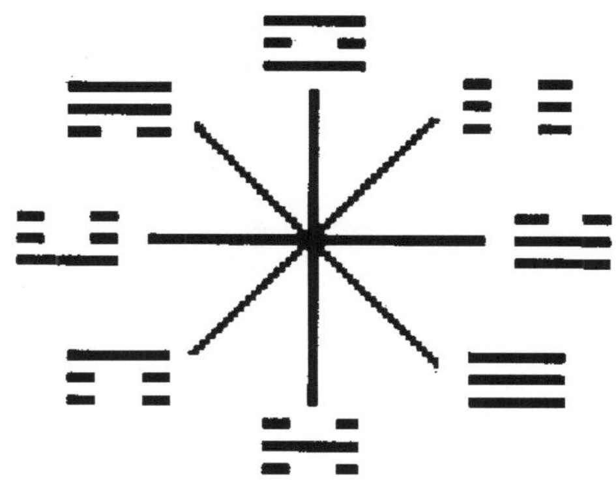

Früher Himmel
in Nummern

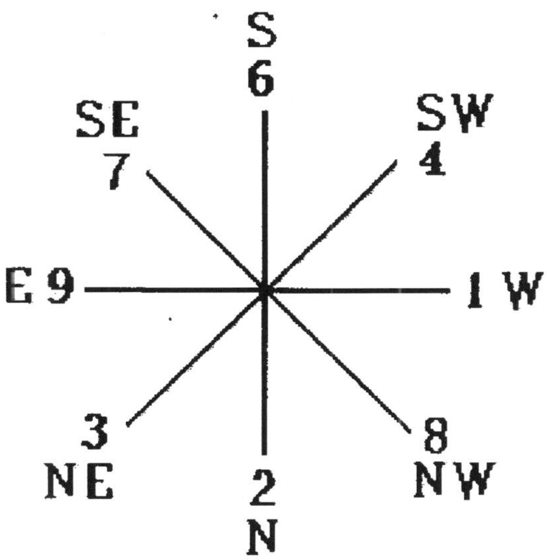

Später Himmel
in Nummern

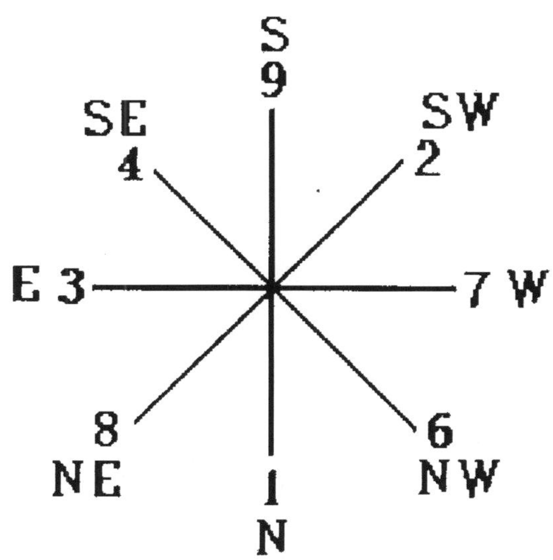

In der Energieanordnung des Frühen Himmels geben die gegenüber liegenden Kompass Richtungen eine perfekte Gleichgewichts-Kombination von drei Yin und drei Yang Linien. Man sagt deshalb, dass die Frühe Himmelsanordnung in absolut perfekter Harmonie mit allen Yin und Yang Kräften in Stille ist und es stellt die grundlegende Realität von Schaffenskraft dar.

Die Energie Anwendung des Späten Himmels ist die Wirklichkeit der Energien in unserer Welt, die in konstantem Wechsel ist. Hier fügen sich die gegenüber liegenden Richtungen immer zu einer Summe von 10 zusammen, einen hohen Grad an bedingter Harmonie darstellend.

Beide Harmonie Funktionen sind anerkannt im Fliegende Sterne Feng Shui. Jede Kombination des Frühen Himmels Harmonie Elementes ist eine sehr günstige Energie Kombination. Die Kombinationen der Späten Himmels Harmonie Elemente sind günstig nur unter bestimmten Bedingungen.

Frühe Himmels Kombinationen der gegenüberliegenden Richtungen	**Späte Himmels Kombinationen der gegenüberliegenden Richtungen**
6/2	**4/6**
1/9	**3/7**
8/7	**1/9**
3/4	**2/8**
	(5/5)

Die Nummer 5 hat keine Gegenrichtung, wenn sie in der Mitte liegt, aber zum Erdelement gehörend, ist sie zu sehen in einer Linie mit der 2/8 Nummer, die ebenfalls Erdelement ist und alle 3 Nummern können somit als Darstellung der NO-SW Dualität des Späten Himmels gesehen werden.

Spezielle Diagramme
Das Drei-Kombinationen Diagramm

Das ist ein Diagramm, welches spezielle Kombinationen der 3 Nummern in jedem der 9 Paläste hat. Jede Nummer ist aufgebaut durch die obere, die mittlere und die untere Epoche und deshalb sagt man, dass es Energie von allen Epochen aufnimmt.

Obere Ära, bestehend aus 1,2,3
Mittlere Ära, bestehend aus 4,5,6
Untere Ära, bestehend aus 7,8,9

Die Sternen Kombinationen der Erdbasis-, Facing- und Bergsterne in jeder der neun Paläste der Drei Kombinationen-Diagramme ist:

1,4,7 / 2,5,8 / 3,6,9

und man sagt von Ihnen, dass sie perfekte Harmonie von allen Energien der Diagramme darstellen.

Beispiel von einem Drei-Kombinationen Diagramm

Periode 2 Facing Stern für SW 2/3 Facing

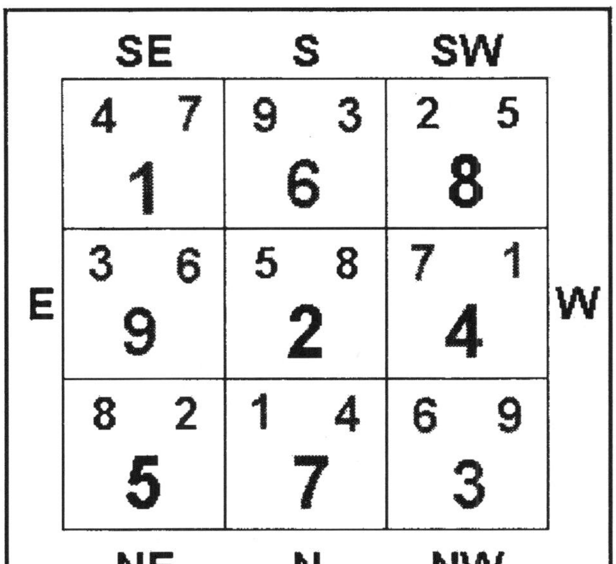

Verglichen mit dem oberen, können sie sehen, dass die Nummern Kombinationen in den 9 Palästen der 3-Kombinationen Diagramme übereinstimmen mit der Späten Himmelsordnung der gegenüber liegenden Richtungen, welche die Harmonie der Energien von jedem Palast mit jenen von den anderen darstellen.

Die Kombination 1/4/7 ist in Harmonie mit der Kombination 9/6/3
Die Kombination 7/1/4 ist in Harmonie mit der Kombination 3/9/6
Die Kombination 4/7/1 ist in Harmonie mit der Kombination 6/3/9
Die Kombination 2/5/8 ist in Harmonie mit der Kombination 8/5/2,
5/8/2 und 8/2/5

Da die Drei-Kombinationen Diagramme verwickelt sind mit jedem Palast, dargestellt durch die Erdbasis-, Facing- und Bergsterne, ist die Harmonie der Energien komplett und bleibend in ihrem günstigen Effekt auf alle Aspekte des menschlichen Lebens, überall in den 9 Zyklen. Gemäß mit dem Wachsen und Zurückziehen der Stärke der Energie der Erdbasis ändert sich der günstige Effekt des Drei-Kombinationen Diagrammes während der neun Zyklen, aber niemals ist das wenige immer vorhanden.

Die perfekte Harmonie des Drei-Kombinationen Diagrammes ist nicht gegeben, wenn ein Palast und folglich eine der Kombinationen im Erdgeschoss Plan nicht vorhanden ist. Der spezielle Effekt von diesem Diagramm ist dann verloren und das Diagramm ist so zu behandeln, wie ein gewöhnliches. In solch einem Fall ist es für den Leser sehr angebracht, acht zu geben auf die 2/5/8 Sternen Kombinationen.

Die Drei-Kombinationen Diagramme, die sehr günstig in Unterstützung guter Gesundheit, hervorragender Beziehungen, Wohlstand, Respekt und Ruhm sind, kann man nachfolgend finden in den Facing Richtungen:

Periode 2, Facing Richtung SW 2/3 und Facing Richtung NO 2/3
Periode 4, Facing Richtung NO 1 und Facing Richtung SW 1
Periode 5, Facing Richtung NO 2/3 und Facing Richtung SW 2/3
Periode 6, Facing Richtung SW 1 und Facing Richtung NO 1
Periode 8, Facing Richtung SW 2/3 und Facing Richtung NO 2/3

Alles in allem sind dort 16 Vorkommen in 180 Jahren.

Kombination der Zehner Diagramme

Die Kombination der Zehn ist ein sehr hoher Grad von Harmonie, geschaffen nur durch zwei Sterne. Es kann die Kombination von Erdbasis- und Facingsternen sein oder die Kombination von Erdbasis- und Bergsternen.

Späte Himmels Harmonie Elemente

Die Kombinationen der 10er Diagramme sind begründet auf die Späten Himmels Harmonie Elemente der gegenüberliegenden Kompass Richtungen, wo die Nummern immer hinzugefügt die Summe 10 ausmachen.

Harmonie Elemente des perfekten Gleichgewichts für Nummern Kombinationen

Die Kombinationen von 10er Diagrammen haben noch ein anderes Harmonie Element. Jede von diesen Nummern hat im selben Diagramm ein perfektes Gegenstück in einer umgekehrten Kombination, so wie z. B. 9/1 und 1/9 oder 2/8 und 8/2. Diese zwei Elemente versichern einen hohen Grad an Gleichgewicht der Energien in der Kombination der 10er Diagramme.

Beispiel der Kombination des Zehner Diagrammes

Periode 7 Facing N 2/3

	SE	S	SW	
	1 4 **6**	6 8 **2**	8 6 **4**	
E	9 5 **5**	2 -3 **7**	4 1 **9**	W
	5 9 **1**	7 7 **3**	3 2 **8**	
	NE	N	NW	

Das obere Beispiel ist eine Kombination von Zehn, erfunden für den Erdbasis- und den Facingstern. Alle Sternen Kombinationen kommen auch als umgekehrte Paare vor.

Die umgekehrten Paare sind:
6/4 und 4/6
2/8 und 8/2
7/3 und 3/7
1/9 und 9/1
und 5/5, welches umkehrbar in sich selbst ist

Wenn die Harmonie der Energien im Diagramm nicht gegeben ist, im Falle wenn ein Palast und deshalb auch eine Sternen Kombination fehlt, ist der spezielle gesamte günstige Effekt des Zehner Kombinationen Diagramms verloren und das Diagramm ist zu behandeln wie ein gewöhnliches. In solch einem Fall tut der Leser gut daran, acht zu geben auf die 5/5.

Da die Kombinationen nicht gründen auf die Anwesenheit aller 3 Sterne in jedem Palast, stellen sie nicht das vielseitige Glück der drei Sternen Kombinationen dar, aber abhängig von der Kombination unter Beteiligung der Facing- und Bergsterne, sagt man, dass der Reichtum und berufliche Aspekte oder gute Beziehungsaspekte und Gesundheit der Bewohner verstärkt werden.

Der günstige Effekt der Kombination des Zehner Diagrammes bleibt durch alle Perioden, weil sie Kombinationen beteiligen, die Nummern von allen Perioden haben. Der Effekt des Diagrammes wird jedoch geändert zu Wachsen und Zurückziehen der Erdbasis Energie in verschiedenen Perioden.
Die Zehner Kombinationen Diagramme werden gefunden in den Perioden- und Facing Richtungen, die unten aufgeführt sind:

Periode 1, Facing Richtung SO 2/3 und Facing Richtung NW 2/3
Periode 2, Facing Richtung NO 1 und Facing Richtung SW 1
Periode 3, Facing Richtung N 2/3 und Facing Richtung S 2/3
Periode 4, Facing Richtung W 1 und Facing Richtung O 1
Periode 6, Facing Richtung W 1 und Facing Richtung O 1
Periode 7, Facing Richtung N 2/3 und Facing Richtung S 2/3
Periode 8, Facing Richtung SW 1 und Richtung NO 1
Periode 9, Facing Richtung SO 2 und Facing Richtung NW 2/3

Alles in allem sind dort 24 Vorkommen in 180 Jahren

Das Perlenketten Diagramm

Wenn die drei Sterne in allen 9 Palästen Nummern haben, die sich verbinden in einer ununterbrochenen Reihenfolge, so wie z. B. 1, 2, 3 oder 8, 9, 1, sagt man, dass es ein Perlenketten Diagramm ist und vermutlich sehr günstig ist. Lasst uns schauen, um zu sehen wie alles ist.

Perlenketten Diagramme werden gefunden in Perioden und Facing Richtungen, wie unten aufgelistet ist:

Periode 2, Facing Richtung NW1 und SO1
Periode 3, Facing Richtung NW 2/3 und SO 2/3
Periode 5, Facing Richtung NW 2/3 und SO 2/3
Periode 7, Facing Richtung NW 2/3 und SO 2/3
Periode 8, Facing Richtung NW1 und SO1

Da die Nummern Kombinationen von allen Perlenketten Kombinationen Diagrammen die gleichen sind, haben sie ihre Plätze in verschiedenen Palästen, abhängig von den Perioden und Facing Richtungen der Diagramme.

Beispiel eines Perlenketten Diagrammes
Periode 7 Facing N 2/3

	SE	S	SW	
	5 7 **6**	1 3 **2**	3 5 **4**	
E	4 6 **5**	6 8 **7**	8 1 **9**	W
	9 2 **1**	2 4 **3**	7 9 **8**	
	NE	N	NW	

Die Nummern Kombinationen in den 9 Palästen der Perlenketten Kombinationen sind:

8/9/1	9/1 ist perfekte Harmonie von Yin und Yang
9/1/2	9/1 ist perfekte Harmonie von Yin und Yang
1/2/3	keine Harmonie Eigenschaft
2/3/4	3/4 ist perfekte Harmonie von Yin und Yang
3/4/5	3/4 ist perfekte Harmonie von Yin und Yang
4/5/6	4/6 ist Harmonie der gegenüber liegenden Richtungen der Späten Himmels Anordnung
5/6/7	keine Harmonie Eigenschaft
6/7/8	7/8 ist perfekte Harmonie von Yin und Yang
7/8/9	7/8 ist perfekte Harmonie von Yin und Yang

Wie wir von dem oberen sehen können, haben nur 6 von 9 Palästen perfekte Harmonie, aber in manchen Palästen ist diese gegeben durch die Kombination von Erdbasis- und Facingstern und in anderen Palästen durch Erdbasis- und Bergsterne. In Ergänzung, 1 Palast hat die Beziehungsharmonie, die wir in der Kombination des 10er Diagramms haben und 2 Paläste haben keinerlei Harmonie Eigenschaften.

Es ist zweifelhaft, dass die unvollständige Harmonie der Perlenketten Diagramme irgend einen positiven Effekt hat. Ich würde nicht viel Vertrauen in den günstigen Charakter der Perlenketten Diagramme setzen auf Grund unserer oberen Feststellung.

Sieben Sterne Räuber Diagramm

Die Sieben Sterne Räuberei ist eine hochgradig kontroverse Methode, als dass man sie unter spezielle Diagramme als solche, wie die 10er Kombinationen Diagramme, die Perlenkette und die Drei-Kombinationen Diagramme einordnen könnte. Die Methode wird gebraucht, um das Potenzial eines Gebäudes zu identifizieren, um nicht nur die zeitliche strenge Energie zu bekommen von der eigenen Periode, sondern auch das von anderen Perioden. Um dieses möglich zu machen, ist die Formation von den sogenannten Eltern Trigrammen im Diagramm der entscheidende Faktor.

Die Sieben Sterne Räuber Formation, welche eine Menge Verwirrung unter den Feng Shui Praktikern verursacht, kann man als drei verschiedene Wege verstehen. Die Variationen zur Verständigung der Formationen sind:

1. Doppelter Perioden Stern im Facing Palast entsprechend dem S Palast. Diese Formationen sind zu finden in Diagrammen der folgenden Perioden- und Facing Richtungen:
   Periode 1, Facing O 1, S 2/3 und NW 1
   Periode 2, Facing O 2/3 und S 1
   Periode 3, Facing S 2/3
   Periode 4, Facing S 1 und NW 1
   Periode 6, Facing S 2/3 und NW 2/3 (Fan Fu Yin)
   Periode 7, Facing S 1
   Periode 8, Facinng S 2/3 und O 1
   Periode 9, Facing O 2/3, NW 2/3 und S 1 (Fan Fu Yin)

2. Doppelter Perioden Stern im Facing Palast entsprechend dem N Palast. Diese Formationen sind zu finden in Diagrammen der folgenden Perioden- und Facing Richtungen:
   Periode 1, Facing W 2/3, SO 2/3, N 1 (Fan Fu Yin)
   Periode 2, Facing N 2/3, W 1
   Periode 3, Facing N 1
   Periode 4, Facing N 2/3, SO 2/3, (Fan Fu Yin)
   Periode 6, Facing SO 1, N 1
   Periode 7, Facing N 2/3
   Periode 8, Facing W 2/3, N 1
   Periode 9, Facing N 2/3, SO 1, W 1

3. Doppelter Perioden Stern in jedem des Facing- oder des Sitting Palastes und Facingstern mit der Nummer der nächsten Periode in jedem Facing oder Sitting Palast.

Solche Formationen sind nur in dem Facing N 1 und N 2/3 zu finden in allen Perioden, ausgenommen in Periode 5.

Entsprechung S Palast oder Entsprechung N Palast

Was ist so wichtig an diesen zwei Palästen, das Entsprechung hat, Platz zu nehmen in ihnen ?
Wie sie wissen, verbinden sich die gegenüber liegenden Richtungen der Späten Himmelsordnung der Energie Kombinationen zu einem perfekten Gleichgewicht von Yin und Yang, was meistens günstig ist.
Von allen gegenüberliegenden Richtungen in der Späten Himmelsordnung der Energien schließen sich nur der Süden und Norden zu einer perfekten Balance von Yin und Yang zusammen. Die Paläste von S und N haben deshalb einzigartige Positionen im Beitrag der Energien in einem Diagramm.
Entsprechung mit dem S und N Palast bedeutet, dass auch einer von diesen zwei Palästen verwickelt ist in der Formation des Eltern Trigramms.

Die Eltern Trigramme

Die Eltern Trigramme sind mit dem Start des Perioden Sternes erworben. Manche nutzen die Reihenfolge der 9 Perioden Sterne abfallend bei 7 oder aufsteigend bei 4, um die 3 Nummern Zusammenstellungen eines Eltern Trigramms zu finden.

Reihenfolge der 9 Perioden
1,2,3,4,5,6,7,8,9,1,2,3,4,5,6,7,8,9,1

- **Abfallend bei 7**
  Startend mit Periode 1, **abfallend bei 7** resultiert in Nummer 4.
  Startend mit Nummer 4, abfallend bei Nummer 7 resultiert in Nummer 7.
  Das Eltern Trigramm ist 1/4/7.

- **Aufsteigend bei 4**
  Startend mit Periode 1, **aufsteigend** bei 4 resultiert in Nummer 4.
  Startend mit Nummer 4, aufsteigend bei 4 resultiert in Nummer 7.
  Das Eltern Trigramm ist 1/4/7.

Indem wir mit jedem anderen der 9 Paläste beginnen, werden wir immer in dem Weg mit den drei Nummern Kombinationen enden 147, 258, 369. Diese Nummern Kombinationen sind bekannt als die Eltern Trigramme.

Die Drei-Kombinationen Diagramme (siehe Drei-Kombinationen Diagramme), die in die starke Perioden Energie von allen 9 Perioden führen, sind von den drei Eltern Trigrammen gebildet.
Die Sieben Sterne Räuber Diagramme haben nur zwei Eltern Trigramme.
Jede Nummer stellt einen Zyklus oder Periode dar. Jede der drei Kombinationen enthält Nummern von der oberen, mittleren und unteren Ära, wie sie unten sehen können und sind auf Grund dessen fähig der stärksten Energie zu erlauben, ins Diagramm einzutreten.

Obere Ära, bestehend aus Perioden **1, 2, 3**
Mittlere Ära, bestehend aus Perioden **4, 5, 6**
Untere Ära, bestehend aus Perioden **7, 8, 9**

Die drei verschiedenen Interpretationen von Sieben Sterne Räuber Formationen

Variation 1: Entsprechung mit dem S Palast

Dies sind Diagramme mit doppelten Perioden Sternen im Facing Palast, die dem Südpalast entsprechen, wie im Diagramm unterhalb.

Beispiel von Entsprechung S

Periode 2 Facing S 1

	SE	S	SW	
	6 7 / **1**	2 2 / **6**	4 9 / **8**	
E	5 8 / **9**	7 6 / **2**	9 4 / **4**	W
	1 3 / **5**	3 1 / **7**	8 5 / **3**	
	NE	N	NW	

Die Facing- und Bergsterne von S, O und NW Palästen in diesen Diagrammen verbinden sich zum Eltern Trigramm 258. Die Erdbasis- oder Zeitsterne in den gleichen Palästen verbinden sich zu den Eltern Trigrammen 369.
Auf Grund dieser zwei Eltern Trigramme kann die starke Energie von den Perioden 2,3,5,6,8 und 9 eintreten, während ihrer jeweiligen Periode hat jedes Gebäude dieses Diagramm.

Variation 2: Entsprechung mit dem N Palast

Dies sind Diagramme mit doppelten Perioden Sternen im Facing Palast, die dem N Palast entsprechen, wie im Diagramm unterhalb.

Beispiel der Entsprechung N

Periode 2 Facing N 2/3

	SE	S	SW	
	5 8 1	1 3 6	3 1 8	
E	4 9 9	6 -7 2	8 5 4	W
	9 4 5	2 2 7	7 6 3	
	NE	N	NW	

Die Facing- und Bergsterne von den N, W und SO Palästen in diesem Diagramm verbinden das Eltern Trigramm 258. Die Erdbasis- oder Zeitsterne im selben Palast verbinden sich zum Eltern Trigramm 147.
Auf Grund von diesen zwei Eltern Trigrammen kann die starke Energie der Perioden 1,2,4,5,7 und 8 eintreten, während ihrer jeweiligen Periode hat jedes Gebäude dieses Diagramm.

Variation 3: Doppelter Perioden Stern in dem Facing- oder Sitting Palast und der Facingstern im Facing- oder Sitting Palast hat die Nummer der nächsten Periode.

Dieses sind Diagramme mit doppelten Perioden Sternen, entsprechend dem S und N Palast, die einen Facingstern mit der Nummer der nächsten Periode im Facing oder Sitting Palast haben. Das Diagramm unterhalb hat den doppelten Perioden Stern im Sitting Palast und passt sich an den S Palast an.

Beispiel Doppelter Perioden Stern im Sitting Palast

Periode 3 Facing N 2/3

	SE	S	SW	
	8 7 **2**	3 3 **7**	1 5 **9**	
E	9 6 **1**	-7 8 **3**	5 1 **5**	W
	4 2 **6**	2 4 **8**	6 9 **4**	
	NE	N	NW	

Die Facing- und Bergsterne der O, NW und S Paläste in diesem Diagramm verbinden sich zum Eltern Trigramm 369. Die Erdbasis- oder Zeitsterne im selben Palast verbinden sich zum Eltern Palast 147. Der Facing Palast hat eine Facingstern Nummer 4, welches die Nummer der nächsten Periode ist.
Auf Grund von zwei Eltern Trigrammen kann die günstige Perioden Energie von der Periode 1,3,4,6,7 und 9 eintreten, während ihrer jeweiligen Periode hat jedes Gebäude dieses Diagramm.

Beispiel Doppelter Perioden Stern im Facing Palast

Periode 3 Facing N 1

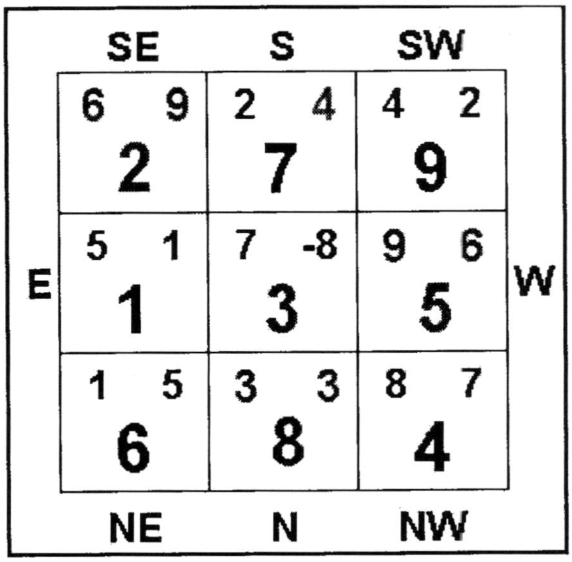

Der doppelte Perioden Stern ist im Facing Palast. Die Facing- und Bergsterne von N, SO und W Palästen in diesem Diagramm verbinden sich mit dem Eltern Trigramm 369. Die Erdbasis- oder Zeitsterne in dem selben Palast verbinden sich zum Eltern Trigramm 258. Der Sitting Palast hat einen Facingstern 4, welcher die Nummer der nächsten Periode hat.
Mit Rücksicht auf die zwei Eltern Trigramme kann die günstige Perioden Energie von Periode 2,3,5,6,8 und 9 während ihrer jeweiligen Perioden eintreten in jedes Gebäude, welches dieses Diagramm hat.

Lasst uns versuchen, die Variationen der Sieben Sterne Räuber Diagramme zu entschlüsseln

Es sind zwei Fragen zu stellen:

1. **Welche der drei Variationen von den Sieben Sterne Räuber Diagrammen ist die Richtige ?**

2. **Erleichtert die Sieben Sterne Räuber Formation die starke Perioden Stern Energie von allen 9 Perioden, um ins Gebäude einzutreten ?**

Ist es richtig, dass die Formation der starken Perioden Stern Energie von allen 9 Perioden es erlaubt ins Gebäude einzutreten ?

Es gibt einen Glauben an diese Einwirkung, was offensichtlich ist in einer Liste der Diagramme, namentlich sogenannte Eingesperrte Sterne, wie im Beispiel unterhalb.

Beispiel des Sieben Sterne Räuber Diagrammes unfähig

in Periode 2 mit Eingesperrten Sternen

Periode 3 Facing S 2/3

	SE	S	SW	
	7 8 2	3 3 7	5 1 9	
E	6 9 1	8 -7 3	1 5 5	W
	2 4 6	4 2 8	9 6 4	
	NE	N	NW	

Periode 2 Facing S 2/3

	SE	S	SW	
	8 5 1	3 1 6	1 3 8	
E	9 4 9	-7 6 2	5 8 4	W
	4 9 5	2 2 7	6 7 3	
	NE	N	NW	

Das obere Diagramm von der Sieben Sterne Räuber Formation von Periode 3 Facing S 2/3 hat im mittleren Palast einen Facingstern Nummer -7. Das Diagramm der Periode 2, ebenso Facing S 2/3, hat in dem mittleren Palast einen Bergstern -7. Man sagt deshalb, dass das Sieben Sterne Räuber Diagramm der Periode 3 Facing S 2/3 die starke Perioden Stern Energie der Periode 2 nicht einnehmen kann (**Nummer 2 ist nicht Bestandteil der zwei Eltern Trigramme).** Die eingesperrten Facing- und Bergsterne Nummern -7 verstehen dies zu verhindern.
Das obere gründet auf der Annahme, dass ein Sieben Sterne Räuber Diagramm es der starken Perioden Energie aller 9 Perioden erleichtert ins Gebäude einzutreten, die solch ein Diagramm haben.

Es ist jedoch nicht immer klar, wie dies geschehen kann, da die Sieben Sterne Räuber Formation nur zwei Eltern Trigramme hat, mit nur 6 von den 9 Perioden habend.
Ist es richtig, anzunehmen, dass die Formation es nur der starken Periodenstern Energie erlaubt, ins Gebäude einzutreten, dessen Perioden die gleichen Nummern von den beteiligten Eltern Trigrammen haben ?

Nach dieser Meinung können nur die starken Perioden Energien von solchen Perioden eintreten ins Diagramm, welche die Nummern Bildung der zwei Eltern Trigramme haben.

Beispiel

Periode 2 Facing N 2/3

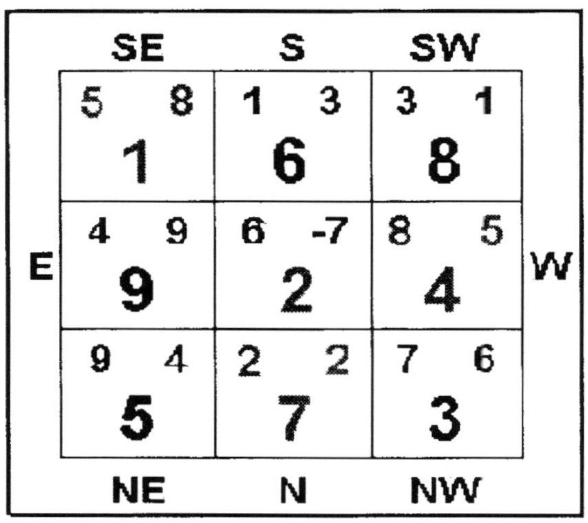

Die zwei Eltern Trigramme vom oberen Diagramm sind 258 und 174. Gebäude, die solch ein Diagramm haben, sind fähig, die günstige starke Perioden Stern Energie, von solchen Perioden, welche die Nummern von ihren zwei Eltern Trigrammen haben, herein zu führen.

Diese Auslegung der Sieben Sterne Räuber Diagramme ist die Logischste und deshalb am wahrscheinlichsten die Richtige.

Ist es richtig, dass die Formation es nur der starken Perioden Stern Energie der nächsten Periode erlaubt, ins Gebäude einzutreten ?

Bevor dieses geschieht, ist zu schauen, dass es möglich ist, einen Facingstern mit der Nummer der nächsten Periode zu haben, entweder im Facing- oder im Sitting Palast. Solche Formationen findet man nur in der Facing Richtung N 1 und N 2/3 in allen Perioden, außer in der Periode Nummer 5.

Beispiel

Periode 3 Facing N 2/3

	SE	S	SW	
E	8 7 2	3 3 7	1 5 9	
E	9 6 1	-7 8 3	5 1 5	W
	4 2 6	2 4 8	6 9 4	
	NE	N	NW	

Periode 3 Facing N 1

	SE	S	SW	
	6 9 2	2 4 7	4 2 9	
E	5 1 1	7 -8 3	9 6 5	W
	1 5 6	3 3 8	8 7 4	
	NE	N	NW	

Periode 3 Facing N 2/3 Diagramm mit doppeltem Perioden Stern im Sitting-, anstatt des Facing Palastes, macht diese Variante des Sieben Sterne Räuber Diagramms zweifelhaft.
Wir wissen, dass die Stärke der Energien im Facing Palast führend und dominant ist. Wenn die Energien des Facing Palastes nicht beteiligt sind an der Formation des zwei Eltern Trigramms, ist ihre Wirkung deshalb reduziert.
Das Diagramm der Periode 3 Facing N 1 ist eine angepasste Formation und hat deshalb nicht die nächste Perioden Nummer im Eltern Trigramm. Die Aufnahme der starken Perioden Energie der nächsten Periode hängt ganz vom Facingstern im Sitting Palast ab. Wenn dieser Facingstern kein Teil von einem Eltern Trigramm ist und im Sitting Palast ist, wird seine Wirkung gewöhnlich nur wie in der Methode „Einladen der Energien von verschiedenen Perioden“ sein.
Diese Auslegung des Sieben Sterne Räuber Diagramms für die oberen Gründe ist nicht überzeugend. Man muss sich nämlich fragen, was diese Diagramme mit den Sieben Sterne Räuber Formationen zu tun haben ? Wir können sie einfach als verwendbar benennen für die Methode „Einladen der Energien für verschiedene Perioden.“

Einladung der Energie von einer unterschiedlichen Periode

Dies ist eine wohl bekannte Methode, die angewandt wird, wenn eine neue Periode begonnen hat, die unterschiedlich ist von der Periode des Gebäudes. Der Facingstern, der die Nummer der neuen Periode hat ist zu aktivieren (am besten mit einem Wasser Element) und diese Energie muss einen offenen Pfad zur Mitte des Gebäudes haben. Diese Methode wirkt unabhängig von dem Palast, wo der Facingstern vorhanden ist, aber wirkt bestens, wenn der Facingstern im Facing Palast ist.

Ist das Abgleichen mit S oder Abgleichen mit N die richtige Methode ?

Dort ist auch Verwirrung in dieser Frage. Beide Methoden sind richtig, aber Abgleichen mit dem Süden ist die bevorzugte Methode.
Es wird oft behauptet, der Süden habe spezielle Kräfte, um die starken Perioden Energien der zukünftigen Perioden einzuladen. Dies ist einfach Unsinn, aber das Abgleichen mit dem Süden verwickelt immer Eltern Trigramme, welche die Nummer von der allernächsten Periode haben, wonach generell gesucht wird.
Ein Gebäude mit der Periode 8, Facing O 1, das eine Sieben Sterne Räuber Formation, Entsprechung S (Eltern Trigramm 258 und 369) hat, will die starke Perioden Energie der Periode 9 genießen und dies ist das, was die Menschen, die das Gebäude gebaut haben, wollen.
Ein Gebäude der Periode 8 Facing N 1, welches eine Sieben Sterne Räuber Formationsabgleichung N (Eltern Trigramme 147 und 258) hat, will die starke Perioden Energie von Periode 9 nicht genießen, aber diejenige der nächsten Perioden Nummer 1 und dies ist das, worauf die Eigentümer nicht warten wollen.

Was ist gemeint mit Raub ?

Dieser Ausdruck ist irreführend. Wenn die Periode des Gebäudes vorbei ist und Energien nicht rechtzeitig und nicht mehr stark sind, will eine Sieben Sterne Räuber Formation sichern, dass die günstige Energie von einer anderen Periode in das Gebäude eintreten kann. Raub bedeutet hier: „Man kann Gebrauch machen von“.
Manche glauben, die Sieben Sterne Räuber Methode könne auch während der gegenwärtigen Periode des Gebäudes genutzt werden, um die günstige, starke Energie von der nächsten oder irgend einer anderen Energie zu rauben und macht dadurch Gebrauch von den rechtzeitigen Energien der zwei Perioden zur gleichen Zeit.
Sie warnen auch, den „Raub“ nicht zu übertreiben, indem man es begrenzt in nur 11 oder 12 Jahre, bis die geraubte Energie zurückbezahlt wurde.
Wenn man nur das rauben kann, was verfügbar ist und eine günstige, starke Perioden Energie ist nur verfügbar in seiner eigenen Periode, so ist rauben der strengen Perioden Energie von einer zukünftigen Periode nicht möglich und die

Warnung, die Beraubung nicht zu übertreiben, ist nicht mehr da.

Was sind die Vorteile von den Sieben Sterne Räuber Formationen ?

Einige machen oft glauben, dass diese Methode die streng geheime Wundermittel Methode ist, aber dies ist weit davon entfernt so zu sein.
Die Sieben Sterne Räuber Formation ist nichts mehr als ein spezielles Diagramm, welches der starken Energie von anderen Diagrammen als die eigenen Perioden erleichtert, in seiner Zeit ins Gebäude zu gelangen. Die Nummern der zwei Eltern Trigramme von den Diagrammen zeigen die Perioden an, in welche dieses möglich ist.

Was ist nun der Unterschied zwischen der „Sieben Sterne Räuber“ Methode und der Methode von „Einladung der Energie von einer unterschiedlichen Periode“ ?

Obwohl beide Methoden dem selben Zweck dienen, gibt es eine Verschiedenheit. Die Methode „Einladung der Energie von einer unterschiedlichen Periode“ verlangt den Facingstern von der neuen Periode, um aktiviert zu werden und das Ergebnis wird abhängig sein von der Stärke der Aktivität und der Stellung des Sterns.
Im Falle des Sieben Sterne Räuber Diagramms ist es nicht nötig, irgend etwas zu tun. Die starke Perioden Energie tritt automatisch ins Gebäude ein wegen des Vorteils der Eltern Trigramm Formation und die Wirkung ist komplett.

Die Ho Tu Nummern Kombinationen

Die Fünf Ho Tu Nummern Kombinationen stellen die Fünf Elemente dar. Es sind Kombinationen von zwei Energien, jedes von der Späten Himmelsanordnung. Es sind:

Ho Tu Nummern Kombinationen	Kompass Richtungen	Elemente
NW / N oder N / NW **6 / 1 oder 1 / 6**	**Norden**	**Wasser**
SW / W oder W / SW **2 / 7 oder 7 / 2**	**Süden**	**Feuer**
NO / O oder O / NO **8 / 3 oder 3 / 8**	**Osten**	**Holz**
SO / S oder S / SO **4 / 9 oder 9 / 4**	**Westen**	**Metall**
Mitte **5 / 10 oder 10/ 5**	**Mitte**	**Erde**

Da die Nummer 5 im Zentrum und die Nummer 10 nicht genutzt wird im Feng Shui, haben die Nummern 5/10 und 10/5 keine Anwendung bei dem Fliegende Sterne System im Feng Shui.

Zwei Bedingungen

Gemäß der Tradition werden die Ho Tu Nummern sich selbst nur unter zwei Bedingungen offenbaren. Diese sind:

- Ho Tu Nummern Kombinationen müssen im Facing Palast sein.
- Das Ho Tu muss zusammen gesetzt sein aus Facing- und Erdbasissternen.

Was ist der Grund für diese Bedingung ? Energien, die im Facing Palast gefunden werden zeigen ihren Einfluss im gesamten Gebäude.
Die Facing- und die Erdbasissterne haben das höchste Niveau an Energie. Ihr Zusammenwirken produziert die stärksten Ergebnisse.

Die Methode

Wenn Ho Tu Nummern Kombinationen in einem Diagramm vorhanden sind, haben wir ihren Einfluss auf das Element des Palastes, in welchem sie untergebracht sind zu berücksichtigen. Die günstigen oder ungünstigen Einflüsse der Ho Tu Nummern hängen von der Wechselwirkung ihrer Elemente mit den Elementen der Paläste ab, in denen sie vorhanden sind,

- Im Zusammenwirken der Fünf Elemente sind die „Volle und nährende Energie, von der Front kommend", „Die direkte Energie, vom selben kommend" und „Die Raub Energie, vom Unbesiegten kommend", die stärkste Wechselwirkung von Verstärkung und entsprechender Zerstörung. Diese drei Wechselwirkungen werden deshalb als die wichtigsten genommen, wenn man die Auswirkung auf die Ho Tu Nummern Kombinationen in Betracht zieht.

Tradition nimmt deshalb keine Rücksicht auf das Zusammenwirken von „Der kleinen Energie, kommend von dem Besiegten" und „Die leere Energie, kommend von hinten".

Die Wechselwirkungen

Die Kombinationen sind günstig, wenn sie in der Richtung von ihrem eigenen Element liegen, wie z. B. 1/6 im Norden und besagt, dass es dort sehr stark ist.
Die Kombinationen sind auch günstig, wenn sie in der Richtung des Elementes gefunden werden, welches ihr eigenes Element nährt, wie z. B. 1/6 im Osten und Südosten (Wasser nährt Holz) und besagt, dass es dort wächst.
Die Kombinationen sind schlecht, wenn sie in der Richtung des Elementes gefunden werden, welches ihr eigenes Element zerstört, wie z. B. 1/6 im Süden (Wasser zerstört Feuer) und besagt, dass es dort Schwächung gibt.

1 / 6 oder 6 / 1 im N, O und SO
Wird sehr stark Intelligenz und Erfolg in wissenschaftlichen Bestrebungen und Forschung unterstützen.
1 / 6 oder 6 / 1 im S
Wird Verletzungen am Kopf der Familie verursachen. Kinder werden gefühllos zu ihren Eltern sein, werden Verbrecher werden und werden ihren eigenen Familien Schaden zufügen.

2 / 7 oder 7 / 2 im S, SW, NO
Wird finanziellen Erfolg geben, aber zweifelhafte Aktivitäten können verwickelt sein.
2 / 7 oder 7 / 2 im W und NW
Zeigt Kindes Tod, Krankheit oder Unfälle an.

3 / 8 oder 8 / 3 im O, SO und S
Wird loyale und unterstützende Freunde und Familienmitglieder geben.
3 / 8 oder 8 / 3 im SW und NO
Kann Selbstmorde und strengen Schaden an kleinen Kindern verursachen.

4 / 9 oder 9 / 4 im W, NW und N
Wird fabelhaften Erfolg im geschäftlichen und in konkurrenzfähigen Aktivitäten geben.
4 / 9 oder 9 / 4 im O und SO
Bringt Verletzung oder Tod in bewaffneten Konflikten. Kinder werden Waise werden.

Ho Tu Nummern Kombinationen in Palästen, andere als der Facing Palast, nehmen keine Rücksicht auf die Tradition.
Jedoch, nach meiner Erfahrung haben sie auch ihre Wirkung, aber beschränkt auf die Bewohner und ihre Aktivitäten in den jeweiligen Palästen, wo sie sich befinden.

Ho Tu Nummern Kombinationen des Erdbasis- und Bergsterns oder von Facing und Bergstern.
Diese Ho Tu Nummern Kombination sollte nur dann überlegt werden, wenn eine Haupttür oder irgend eine andere Energie Leitung, wie eine Treppe, die bei ihrem Gebrauch passend zu aktivierende Energien sind und wenn sie im gesamten Palast zu finden sind.

Die Ho Tu Nummern Kombinationen in Wechselwirkung mit den 5 Elementen.
Die Formeln von den Ho Tu Nummern Kombinationen sind auf nur drei der fünf Wechselwirkungen der Elemente begründet. Diese sind:

1. Die volle und nährende Energie, kommend von der Front (wachsend und günstig).
2. Die direkte Energie, kommend vom selben, eigenen Element (stark und günstig).
3. Die Räuber Energie kommend aus dem Unbesiegten (schwächend und schlecht).

Nach meiner Meinung ist es lohnend, die beiden anderen Wechselwirkungen der Elemente in Betracht zu ziehen. Diese sind:

1. Die kleine Energie, kommend vom Besiegten (wachsend und günstig).
2. Die leere Energie, kommend von hinten (schwächend und schlecht).

Wie man die schwächende Position der Ho Tu Nummern Kombinationen heilen kann

Heile die schwächende Position der Ho Tu Nummern Kombinationen.

2/7 oder 7/2 mit Wasser
1/6 oder 6/1 mit Holz
3/8 oder 8/3 mit Feuer
4/9 oder 9/4 mit Wasser

Der zusätzliche Effekt

Dies ist eine Technik, die auf den positiven (Yang) oder negativen (Yin) Charakter der Sterne (siehe die Energie der acht Himmelsrichtungen) und die verschiedenen Niveaus der Stärke der Erdbasis-, des Facing- und Bergsterns begründet ist, um die Energie zu identifizieren, die im Palast dominant ist. Wenn die dominante Energie Yang ist, (Sterne Nummer 1, 4, 6 und 8) kann es die Yin Energie neutralisieren (Sterne Nummer 2, 3, 5, 7 und 9).

- Ein günstiger Facingstern kann einen schlechten Erdbasisstern für neutral erklären.
- Eine günstige Erdbasis kann einen schlechten Bergstern für neutral erklären.
- Die kombinierte Energie von einer günstigen Erdbasis und einem günstigen Bergstern können einen schlechten Facingstern für neutral erklären.
- Wenn ein günstiger Stern oder Sterne beschäftigt werden mit dem Prozess zur Neutralisation eines schlechten Sternes, werden sie abgenutzt und werden ihre eigene Energie verlieren.

Das Zusammenwirken der fünf Elemente ist nicht genügend berücksichtigt, wenn man die Methode des zusätzlichen Effektes verwendet.
Bei Sternen mit der Nummer 3 und 7 ist zu überlegen, wenn man den zusätzlichen Effekt anwendet, das man einen neutralen Charakter hat, da sie keinen Teil in der Neutralisation der Sterne einnehmen, noch werden sie von anderen Sternen neutralisiert.

Die Wechselwirkung der günstigen Sterne

Wenn alle drei Sterne in einem Palast günstig sind, wird oft ihr Zusammenwirken mit jedem anderen ignoriert. Außer für die Kombination der Erdbasis 8 und Facingstern Nummer 4 wurde das Zusammenwirken von günstigen Sternen als das Erzeugen von positiven Energien gesehen, die sich nicht bei jeder anderen einmischen.
Diese Praxis hat sich zu uns übertragen von einer Zeit als die Lebensbedingungen weit weniger flexibel waren als heute. Bereiche mit schlechten Energien wurden vermieden und solche mit günstigen Energien wurden genutzt. Es stammt auch aus der früheren Zeit, dass der Gebrauch der Farbe rot als genereller Verstärker zu uns gekommen ist und dies ist noch in Praxis.
Verwendung von Gegenmaßnahmen und Verstärker, wie wir es heute tun, in der Absicht, das Lebensumfeld zu harmonisieren, war dann generell nicht als notwendig gesehen und wurde in einer späteren Zeit in Gebrauch gebracht als die Bedingungen fürs Leben mehr und mehr eingeschränkt wurden.
An unsere Ziele denkend, wenn mit dem Zusammenwirken von günstigen Sternen gehandelt wird, müssen wir sorgfältig sein, um nicht ihre Energie zu schwächen. Wir sollten deshalb nicht die „Leere Energie, kommend von hinten“ und die „Räuber Energie, kommend aus dem Unbesiegten“, nutzen.

Harmonie einzusetzen ist ein hohes Ideal, aber manchmal mögen wir wünschen es ohne zu tun, in der Hoffnung für bestimmte Effekte, die wir aufwenden. Ein starker günstiger Stern ist deshalb oft unser Ziel, besonders bei dem Aufwand der Harmonie.

Die Methode

Schritt 1: Schau nach dem Palast und schau, welche Sterne dort sind. Wenn alle drei Sterne aus der günstigen Gruppe sind (1, 4, 6, 8), identifiziere den Erdbasis-, den Facing- und den Bergstern.

Stern Kombination 6/1/4
Schritt 2: Wenn die Erdbasis die Nummer 1, der Facingstern die Nummer 4 und der Bergstern die Nummer 6 ist, haben wir herauszufinden, wie der Facing- und der Bergstern auf den Erdbasisstern wirken.
Schritt 3: Facingstern 4 ist die leere Energie, kommend von hinten, der die Energie von Erdbasis 1 abfließen lässt, aber der Bergstern 6, welcher die volle und nährende Energie von der Frontseite kommend ist, stärkt die Erdbasis. Hierdurch können wir verstehen, dass die Energien in diesen Palästen in Harmonie sind mit jeder anderen und es ist nichts notwendig zu tun. Dasselbe wird angewandt, wenn der Facingstern die Nummer 6 ist und der Bergstern die Nummer 4 ist.

Stern Kombination 8/1/4

Schritt 2: Wenn die Erdbasis Nummer 1, der Facingstern Nummer 4 und der Bergstern Nummer 8 ist.

Schritt 3: Der Facingstern 4 ist die leere Energie, kommend von hinten, welche die Energie der Erdbasis 1 abfließen lässt. In Addition dazu stellt der Bergstern 8 die Räuber Energie dar, die aus dem Unbesiegten kommt, welches die Energie von Erdbasis 1 darstellt.

Schritt 4: Um den Effekt auszugleichen, den der Bergstern auf die Erdbasis hat, haben wir Feuerelemente als Gegenmaßnahme zu nutzen, was kleine Energie ist, die vom Besiegten kommt. Die Nutzung des Feuerelementes als Gegenmaßnahme wird auch den abfließenden Effekt vermindern, den die 4 hat auf die 1, aber um die Energien zu nutzen, sollte auch Metall angewendet werden, damit man die nährende Energie, die von der Front kommt erwischt mit der abfließenden Energie der 4, die von hinten kommt. Dasselbe wird angewandt, wenn der Facingstern Nummer 8 und der Bergstern die Nummer 4 ist.

Stern Kombination 6/1/8

Schritt 2: Wenn die Erdbasis Nummer 1, der Facingstern Nummer 8 und der Bergstern Nummer 6 ist.

Schritt 3: Der Facingstern 8 ist die Räuber Energie, kommend aus dem Unbesiegten. Der Bergstern 6 ist die volle nährende Energie, von der Frontseite kommend, die Erdbasis stärkend, welches wünschenswert ist.

Schritt 4: Der Effekt, den der Facingstern auf die Erdbasis 1 hat, ist ins Gleichgewicht zu bringen durch Anwendung des Feuerelementes, welches die kleine Energie darstellt, die vom Besiegten kommt. Um Harmonie zu gründen, sollte Holz als Gegenmaßnahme genutzt werden, damit der Effekt ins Gleichgewicht gebracht wird, den das Metall Element der 6 auf das Wasser Element 1 hat. Jedoch ist es wünschenswert, das Wasserelement der 1 zu nähren und sollte deshalb besser nicht getan werden. Dasselbe wird angewandt, wenn der Facingstern Nummer 6 ist und der Bergstern Nummer 8 ist.

Stern Kombination 6/4/1

Schritt 2: Die Erdbasis ist Nummer 4, der Facingstern ist Nummer 1 und der Bergstern ist Nummer 6.

Schritt 3: Der Facingstern 1 ist die volle Energie, von der Front kommend, welche die Energie der Erdbasis 4 verstärkt. Der Bergstern 6 ist die Räuber Energie, die vom Unbesiegten kommt, was die Energie der Erdbasis zerstört.

Schritt 4: Um den Effekt ins Gleichgewicht zu bringen, den der Bergstern 6 auf die Erdbasis 4 hat, haben wir das Erdelement als Gegenmaßnahme zu nutzen, was die kleine Energie, kommend aus dem Besiegten, ist. Um Harmonie zu bekommen, sollte Feuer als Gegenmaßnahme genutzt werden, damit der Effekt, den das Wasserelement von 1 auf das Holzelement 4 hat, genutzt wird. Auf diese Weise werden wir Harmonie einsetzen. Jedoch, da es wünschenswert ist, das Holzelement von Nummer 4 zu nähren, ist es besser, es nicht zu tun. Dasselbe ist anzuwenden, wenn der Facingstern Nummer 6 ist und der Bergstern Nummer 1 ist.

Stern Kombination 6/4/8
Schritt 2: Die Erdbasis ist Nummer 4, der Facingstern ist Nummer 8 und der Bergstern ist Nummer 6.
Schritt 3: Der Facingstern 8 ist die kleine Energie, kommend vom Besiegten und der Bergstern ist die Räuber Energie, kommend aus dem Unbesiegten. Diese Kombination zeigt Energien, die in Harmonie sind, und nichts ist notwendig getan zu werden. Jedoch, es wird ratsam sein, das Wasserelement zu nutzen, um das Holzelement der Erdbasis 4 zu nähren, ohne die Harmonie zu stören. Dasselbe wird angewandt, wenn der Facingstern Nummer 6 ist und der Bergstern Nummer 8 ist.

Stern Kombination 1/4/8
Schritt 2: Die Erdbasis ist Nummer 4, der Facingstern ist Nummer 8 und der Bergstern ist Nummer 1.
Schritt 3: Der Facingstern 8 ist die kleine Energie, kommend aus dem Besiegten und der Bergstern 1 ist die volle und nährende Energie, kommend von der Front, welches wünschenswert ist.
Schritt 4: Um den Effekt des Facingsterns, den er auf die Erdbasis hat, ins Gleichgewicht zu bringen, können wir das Metallelement verwenden, welches Räuber Energie ist, kommend vom Unbesiegten und für den Effekt des Wasserelementes 1 können wir das Feuerelement als Gegenmaßnahme nutzen, welches leere Energie ist, kommend von hinten. Auf diesem Wege werden wir Harmonie einsetzen.
Schritt 5: An unsere Ziele denkend, mögen wir jedoch nicht das Metallelement als Gegenmaßnahme nutzen, da es beide schwächen würde, den günstigen Stern 4 und 8 und mögen auch nicht das Feuerelement nutzen, welches die Energie der Erdbasis 4 abfließen lassen würde.
In Anbetracht von diesem, wird es besser sein, keinerlei Gegenmaßnahme anzuwenden. Dasselbe wird Verwendung finden, wenn der Facingstern Nummer 1 ist und der Bergstern Nummer 8 ist.

Stern Kombination 1/6/4
Schritt 2: Die Erdbasis ist Nummer 6, der Facingstern ist Nummer 4 und der Bergstern ist Nummer 1.
Schritt 3: Der Facingstern 4 ist eine kleine Energie, kommend vom Besiegten und der Bergstern 1 ist eine leere Energie, kommend von hinten.
Schritt 4: Um den Effekt ins Gleichgewicht zu bringen, den der Facingstern auf die Erdbasis hat, sollten wir das Feuerelement verwenden, welches die Räuber Energie ist, kommend aus dem Unbesiegten und um den Effekt des Bergsterns ins Gleichgewicht zu bringen, sollten wir das Erdelement nutzen, welches die volle und nähren-

de Energie ist, kommend von der Front. Auf diesem Wege werden wir Harmonie einsetzen.
Schritt 5: An unsere Ziele denkend, mögen wir nicht das Feuerelement nutzen, da es den günstigen Facingstern 4 schwächen würde und die Energie von der Erdbasis 6 zerstören würde. Dasselbe wird geschehen, wenn der Facingstern Nummer 1 ist und der Bergstern Nummer 4 ist.

Stern Kombination 1/6/8
Schritt 2: Die Erdbasis ist Nummer 6, der Facingstern Nummer 8 und der Bergstern Nummer 1.
Schritt 3: Der Facingstern 8 ist die volle und nährende Energie, kommend von der Front, welche die Energie von der Erdbasis 6 stärkt. Der Bergstern 1 ist die leere Energie, die von hinten kommt. Diese Kombination zeigt Energien in Harmonie und nichts ist nötig zu tun. Das Gleiche geschieht, wenn der Facingstern Nummer 1 ist und der Bergstern Nummer 8 ist.

Stern Kombination 4/6/8
Schritt 2: Die Erdbasis ist Nummer 6, der Facingstern Nummer 8 und der Bergstern Nummer 4.
Schritt 3: Der Facingstern 8 ist die volle und nährende Energie, kommend von der Front, welche die Energie der Erdbasis 6 stärkt. Der Bergstern 4 ist die kleine Energie, kommend aus dem Besiegten.
Schritt 4: Um den Effekt, welchen die kleine Energie, die aus dem Besiegten kommt, auf die Erdbasis hat, ins Gleichgewicht zu bringen, sollten wir das Feuerelement nutzen. Um den Effekt, den der Facingstern 8 auf den Erdbasisstern 6 hat, ins Gleichgewicht zu bringen, sollten wir Wasser als Gegenmaßnahme verwenden. Auf diesem Wege wird Harmonie eingesetzt.
Schritt 5: An unsere Ziele denkend, sollten wir nicht das Feuerelement nutzen, da es den guten Bergstern schwächen und die Energie der Erdbasis zerstören würde. Deshalb ist nichts zu tun notwendig.
Dasselbe geschieht, wenn der Facingstern Nummer 4 ist und der Bergstern Nummer 8 ist.

Stern Kombination 1/8/4
Schritt 2: Die Erdbasis ist Nummer 8, der Facingstern Nummer 4 und der Bergstern Nummer 1.
Schritt 3: Der Facingstern 4 ist die Räuber Energie, kommend vom Unbesiegten und der Bergstern 1 ist die kleine Energie, kommend vom Besiegten. Diese Kombination zeigt Energien in Harmonie und nichts ist zu tun. Dasselbe wird angewandt, wenn der Facingstern Nummer 1 ist und der Bergstern die Nummer 4 ist.

Schritt 4. Jedoch, wenn wir das Feuerelement anwenden, können wir nämlich die Energie der Erdbasis verbessern, ohne den Facingstern 4 zu schwächen, da dieser Stern durch den Bergstern Nummer 1 genährt wird. Dasselbe wird angewendet, wenn der Facingstern Nummer 1 ist und der Bergstern Nummer 4 ist.

Stern Kombination 1/8/6
Schritt 2. Die Erdbasis ist Nummer 8, der Facingstern ist Nummer 6 und der Bergstern ist Nummer 1.
Schritt 3. Der Facingstern 6 ist die leere Energie, kommend von hinten und der Bergstern 1 ist die kleine Energie, kommend aus dem Besiegten.
Schritt 4. Um den Effekt, den der Facingstern auf den Bergstern hat ins Gleichgewicht zu bringen, haben wir das Feuerelement zu nutzen. Der Effekt, den der Bergstern auf die Erdbasis hat, kann ins Gleichgewicht gebracht werden, indem man das Holzelement als Gegenmaßnahme nutzt. Auf diesem Weg setzt Harmonie ein.
Schritt 5. An unsere Ziele denkend, sollten wir das Holzelement nicht als Gegenmaßnahme nutzen, da es die Energie des Bergsterns schwächen würde und die Energie der Erdbasis zerstören würde. Das Gleiche ist anzuwenden, wenn der Facingstern Nummer 1 ist und der Bergstern Nummer 6 ist.

Stern Kombination 4/8/6
Schritt 2. Die Erdbasis ist Nummer 8, der Facingstern ist Nummer 6 und der Bergstern ist Nummer 4.
Schritt 3. Der Facingstern 6 ist die leere Energie, kommend von hinten und der Bergstern 4 ist die Räuber Energie, kommend aus dem Unbesiegten.
Schritt 4. Um den Effekt, den der Facingstern auf die Erdbasis hat, ins Gleichgewicht zu bringen, haben wir das Feuerelement zu nutzen. Der Effekt, den der Bergstern auf die Erdbasis hat, kann mit Wasser ins Gleichgewicht gebracht werden, welches die kleine Energie ist, kommend aus dem Unbesiegten. Auf diesem Wege setzen wir Harmonie ein. Dasselbe gilt, wenn Nummer 4 der Facingstern ist und Nummer 6 der Bergstern ist.

Wie man sich mit schlechten Sternen befasst

Sich mit schlechten Sternen zu befassen, ist die erste Aufgabe in jeder Feng Shui Praxis. Die Energien von Sternen Nummer 2 und 5 verursachen Krankheit, Verlust von Reichtum, Hindernisse auf jede Art und Weise, Unglück auf jegliche Art und sogar Tod. Schutz vor diesen Energien ist deshalb als primäre Sorge zu verstehen.
Der Stern Nummer 9 ist in Anbetracht seiner Fähigkeit den Stern Nummer 2 und 5 zu stärken und die Sterne 6 und 7 zu besiegen, auch ein Hauptziel in aller Fliegenden Sterne Feng Shui Anstrengung.
Die Nummern 3 und 7 sind nicht von sich aus als schlecht zu sehen, aber sie sind es in bestimmten Kombinationen mit anderen Sternen.

Stern Nummer 5
Die Energie Nummer 5 hat kein Trigramm in beiden, nicht im Späten und Frühen Himmel und deshalb wissen wir nicht, ob es eine Yin/Yang Zusammenstellung ist. Nummer 5 vereinigt sich nicht mit irgend einer anderen Energie zu einem perfekten Gleichgewicht von Yin und Yang. Es ist immer sehr schlecht und rätselhaft. Die ideale Gegenmaßnahme für einen Stern Nummer 5 ist das Metallelement der Nummer 6.
In Kombination mit Nummer 8 hängt der Effekt von Nummer 5 vom Niveau der Energie von beiden Sternen ab. Da beide Sterne dasselbe Element darstellen, verstärken sie sich gegenseitig. Wenn Nummer 8 der Facingstern ist, der das höchste Energie Niveau der Erdbasis trägt, wird seine gute Energie die schlechte Energie der Erdbasis oder Bergstern Nummer 5 besiegen und diese Kombination ist nicht schädlich. Es ist jedoch besser auf der sicheren Seite zu sein und das Metallelement von Nummer 6 als Gegenmaßnahme zu nutzen.
Die Kombination 4/5 ist schlecht und sollte mit dem Metallelement von Nummer 6 als Gegenmaßnahme behandelt werden. Dasselbe hält man für wahr für die Kombination 1/5.
Für spezielle Kombinationen mit Stern Nummer 5, siehe unter Sterne Nummern 2, 3, 7 und 9.

Stern Nummer 2
Die Energie von Nummer 2 ist immer Yin, die für Zusammenziehung und Zerfall steht. Die perfekte Gegenmaßnahme ist das Metallelement von Nummer 6, welches die Energie von Nummer 2 abfließen lässt, und mehr als das, die Energien von beiden Nummern vereinigen sich zu einem perfekten Gleichgewicht von Yin und Yang, was günstig ist.
In Kombination mit Nummer 7 stellt es das Feuerelement dar, und ist günstig in S, SW und NO Palästen, aber ungünstig in O und SO Palästen.
In Kombination mit Nummer 8 hängt der Effekt von Nummer 2 vom Niveau der beiden Sterne ab. Da beide Sterne das gleiche Element darstellen, verstärken sie sich gegenseitig. Wenn Nummer 8 der Facingstern ist, der das höchste Niveau von Energie trägt, wird seine günstige Energie von der schlechten Erdbasisenergie oder Bergstern

Nummer 2 besiegt und diese Kombination ist nicht schädlich.
Im Falle die Nummer 2 ist ein Facingstern und Nummer 8 ist ein Erdbasis- oder Bergstern, besiegt die schlechte Energie von Nummer 2 die gute Energie von Nummer 8 und wird dadurch verstärkt. Dies ist eine gefährliche Kombination und ist zu heilen. Die Metallenergie von Nummer 6 ist die beste Gegenmaßnahme. Nummer 6 schafft perfekte Harmonie von Yin und Yang, wenn es sich mit Nummer 2 vereinigt, ohne Schädigen der günstigen Energie von Nummer 8, da die Kombination 6/8 in Anbetracht der Tatsache, dass beide Energien günstig sind, eine der günstigsten Kombinationen ist, die im Feng Shui bekannt ist.
In Kombination mit Nummer 9 wird die schlechte starke Energie von Nummer 2 erhöht, wird gefährlicher und es ist notwendig zu heilen. Das Metallelement von Nummer 6 allein ist nicht genug und ist mit Wasser zu ergänzen, da Nummer 9 fortfährt Nummer 2 zu erhöhen.
Die Kombination mit Nummer 5 ist gleich gefährlich und benötigt das Metallelement von Nummer 6 als Gegenmaßnahme.
Die Tradition sagt, dass die Kombination mit Nummer 3 das Feuerelement benötigt als Gegenmaßnahme. Jedoch, wenn Nummer 3 das Facing und Nummer 2 die Erdbasis oder Bergstern sind, wird das Wasserelement als Gegenmaßnahme benötigt. Wenn Nummer 2 das Facing ist und Nummer 3 die Erdbasis oder der Bergstern, ist das Metallelement von Nummer 6 die beste Gegenmaßnahme.
Wenn Nummer 2 die Gastgeberenergie ist, benötigt die Kombination mit Nummer 1 das Metallelement von Nummer 6 als Gegenmaßnahme.
Die Kombination mit Nummer 4 benötigt das Metallelement von Nummer 6 als Gegenmaßnahme, wenn Nummer 2 das Facing und Nummer 4 die Erdbasis oder der Bergstern sind. Wenn Nummer 4 das Facing und Nummer 2 die Erdbasis oder Bergstern sind, werden Wasser und Metallelement Merkmale als Gegenmaßnahme benötigt.

Stern Nummer 9

Ist sehr günstig in Kombination mit Nummer 8 und es ist besonders so, wenn Nummer 9 das Facing ist und Nummer 8 der Erdbasisstern ist. Die Kombination mit 6 und 7 ist schlecht, besonders wenn Nummer 9 die Gastenergie ist. Das Erdelement von Nummer 8 wird dann als Gegenmaßnahme benötigt.
Im Falle von Kombination 9/7/5 ist Wasser und Metall der Nummer 7 die beste Lösung für dieses Problem.
Die Kombination 9/1 schafft perfekte Harmonie von Yin und Yang und ist günstig.
Die Kombination 9/4 stellt das Metallelement dar und ist günstig im W, NW und N, aber schlecht im O und SO, wo Wasser als Gegenmaßnahme genutzt werden sollte.
Für die Kombination 9/3 nutze ebenfalls Wasser als Gegenmaßnahme.
Für die sehr schlechte Kombination 9/5 nutze Wasser und Metall als Gegenmaßnahme.

Stern Nummer 7
Die Kombination der Nummer 7 mit Stern Nummer 6 ist sehr böswillig und muss geheilt werden.Wasser ist die empfehlenswerte traditionelle Heilung, aber das Erdelement der Nummer 8 ist auch sehr gut, wenn nicht besser, da die Kombinationen 8/6 und 8/7 beide sehr günstig sind.
Die Kombinationen 7/3 und 3/7 verursachen beide Schwierigkeiten und Qual. Wasser ist das Heilmittel. Dasselbe gilt für 7/4 und 4/7, obwohl diese zwei Kombinationen nicht dafür bekannt sind, einen schlechten Effekt zu haben, könnte es zweifelhaft werden, wenn sie dort sind.
Die Kombination 5/7 und 7/5 sind ruchlos und sollten behandelt werden. Um die Kombinationen zu unterbrechen, ist Wasser ideal, aber es wird Nummer 5 stärken, was wenn möglich, vermieden werden sollte. Ich schlage vor, das Erdelement von Nummer 8 zu nutzen, um das Notwendige zu tun.
Die Kombination 7/8 ist perfekte Harmonie von Yin und Yang und ist sehr günstig.
Von der Kombination 7/1 sagt man, dass sie sehr vorteilhaft ist und muss nicht behandelt werden.

Stern Nummer 3
Stern Nummer 3 kombiniert mit Nummer 2 ist eine der sehr bekanntesten schlechten Kombinationen, größte Disharmonie unter Menschen verursachend. Die traditionelle Heilung ist das Feuerelement, welches die Kombination abbricht, aber Nummer 2 stärkt, was das kleinere Übel sein wird als die Kombination in sich selbst. Ich schlage vor, Wasser und Metall als Gegenmaßnahme zu versuchen. Die Kombination 3/4 ist perfekte Harmonie von Yin und Yang und ist sehr günstig.
Die Kombination 3/8 stellt das Holzelement dar, und ist sehr vielversprechend im O, SO und S, aber schlecht anderswo und so besonders im SW und NO, wo das Feuerelement genutzt werden kann, um das schädliche Einwirken zu heilen.
Die Kombination 3/1 hat eine spezielle Einwirkung, wenn sie im W gefunden wird und erzeugt viele Nachkommen. Woanders im Diagramm ist diese Kombination negativ und benötigt eine Metallgegenmaßnahme von Nummer 6. Das Feuerelement als Gegenmaßnahme macht auch gute Arbeit.
Die Kombination 3/5 ist eine Kombination von negativen Energien und benötigt auch das Metallelement von Nummer 6 als Gegenmaßnahme. Die Kombination 3/9 ist schlecht und sollte mit Wasser geheilt werden.

Gegenmaßnahmen und Verstärker

Gegenmaßnahmen werden genutzt in Übereinstimmung mit dem System der Fünf Elemente, um schlechte Energien zu schwächen und günstige Energien zu stärken.

Metallelement

Metall als Gegenmaßnahme

Metall ist die am meisten genutzte Gegenmaßnahme. Traditionell wird es genutzt für die schlechten Nummern 2 und 5, Metall lässt die Energie von beiden Nummern, die zum Erdelement gehören, abfließen.
Wenn das Metallelement Verwendung als Gegenmaßnahme findet, haben wir Metall zu wählen, dargestellt durch Nummer 6 oder durch Nummer 7. Nummer 6 ist Metall, so wie Gold, Messing oder anderes Metall. Bewegen von Metall, wie das Pendel einer Uhr ist viel effektiver und so ist der Klang von Metall, als Klang in sich selber, eine andere Manifestation des Metallelementes.
Metall der Nummer 6 als Gegenmaßnahme erzeugt mit Nummer 2 perfekte Harmonie von Yin und Yang. Diese Kombination ist sehr vielversprechend.
Wenn Sie die Kombination von 2/8 oder 8/2 haben, können sie noch Metall als Gegenmaßnahme für die schlechte 2 der Kombinationen nutzen, ohne die günstige 8 zu schädigen, da die Kombination 6/8 eine der besten Energie Kombinationen ist, die bei den Fliegenden Sternen bekannt sind.
Wie sie von dem oberen verstanden haben, ist Metall ideal als Gegenmaßnahme für die schlechten Erdelementsterne 2 und 5, weil es die Nummer 8 nicht schädigt.
An unsere Ziele denkend, wird es nun Sinn machen, Metall Glocken, Gongs und Windgeläute als Zeremonie zu nutzen, um Plätze von negativer Energie zu reinigen, wovon sie denken, dass sie nichts anderes als bedeutungslose Rituale sind.
Die sogenannte Salzwasser Kur ist eine Gegenmaßnahme, die das Element der Nummer 7 darstellt. Diese Gegenmaßnahme besteht aus einer Wasserglasschüssel, gefüllt mit Tafelsalz und aufgefüllt mit gerade genug Wasser, um das Salz zu bedecken.
Viele Praktiker legen manche Metallmünzen auf das Salz und diskutieren darüber, ob die Nummern der Münzen genutzt werden sollen. Sie nutzen Silbermünzen und andere Metallmünzen in Kombination von 4/9 und 1/6 in der Hoffnung, spezielle Einwirkungen zu erreichen.
Meiner Ansicht nach ist dies pure Symbolik und sollte nicht getan werden, da die Nummer 7, Metallelement des Salzwassers und die Nummer 6 Metallelement der Münzen, die Kombination 7/6 machen, die sehr schlecht ist.
Die Salzwasser Gegenmaßnahme sollte mit Nummer 2 kombiniert werden, um die Kombination 2/7 oder 7/2 zu schaffen, welches die Ho Tu Nummern Kombinationen sind für das Feuerelement. Diese Kombinationen sind günstig in einigen und ungüns-

tig in anderen Richtungen (siehe Ho Tu Nummern Kombinationen).
Wenn die Salzwasser Gegenmaßnahme für die 2/8 Sternen Kombination genutzt würde, wird die Kombination 2/7 und 8/7 erzeugt. Während die Kombination 2/7 das Feuerelement ist, ist die Kombination 8/7 die perfekte Harmonie von Yin und Yang und ist sehr günstig.
Wenn sie Schwierigkeit haben, zu verstehen, wie Salzwasser als Metall Gegenmaßnahme wirksam sein kann, erinnern sie sich bitte, dass das Metallelement eine Energie ist, welches seine Kraft von allen Richtungen zu einem Mittelpunkt leitet. Wenn sie an eine Hydroskopische Aktion von Salz denken, die Wasser zu sich selbst anzieht von allen Richtungen, werden sie die Natur des Metallelementes dieser Kur verstehen.

Metall als Verstärker

Metall wird genutzt, um das Wasserelement zu verstärken. Nutzung von Metall Nr. 6 schafft die Kombination 6/1, was sehr günstig für Geldangelegenheiten ist. Die 6/1 ist auch eine Ho Tu Nummern Kombination, die das Wasserelement darstellt und günstige Effekte in N, O und SO Palästen schafft, aber im Südpalast schlecht ist.
Nutzen sie keine Gegenmaßnahmen, welche die Energie von Nummer 6 darstellen, wenn ein Stern Nummer 7 im selben Palast anwesend ist. Das Metallelement 7 sollte stattdessen in solch einem Fall genutzt werden.

Erdelement

Erde als Gegenmaßnahme

Das Erdelement ist dargestellt durch die Nummer 2, 5 und 8. Nummer 8 Erdelement wird gefunden in kleinen Steinen und wird als Gegenmaßnahme genutzt für die schlechten Sterne 6/9, wenn Nummer 6 die Gastgeber Energie ist. Die Anwendung des Erdelementes der Nummer 8 ergibt die Kombination 9/8 und 6/8 die beide sehr günstig sind.
Im Falle von schlechter Kombination 7/9, wenn Nummer 7 die Gastgeber Energie ist, wird dieselbe Gegenmaßnahme die Kombination 9/8 und 7/8 erzeugen, die auch sehr günstig ist.

Erde als Verstärker

Erde wird genutzt, um den Stern Nummer 6 zu stärken. Dies erzeugt die Kombination 8/6, die eine sehr günstige Kombination ist.
Das Erdelement von Nummer 8 als Gegenmaßnahme und Verstärker kann eine Glasschale oder Behälter, gefüllt mit kleinen, abgerundeten Steinen sein, keine Steine mit scharfen Kanten nehmen.

Feuerelement

Feuer als Gegenmaßnahme
Feuer wird als Gegenmaßnahme genutzt, um die Energie der Sterne 3 und 4 zu verringern, in der Kombination 3/2 und 2/3, sowie für die Kombination 8/4 und 8/3, in welcher das Holzelement das Erdelement von Nummer 8 verletzt.

Feuer als Verstärker
Feuer ist ein sehr wertvoller Verstärker für Stern Nummer 8 und produziert die Kombination 8/9, was ausgezeichnete glückliche Beziehungen mit Familie und Freunden ergibt.

Rote Artikel, starkes Licht und Feuer als solche, dienen sehr gut als Verstärker oder Gegenmaßnahme.
Nutzen sie nie das Feuerelement, wenn Nummer 2 und/oder Nummer 5 vorhanden sind.

Holzelement

Holz als Gegenmaßnahme
Das Holzelement wird nie genutzt als Gegenmaßnahme im Feng Shui, aber kann genutzt werden, um Gleichgewicht der Energien im Palast zu schaffen, womit man Harmonie erzeugt (siehe unter 5 Elemente).

Holz als Verstärker
Das Holzelement wird nie genutzt als Verstärker im Feng Shui, aber es kann genutzt werden, um die Energie der Sterne in einem Palast ins Gleichgewicht zu bringen, womit man Harmonie erzeugt (siehe unter 5 Elemente).

Das Holzelement von Nummer 3 ist bestens anwesend durch schnellwüchsige Pflanzen, solche wie grüner Bambus, Schilfrohr und Zuckerrohr.
Das Holzelement von Nummer 4 wird in hohen, hölzernen Objekten gefunden.

Wasserelement

Wasser als Gegenmaßnahme
Wasser wird genutzt als Gegenmaßnahme für den Feuerstern Nummer 9. Wasser wird im Feng Shui nicht nur als Löschen von Feuer verstanden, aber die Energien von Wasser und Feuer verbinden sich, um perfekte Harmonie von Yin und Yang zu schaffen. Die ideale Gegenmaßnahme, um die kranken Effekte von Feuer zu bekämpfen, ist Wasser.
Wasser wird auch genutzt für die schlechte Sternen Kombination 3/7 und 7/3.

Wasser als Verstärker
Wasser wird genutzt, um die Energie des Sternes 4 zu stärken und kann genutzt werden, um die Energie der Sterne zur Schaffung von Harmonie in den Palästen, ins Gleichgewicht zu bringen (siehe unter 5 Elemente).

Wasser, welches fließt, hat einen starken Effekt, Wasserfälle, Springbrunnen und auch eine mit Wasser gefüllte Glasschüssel können genutzt werden.
Nutzen sie nie Wasser, wenn 2 und 5 vorhanden sind. Sie werden jedoch Wasser nützen müssen, wenn dort auch die 9 ist.

Der Gebrauch von Wasser im Feng Shui

Bei der Platzierung von Wasserelementen nutzen verschiedene Schulen unterschiedliche Konzepte.
Wasserelemente werden genutzt zur Aktivierung und als Gegenmaßnahme, manchmal mit und manchmal ohne Berücksichtigung ihrer Effekte in Wechselwirkung der Fünf Elemente.
Die Abbildung ist ziemlich vielschichtig.

Bei den Fliegenden Sternen wird Wasser gebraucht:

1. **Als Gegenmaßnahme und um die Wechselwirkung der 5 Elemente zu verstärken.**
2. **Als Mittel, um die Richtungsenergie ins Haus zu tragen.**
3. **Als Mittel um die Richtungsenergie aus dem Haus zu tragen.**
4. **Als Aktivierung für Facingsterne.**
5. **Als Aktivierung für spezielle Bedingungen (siehe Schlosstor Formeln) und für gewisse Diagramme (siehe unter 5 Kombinationen von Bergen und Fliegende Sterne).**

Benutzung von Wasser, als ein Mittel, um Richtungsenergie ins Haus zu tragen

Feng Shui, welches, frei übersetzt „Wind, Wasser“ bedeutet, benutzt Wasser für verschiedene Zwecke, eine von ihnen ist die, wo Wasser als ein Mittel verwendet wird, um wohltuende Energie an einen Platz oder in ein Gebäude zu leiten. Es ist jener Gebrauch von Wasser, der in den meisten alten, geheimnisvollen Wasserformeln verwendet wird, um spezielle vorteilhafte Ergebnisse zu erreichen.
Alle Wasserformeln im Feng Shui machen Gebrauch von Wasser, um die Richtungsenergie ins Haus oder an einen Platz zu tragen. Die Fließrichtung des Wassers hängt von der Facing Richtung ab und von der Formel, die angewandt wird.
Diese Formeln gehen zurück auf eine oder mehrere Faktoren, solche wie die Harmonie Eigenschaften der Energieanordnung des Frühen und Späten Himmels, die günstige Zeit der Sterne und die Ho Tu Nummern.
Von fließendem Wasser sagt man, dass es geeignet ist, Energie zu bringen. Die Fließrichtung des Wassers wurde angewandt als eine Devise, um Energie ins Gebäude zu tragen, oder Energie von einem Gebäude weg zu leiten, was manchmal erforderlich wird, weil interne Strukturen, wie Treppen, auf eine wichtige Tür zeigen.
Wobei einige Schulen keine Rechnung tragen mit der Gegenwart des Wassers in einer Gegend. Sie beachten nicht die Wechselwirkungen der Wasserelemente, die solche Energien mit den Elementen haben.

Andere Schulen lehren, dass die Wasserelemente durch die Energie der schlechten Sterne schwach werden, Nr. 2, 5, 7 und 9 und erheben den Anspruch, dass es keinen nachteiligen Effekt auf die günstigen Sterne Nr. 1, 4, 6 und 8 haben darf.
Deren Konzept ist es, dass das Wasser, das in Richtung Innenseite des Hauses läuft, Energie ins Haus bringen wird.
Wenn die Energie des Palastes, wo das Wasserelement sich befindet, den Stern 1, 4, 6 und 8 hat, wird die günstige Energie gemäß Ihnen vergrößert.

Nutzen von Wasser als Gegenmaßnahme oder als Verstärker

Alle Schulen geben acht auf die Wechselwirkung der 5 Elemente, wenn Wasser genutzt werden soll als Gegenmaßnahme oder als Verstärker. Der Wassereffekt muss sorgfältig für den entsprechenden Ort überlegt werden.

Wasserelemente außerhalb des Gebäudes

Dieses sind als erstes natürliche Wasserwege, wie Flüsse, aber auch Wege und Straßen, wo der Verkehr von Fahrzeugen den Fluss von Wasser vortäuscht.
Künstliche Wasserelemente, wie Teiche, Wasserfälle und Brunnen, sollten in Proportion zu der Größe des Gebäudes sein, wenn sie außerhalb des Gebäudes sind. Ihr Effekt ist, wenn richtig angewandt, zum Vorteil des Gebäudes und seiner gesamten Bewohner.

Wasserelemente im Inneren des Gebäudes

Wenn Wasserelemente im Gebäude in verschiedenen Sälen oder Räumen verwendet werden, müssen wir die Facing Richtung der individuellen Einheiten oder Räume in Betracht ziehen, die manchmal unterschiedlich von der Facing Richtung des Gebäudes als ein Ganzes sein kann.
Dieses zu ignorieren, ist ein allgemeiner Fehler und führt zu Misserfolgen.

Zwei Gruppen von Wasserformeln

Die mit der Zeit zusammenhängenden Formeln

Dies sind Formeln, die in erster Linie auf den günstigen Zeitfaktor der Perioden Energie zurückgehen. Die Energie der jeweiligen Periode versteht sich als die Günstigste.

Zu dieser Gruppe gehören:

Facingstern Formeln
Periodenstern Formeln
Schlosstor Formeln

Formeln ohne Zeitfaktor

Diese Formeln gehen auf keinen Zeitfaktor zurück, aber auf harmonische Eigenschaften der Energien. Von Ihnen glaubt man, dass sie effektiver sind, als die mit der Zeit zusammenhängenden Formeln. Zu dieser Gruppe gehören:

Die Acht Drachentor Wasserformeln
Die Fünf Geister bringen Geldschätze Formeln
Die Formeln der perfekten Richtungsenergie

Facingstern Wasserformeln
begründet auf den Zeitfaktor und Richtungslage

Manche Schulen benutzen Wasserelemente, um den zeitlichen Facingstern zu aktivieren, damit Wohlstands- und Reichtums-Aussichten erhöht werden.
Wenn sie dieses tun, geben sie häufig keine acht auf die Wechselwirkung des Wassers, welches die Elemente der Sterne in dem Bereich haben. Ihre Hauptrücksicht ist die günstige Zeit des wohlhabenden und wachsenden Facingsterns (siehe Niveau der Facingsterne gemäß ihren günstigen Zeiten).

Niveau der Kraft der Facingsterne gemäß ihrer günstigen Zeit

Energie der Sterne **Die 9 Perioden**

Energy of stars	1	2	3	4	5	6	7	8	9
Prosperous	**1**	**2**	**3**	**4**	**5**	**6**	**7**	**8**	**9**
Growing	**2** **3**	**3** **4**	**4** **5**	**5** **6**	**6** **7**	**7** **8**	**8** **9**	**9** **1**	**1** **2**
Retreating	**9**	**1**	**2**	**3**	**4**	**5**	**6**	**7**	**8**
Dead	**6** **7**	**9** **6**	**1** **6**	**2** **8**	**2** **3**	**4** **9**	**5** **4** **3**	**2** **6**	**6** **7**
Killing	**5**	**5** **7**	**7** **9**	**7** **9**	**2** **9**	**2** **3**	**2** **3**	**3** **4** **5**	**3** **4** **5**

(Spaltenüberschrift: **The 9 Periods**)

Übersetzung der englischen Wörter
Prosperous = Wohlstand, Erfolg, Reichtum
Growing = Wachsen, Zunehmen
Retreating = Rückzug
Dead = Tot
Killing = Tötung

Beispiel

Während der 7. Periode ist der Facingstern mit der Nr. 7 **gedeihend** und der Facingstern mit der **Nr. 8 und 9 nehmen zu.**
Die Wasserelemente in der Position der Facingsterne 7, 8 und 9 und das Wasser, das von der jeweiligen Richtung fließt, besagt, dass diese Sterne aktiviert werden müssen, um die Reichtums-Aussichten zu erhöhen.

Periode 7 Gebäude Facing O2

1 6 **6**	5 1 **2**	3 8 **4**
← 2 7 **5**	9 5 **7**	7 3 **9**
6 2 **1**	4 9 **3**	4 **8**

Für den Facingstern Nr. 7 sollte das Wasser im O platziert werden und vom O fließen.
Für den Facingstern Nr. 8 sollte das Wasser im SW platziert werden und vom SW fließen.
Für den Facingstern Nr. 9 sollte das Wasser im N platziert werden und vom N fließen.

Dürfen wir die Wechselwirkung der 5 Elemente ignorieren ?

Misserfolg war der Grund in der 7. Periode, um den zeitlichen Stern Nummer 7 mit Wasserelementen zu versehen. Manche Schulen nannten dieses eine Ausnahmeregel. Dies sind die Schulen, die Wasserelemente nutzen, um Sterne zu aktivieren ohne Rücksicht auf die Wechselwirkung, die das Wasser mit dem Element des Facingsterns hat.

Ich denke, von dem oberen können wir sicher schließen, dass aufs Konto der Aktivierung des fließenden Wassers und in der Annahme, dass Wasser ein starkes Transportmittel der Energie ist und die Facingsterne die Richtung vertreten, von denen das Wasser herein geht zum Gebäude, Wasserelemente den Facingstern aktivieren. Das Wasser jedoch aktiviert auch die Energie der Sterne mit der Wechselwirkung der 5 Elemente.
Sobald Wasser abfließt zur Metallenergie, wird es die Kräfte des Facingsterns 7 erschöpfen.

Wassermerkmale und Gegenmaßnahmen für Facingsterne

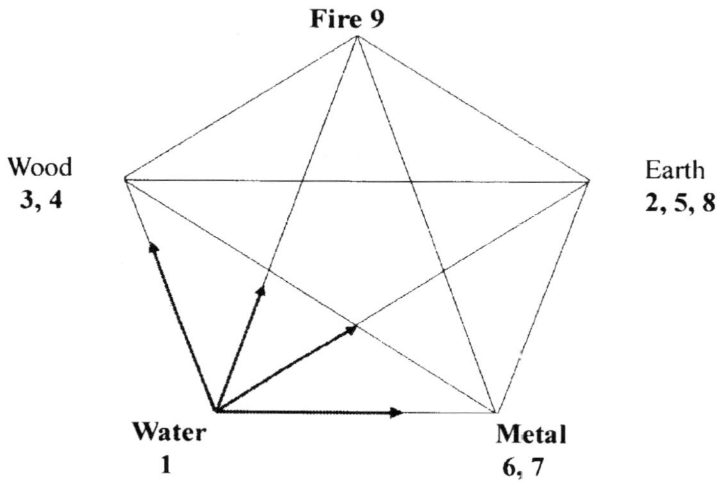

Übersetzung der englischen Wörter: Wood = Holz, Fire = Feuer, Earth = Erde
Metal = Metall, Water = Wasser

Die Facingsterne 1, 3, und 4
werden doppelten Nutzen haben vom Wasserelement. Diese Sterne, besonders 3 und 4 werden Nutzen haben von der Aktivität des fließenden Wassers, sowie auch von dem Effekt, den das Wasser in der Wechselwirkung mit den 5 Elementen hat.
Die Facingsterne 6 und 7
werden Nutzen von der Aktivität des fließenden Wassers haben, aber sie leiden durch die Wechselwirkung, die ihr Metallelement mit dem Wasser haben wird. Sie werden abfließend auf deren Energie wirken.
Ein Facingstern 9
wird durch Wasser besiegt werden. Jedoch, wenn das Wasserelement und Feuerelement der Nummer 9 zusammen kommen, formen sie eine Vereinigung in perfekter Harmonie von Yin und Yang. Dies ist eine der harmonischen Eigenschaften der Energie der Frühen Himmelsordnung und ist besonders günstig.
Die Facingsterne 2, 5 und 8
Entgegen der Meinung, das Wasser diese Sterne schwächen würden, werden sie in Wirklichkeit durch sie verbessert. Wasserenergien sind Gastenergien, die aktiv auf die Gastgeberenergien der Facingsterne wirken.
Wenn das Erdelement (2, 5, 8) aktiv auf Wasser wirkt, wird es Wasser zerstören.
Wenn Wasser auf das Erdelement wirkt, wird es die Erde verbessern (siehe Wechselwirkung der 5 Elemente).

Wie man das Gleichgewicht schafft zwischen dem Effekt des Wassers und dem Element des Facingsterns

Wir können die Wasserelemente nutzen, um die Facingsterne zu aktivieren, vorausgesetzt, dass der schwächende und kontrollierende Effekt des Wassers im Element des jeweiligen Facingsterns ist. Es kann dann ein Gleichgewicht entstehen durch die Elemente von anderen Sternen, anwesend am gleichen Platz.
Wenn dieses nicht der Fall ist, sind jeweilige Gegenmaßnahmen anzuwenden. Bei der Entscheidung für die Gegenmaßnahme sollte man nicht den Effekt vergessen, den es auf die anderen Sterne im selben Palast hat.

Für Facingstern 1
sollten wir Wasserelemente nutzen. Ein Wasserelement wird die Energie des Facingsterns aktivieren und auch verstärken.

Für Facingstern 6
sollten wir Wasserelemente nutzen, Seite an Seite mit Erdelement Objekten, um dem abfließenden Wassereffekt entgegen zu wirken, die das Metallelement auf diesen Stern hat. Jedoch, wenn Wasserelemente zur Aktivierung des Facingsterns Nr. 6 im N, O und SO Palastes genutzt werden, dann sind keine Verstärker oder Gegenmaßnahmen erforderlich. Die Kombination des Facingstern 6 und Wasser stellt die Ho Tu Kombination des Wasserelements dar und ist dort sehr günstig. Wenn der Facingstern und das Wasserelement im S Palast sind, droht Gefahr durch diese Kombination und sollte nicht geduldet werden. In allen anderen Palästen kann es genutzt werden.

Für Facingstern 9 sollten wir Wasserelemente nutzen, Seite an Seite mit Metallobjekten, die voraussichtlich das Gleichgewicht zwischen dem Wassereffekt und Feuer herstellen werden. Jedoch, vorausgesetzt, dass das Feuer- und Wasserelement sich verbinden und perfekte Harmonie von Yin und Yang erzeugen, ist es nicht erforderlich eine Gegenmaßnahme anzuwenden.

Für Facingstern 8
Vorausgesetzt, dass Nr. 8 eine günstige Energie darstellt, die durch Wasser gesteigert wird, ist es nicht erforderlich eine Gegenmaßnahme anzuwenden.

Für Facingstern Nr. 4
benötigen wir Wasserelemente. Da Wasser das Holzelement der Nr. 4 nährt, ist keine Notwendigkeit für eine Gegenmaßnahme erforderlich.

Für den Facingstern 3
benötigen wir Wasserelemente. Da Wasser das Holzelement der Nr. 3 nährt, ist keine Gegenmaßnahme notwendig.

Für Facingstern 7
in der Periode von Nummer 7, wenn die Energie rechtzeitig ist, sollten wir Wasserelemente nutzen, Seite an Seite mit Erdelement Objekten, um dem abfließenden Effekt, den das Wasser auf das Metallelement dieser Sterne hat, entgegen zu wirken.

Für Facingstern 2 und 5
Wasserelemente sollten nie genutzt werden. Beide Sterne sollten nie mit fließendem Wasser aktiviert werden.

Die Periodenstern Wasserformel

ist begründet auf die günstige Zeit der Energie, die des Späten Himmels Harmonie Elementes und die der Ho Tu Nummern Kombinationen.

Die günstige Zeit der Energie

Die Richtungsenergie, vertreten durch die entsprechende Periode, gibt Aussicht auf Reichtum.

Die Richtungsenergie von W
vertreten durch die Nummer **7** in der Späten Himmelsordnung der Energien besagt, dass sie rechtzeitig in der 7. Periode ist, was bedeutet, die Energie ist erfolgreich.

Die Richtungsenergie von NO
vertreten durch die Nummer 8 in der Späten Himmelsordnung der Energien besagt, dass sie rechtzeitig in der 8. Periode ist, was bedeutet, die Energie ist erfolgreich.

Die Richtungsenergie von S
vertreten durch die Nummer 9 in der Späten Himmelsordnung der Energien besagt, dass sie rechtzeitig in der 9. Periode ist, was bedeutet, die Energie ist erfolgreich.
Und so weiter...

Die Harmonie Eigenschaften des Späten Himmels

Die Energien der gegenüberliegenden Richtungen in der Späten Himmelsordnung ergeben immer die Summe 10, was eine günstige Eigenschaft ist, worauf die Periodenstern Wasserformel beruht.

In der Periode der Nummer 7
vorausgesetzt die Energie von Nr. 7 ist rechtzeitig, ist es sehr günstig.
In der Späten Himmelsordnung hat die Energie von Nr. 7 ihren Platz im W. Die gegenüberliegende Richtung ist O und hat die Nummer 3. Wenn man die Nummern von beiden Richtungen addiert, hat man die Summe 10.
Wenn man ein Wasserelement in den O platziert, mit Wasser, welches von Osten fließt, ist die Energie von Nr. 3 erhöht.
Wenn die Energie der Nummer 3 mit der günstigen Energie der Nummer 7 verbunden wird, ist Erhöhung des Wohlstandes und Reichtum angesagt.

In der Periode von Nummer 8
Vorausgesetzt die Energie der Nummer 8 ist rechtzeitig, ist es sehr günstig.
In der Späten Himmelsordnung hat die Energie der Nummer 8 ihren Platz im NO.
Die gegenüberliegende Richtung ist SW, welche die Nummer 2 hat. Die Nummern der beiden Richtungen ergeben zusammen die Summe 10.
Wenn man das Wasserelement in den SW platziert, mit fließendem Wasser aus SW, ist die Energie von Nummer 2 erhöht.
Wenn die Energie von Nummer 2 mit der günstigen Perioden Energie von Nummer 8 verbunden wird, ist Wohlstand und Reichtum angesagt.

Später Himmel

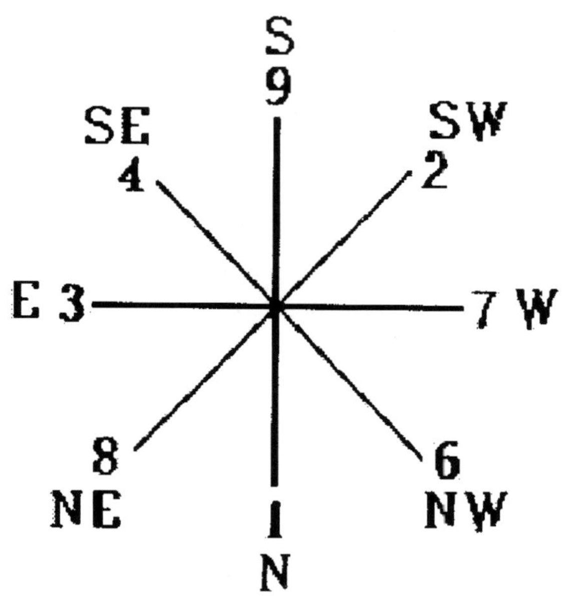

Verwendung der gleichen Methode für alle Perioden

In Periode 1 platzieren sie Wasserelemente in den S
In Periode 2 platzieren sie Wasserelemente in den NO
In Periode 3 platzieren Sie Wasserelemente in den W
In Periode 4 platzieren sie Wasserelemente in den NW
In der Periode 5 kein Wasserelement platzieren
In Periode 6 platzieren sie das Wasserelement in den SO
In Periode 7 platzieren sie das Wasserelement in den O
In Periode 8 platzieren sie das Wasserelement in den SW
In Periode 9 platzieren sie das Wasserelement in den N.

Die Ho Tu Nummern Kombinationen

Die Richtung der Nummer in der Späten Himmelsordnung, die mit der herrschenden Perioden Nummer verbunden ist, ergibt eine Ho Tu Nummern Verbindung, welche besagt, dass sie günstig ist.

Es gibt 4 Ho Tu Nummern Verbindungen, die 4 von den 5 Elementen darstellen.
Es sind:

Die Verbindung von 1 und 6 stellt das Wasserelement dar
Die Verbindung von 2 und 7 stellt das Feuerelement dar
Die Verbindung von 3 und 8 stellt das Holzelement dar
Die Verbindung von 4 und 9 stellt das Metallelement dar

In der herrschenden Periode von Nummer 1
platzieren sie ein Wasserelement in den NW, welches die Richtung von Nummer 6 ist.

In der herrschenden Periode von Nummer 2
platzieren sie ein Wasserelement in den W, welches die Richtung der Nummer 7 ist.

In der herrschenden Periode von Nummer 3
platzieren sie ein Wasserelement in den NO, welches die Richtung der Nummer 8 ist.

In der herrschenden Periode von Nummer 4
platzieren sie ein Wasserelement in den S, welches die Richtung der Nummer 9 ist.

In der herrschenden Periode von Nummer 5 darf kein Wasserelement in irgendeiner Richtung platziert werden.

In der herrschenden Periode von Nummer 6
platzieren sie ein Wasserelement in den N, welches die Richtung der Nummer 1 ist.

In der herrschenden Periode der Nummer 7
platzieren sie ein Wasserelement in den SW, welches die Richtung der Nummer 2 ist.

In der herrschenden Periode der Nummer 8
platzieren sie ein Wasserelement in den O, welches die Richtung der Nummer 3 ist.

In der herrschenden Periode der Nummer 9
platzieren sie ein Wasserelement in den SO, welches die Richtung der Nummer 4 ist.

Die Zusammenfassung der Formeln

Wohlstand und Reichtum vergrößern sich, wenn Wasserelemente in Übereinstimmung mit der Periode platziert werden.

Periode 1 sollte Wasserelemente im S und NW haben
Periode 2 sollte Wasserelemente im NO und W haben
Periode 3 sollte Wasserelemente im W und NO haben
Periode 4 sollte Wasserelemente im NW und S haben
Periode 6 sollte Wasserelemente im SO und N haben
Periode 7 sollte Wasserelemente im O und SW haben
Periode 8 sollte Wasserelemente im SW und O haben
Periode 9 sollte Wasserelemente im N und SO haben

Die Fünf Elemente

Der Effekt des Wassers auf die gegenwärtigen Sterne an dem jeweiligen Ort, wo Wasserelemente platziert sind, wird oft unterschätzt. Es würde jedoch sinnvoll sein, die Wechselwirkung des Wassers zu berücksichtigen als Entwurf zu der Facingstern Wasserformel.

Wasserformel für Himmlische Harmonie

Diese Formel ist seit sehr früher Zeit bekannt und publiziert worden.

Diese Formel gründet auf das Frühe Himmels Element mit dem perfekten Gleichgewicht von Yin und Yang, die bei den Facingsternen im Facing- und Sitting Palast angewandt wird.
Der vorteilhafte Effekt der Formel ist besonders stark, wenn einer der Facingsterne die Perioden Nummer hat und der andere die Nummer der nächsten Periode, solche wie 7 und 8, 9 und 1 und 3 und 4.

Die Formel nutzt die Facingsterne des Facing- und Sitting Palastes. Wenn die Verbindung von beiden Facingsternen perfekte Harmonie von Yin und Yang zeigen und Wasser von beiden Richtungen kommt, so ist dies eine Steigerung der Reichtums-Aussichten in hohem Maße.

Das Harmonie Element der frühen Himmelsfunktion

Die Richtung der Gegenseite von den Energien der Frühen Himmelsordnung, sofern man sie verbindet, ergeben drei Yang und drei Yin Linien. Dies ist die perfekte Harmonie der Yin und Yang Energien und ist äußerst glücksverheißend.

Früher Himmel
Anwendung der Energien

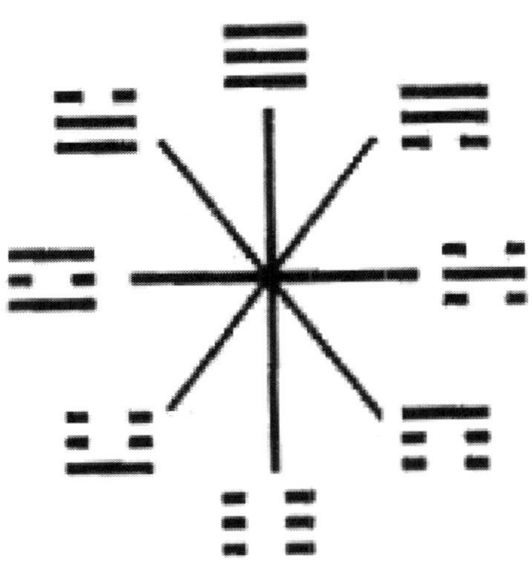

Später Himmel
Anwendung der Energien

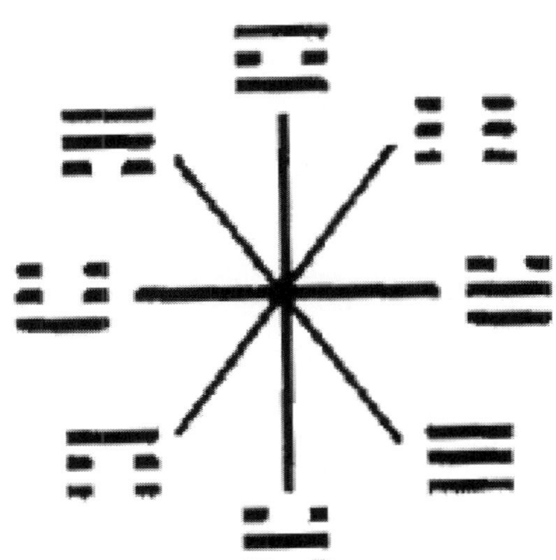

Frühe Himmels Harmonie Elemente im Späten Himmel

Perfekte Harmonie von Yin und Yang in der Spätem Himmelsordnung findet man in der Verbindung von

SW verbunden mit NW
W verbunden mit NO
O verbunden mit SO
S verbunden mit N

Perfekte himmlische Harmonie kommt nur vor in Gebäuden von:

Periode1 Facing Richtung S1, S2, S3
Periode 2 Facing Richtung W1, W2, W3
Periode 3 Facing Richtung N1, N2, N3
Periode 4 Facing Richtung S1, S2, S3
Periode 6 Facing Richtung O1, O2, O3
Periode 7 Facing Richtung N1, N2, N3
Periode 8 Facing Richtung S1, S2, S3
Periode 9 Facing Richtung N1, N2, N3

Beispiel

Periode 7

1 4 6	6 8 2	8 6 4
9 5 5	2 -3 7	4 1 9
5 9 1	7 7 3	3 2 8

Facing N2/3

Periode 7

3 2 6	7 7 2	5 9 4
4 1 5	-2 3 7	9 5 9
8 6 1	6 8 3	1 4 8

Facing N1

Die Richtung von der Wasser kommen sollte

Gebäude von Periode 7 Facing N1
sollte Wasser haben, welches von der Richtung N1 und S1 fließt.

Gebäude von Periode 7 Facing N2
sollte Wasser haben, welches von der Richtung N2 und S2 fließt.

Gebäude von Periode 7 Facing N3
sollte Wasser haben, welches von der Richtung N3 und S3 fließt.

Die gleiche Formel kann auch verwendet werden für die Facingsterne von anderen Palästen

Energie, die von der Facing Richtung in ein Gebäude kommt, ist stärker und verbreitet sich durchs ganze Gebäude. Deshalb sollte man günstige Energien im Facingpalast haben, dies verspricht viel Glück mit dem Feng Shui der Fliegenden Sterne.

Die „Wasserformel der Himmlischen Harmonie“ nutzt die Energie der Facingsterne im Facing- und Sittingpalast, wenn diese die stärksten Energien haben, die den stärksten Effekt geben, wenn sie in perfekter Harmonie mit Yin und Yang verbunden sind.

Jedoch, dasselbe kann versucht werden, in Anwendung der Energien der Facingsterne, die in anderen Palästen gelegen sind. Der Effekt sagt aus, dass dieser Weg sehr herabgesetzt ist, im Vergleich mit dem Effekt, den man erhält, wenn man die Energie der Facingsterne mit dem Facing- und Sittingpalast verbindet.

Folgend dem gleichen Prinzip, nutzen wir die Energie der Facingsterne, die in perfekter Harmonie von Yin und Yang verbunden sind.

Beispiel
Gebäude der Periode Facing S1

2 3 6	7 7 2	9 5 4
1 4 5	3 -2 7	5 9 9
6 8 1	8 6 3	4 1 8

Die Richtungen von denen Wasser fließen sollte

Facingstern 3 und 4, verbunden in perfekter Harmonie mit YIN und YANG. Wasser sollte aus der Richtung von SO1 und O1 fließen. Das Wasserelement sollte möglichst in den SO und/oder O Palast getan werden.
Facingstern 7 und 8, verbunden in perfekter Harmonie mit YIN und YANG. Wasser sollte aus der Richtung von S1 und NO1 fließen. Das Wasser Element sollte möglichst in den S und/oder NO Palast getan werden.
Facingstern 9 und 1, verbunden in perfekter Harmonie mit YIN und YANG. Wasser sollte aus der Richtung von W1 und NW1 fließen. Das Wasserelement sollte möglichst in den NW oder W Palast getan werden.

Warnung

Es ist nicht angebracht, für ein Gebäude mehr als eine Kombination der Facingsterne zu verwenden, die in gemeinsamer perfekter Harmonie mit Yin und Yang sind. Wenn man zwei oder mehr Kombinationen nutzt, wird es Anlass zu Turbulenzen geben, was sehr nachteilige Effekte bringen kann.

Die Acht Drachentor Wasser Formeln

diese sind:

1. **Die Frühe Himmels Wassermethode**
2. **Die Späte Himmels Wassermethode**
3. **Die Himmlische Räuber Wasserposition**
4. **Die Erdbestrafungs Wasserposition**
5. **Die Hofraum Räuber Wasserposition**
6. **Die Besucher-Wasserposition**
7. **Die Gast-Wasserposition**
8. **Die Helfer Wasserposition**

Sitting Directions	N	SW	E	SE	NW	W	NE	S
Earlier Heaven	W	N	NE	SW	S	SE	NW	E
Later Heaven	SW	SE	S	W	NE	N	E	NW
Heavenly Robber	SE	W	NW	N	E	SW	S	NE
Earth Punishment	SW	N	NE	W	S	SE	E	NW
Courtyard Robber	S	NE	W	NW	SE	E	SW	N
Visitor	E	NW	SE	S	SW	NE	N	W
Guest	NW	E	N	NE	W	S	SE	SW
Auxiliary Trigram	NE	S	SW	E	N	NW	W	SE

Übersetzung der englischen Worte: Sitting Directions = Sitz Richtungen, Earlier Heaven = Früher Himmel, Later Heaven = Später Himmel, Heavenly Robber = Himmlischer Räuber, Earth Punishment = Erdstrafe, Countyard Robber = Hofraum Räuber, Visitor = Besucher, Guest = Gast, Auxiliary Trigram = Hilfstrigramm

Jede der Drachentor Wasser Formeln

geht zurück auf die Wechselwirkung der zwei Himmel und einige von ihnen auf die Harmonieeigenschaften der zwei Himmel.

Früher Himmel
Anordnung der Energien

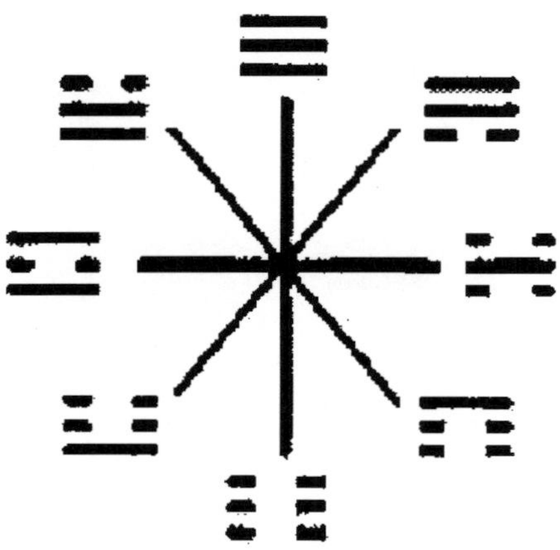

Später Himmel
Anordnung der Energien

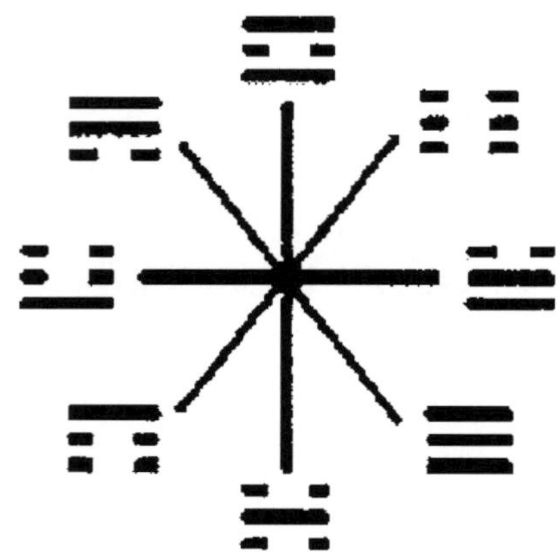

Die Nummern des Frühen Himmels

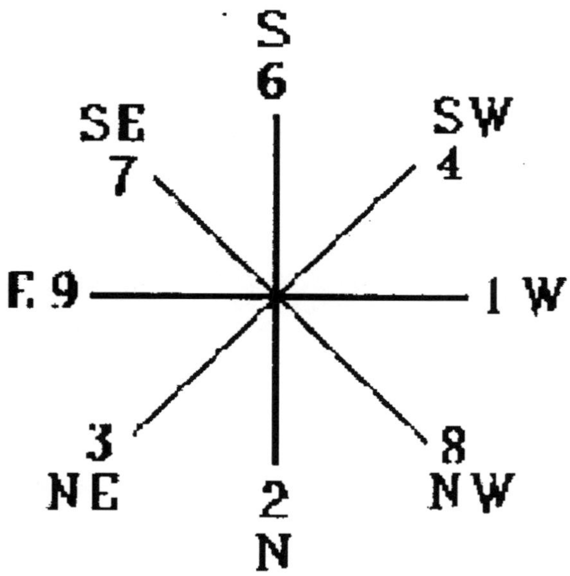

Die Nummern des Späten Himmels

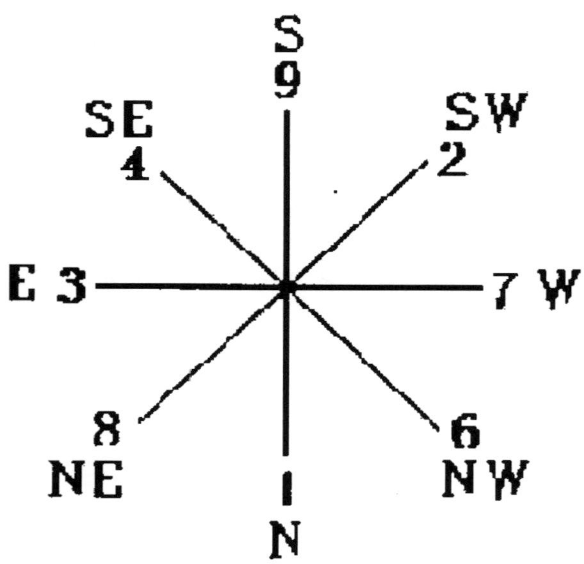

Die Harmonie Elemente

In der Frühen Himmelsenergie Anordnung ergeben die gegenüberliegenden Kompass-Richtungen, wenn sie vereinigt sind, eine perfekte Harmonie von Yin und Yang.

In der Späten Himmelsenergie Anordnung ergeben die gegenüberliegenden Kompass-Richtungen, wenn sie vereinigt sind, immer die Summe 10.

Wasserformel des Frühen Himmels

Diese Formel ist auf die Sitting Richtung und auf das Zusammenwirken von Frühem und Spätem Himmel begründet. Es ist kein Zeitfaktor beteiligt.

Dies ist hervorragend und leicht, um Wasserformeln anzuwenden. Das Fließen des Wassers von einer Richtung, angezeigt im Frühen Himmel, besagt, dass es sehr kräftig ist und die Aussicht für treue und unterstützende Beziehungen und gute Gesundheit gibt.
Wasser, welches fort fließt in diese Richtung verursacht Krankheit und frühen Tod.

Später Himmel Sitting Richtung

Sitting Directions	1	2	3	4	6	7	8	9
Earlier Heaven Directions	7	1	8	2	9	4	6	3

Sitting Directions	N	SW	E	SE	NW	W	NE	S
Earlier Heaven Directions	W	N	NE	SW	S	SE	NW	E

Gut

Wenn Wasser aus der Frühen Himmelsrichtung kommt, ist es gut für Gesundheit und treue und unterstützende Beziehungen.

Schlecht

Wenn Wasser abfließt in die Frühe Himmelsrichtung, ist es schlecht für Gesundheit und Beziehungen.

Beispiele

Gebäude mit Sitting im Norden
Der Norden im Späten Himmel hat die Nummer 1, die im Frühen Himmel im W ist. Wasser, das vom Westen aus fließt, ist deshalb gut für Beziehungen, Harmonie mit Menschen und gute Gesundheit.

Übersetzung der oberen Tabelle:
Sitting Directions = Sitzrichtungen
Earlier Heaven Directions = Richtungen Früher Himmel

Gebäude mit Sitting im Südwesten
Der SW hat im Späten Himmel die Nummer 2, die im Frühen Himmel im N ist. Wasser, welches vom Norden fließt, ist deshalb gut für Verwandtschaftsbeziehungen, Harmonie mit Menschen und gut für Gesundheit.

Gebäude mit Sitting im Osten
Der O hat im Späten Himmel die Nummer 3, die im Frühen Himmel im NO ist. Wasser, welches vom NO fließt, ist deshalb gut für Verwandtschaftsbeziehungen, Harmonie mit Menschen und gut für Gesundheit.

Gebäude mit Sitting im Südosten
Der SO hat im Späten Himmel die Nummer 4, die im Frühen Himmel im SW ist. Wasser, welches vom SW fließt, ist deshalb gut für Verwandtschaftsbeziehungen, Harmonie mit Menschen und gut für Gesundheit.

Gebäude mit Sitting im Nordwesten
Der NW hat im Späten Himmel die Nummer 6, die im Frühen Himmel im S ist. Wasser, welches vom S fließt, ist deshalb gut für Verwandtschaftsbeziehungen, Harmonie mit Menschen und gut für Gesundheit.

Gebäude mit Sitting im Westen
Der W hat im Späten Himmel die Nummer 7, die im Frühen Himmel im SO ist. Wasser, welches vom SO fließt, ist deshalb gut für Verwandtschaftsbeziehungen, Harmonie mit Menschen und gut für Gesundheit.

Gebäude mit Sitting im Nordosten
Der NO hat im Späten Himmel die Nummer 8, die im Frühen Himmel im NW ist. Wasser, welches vom NW fließt, ist deshalb gut für Verwandtschaftsbeziehungen, Harmonie mit Menschen und gut für Gesundheit.

Gebäude mit Sitting im Süden
Der S hat im Späten Himmel die Nummer 9, die im Frühen Himmel im O ist. Wasser, welches vom O fließt, ist deshalb gut für Verwandtschaftsbeziehungen, Harmonie mit Menschen und gut für Gesundheit.

Wasserformel des Späten Himmels

Diese Formel gründet auf die Sitting Richtung und das Zusammenwirken des Frühen und Späten Himmels. Kein Zeitfaktor ist beteiligt.

Dies ist eine hervorragende und leicht anzuwendende Wasserformel. Das Fließen des Wassers von einer Richtung, angezeigt im Späten Himmel, besagt, dass es sehr kraftvoll ist, um Reichtum zu verstärken.

Später Himmel Sitting Richtungen

Sitting Directions	1	2	3	4	6	7	8	9
Later Heaven Directions	2	4	9	7	8	1	3	6

Sitting Directions	N	SW	E	SE	NW	W	NE	S
Later Heaven Directions	SW	SE	S	W	NE	N	E	NW

Gut

Wenn Wasser von der Richtung des Späten Himmels kommt, ist es gut für Reichtum.

Schlecht

Wenn Wasser austritt in die Richtung des Späten Himmels, ist Verlust von Glück angezeigt.

Beispiele

Das Gebäude hat sein Sitting im Norden
Der N hat im Frühen Himmel die Nummer 2, die im Späten Himmel im SW ist. Wasser, fließend vom SW, ist deshalb gut für Reichtum.

Das Gebäude hat sein Sitting im Südwesten
Der SW hat im frühen Himmel die Nummer 4, die im Späten Himmel im SO ist. Wasser, fließend vom SO, ist deshalb gut für Reichtum.

Übersetzung für oberen Text siehe Seite 151

Das Gebäude mit Sitting im Osten
Der O hat im Frühen Himmel Nummer 9, die im Späten Himmel im S ist. Wasser, fließend vom S ist deshalb gut für Reichtum.

Das Gebäude mit Sitting im Südosten
Der SO hat im Frühen Himmel Nummer 7, die im Späten Himmel im W ist. Wasser, fließend vom W ist deshalb gut für Reichtum.

Das Gebäude mit Sitting im Nordwesten
Der NW hat im Frühen Himmel Nummer 8, die im Späten Himmel im NO ist. Wasser, fließend vom NO ist deshalb gut für Reichtum.

Das Gebäude mit Sitting im Westen
Der W hat im Frühen Himmel Nummer 1, die im Späten Himmel im N ist. Wasser, fließend vom N ist deshalb gut für Reichtum.

Das Gebäude mit Sitting im Nordosten
Der NO hat im Frühen Himmel Nummer 3, die im Späten Himmel im O ist. Wasser, fließend vom O ist deshalb gut für Wohlstand.

Das Gebäude mit Sitting im Süden
Der S hat im Frühen Himmel Nummer 6, die im Späten Himmel im NW ist. Wasser, fließend vom Nordwesten ist deshalb gut für Wohlstand.

Himmlische Räuber Wasserposition

Diese Formel gründet auf die Position des Trigramms in dem Frühen und in dem Späten Himmel. Kein Zeitfaktor ist beteiligt.

Wenn Wasser aus der Himmlischen Räuber Richtung kommt, sagt man, dass es dauerhafte Krankheit verursachen kann.
Wenn Wasser ausfließt in diese Richtung ist Reichtum gegeben.

Später Himmel Sitting Richtungen

Sitting Direction	N	SW	E	SE	NW	W	NE	S
Heavenly Robber	SE	W	NW	N	E	SW	S	NE

Sitting Direction	1	2	3	4	6	7	8	9
Heavenly Robber	4	7	6	1	3	2	9	8

Beispiele

Das Gebäude hat Sitting Richtung N
Im Späten Himmel hat der N ein Trigramm oder die Nummer, die im Frühen Himmel im W ist. Das Trigramm von W im Späten Himmel ist im SO des Frühen Himmels, was die Himmlische Räuber Richtung ist.

Das Gebäude hat Sitting Richtung SW
Im Späten Himmel hat der SW ein Trigramm oder die Nummer, die im Frühen Himmel im N ist. Das Trigramm des N im Späten Himmel ist im W des Frühen Himmels, was die Himmlische Räuber Richtung ist.

Das Gebäude hat Sitting Richtung O
Im Späten Himmel hat der O ein Trigramm oder die Nummer, die im Frühen Himmel im NO ist. Das Trigramm des NO im Späten Himmel ist im NW des Frühen Himmels, was die Himmlische Räuber Richtung ist.

Das Gebäude hat Sitting Richtung SO
In dem Späten Himmel hat der SO das Trigramm oder die Nummer, die im Frühen Himmel im SW ist. Das Trigramm des SW im Späten Himmels ist im N des Frühen Himmels, welches die Himmlische Räuber Richtung ist.

Das Gebäude hat Sitting Richtung NW
In dem Späten Himmel hat der NW das Trigramm oder die Nummer, die im Frühen Himmel im S ist. Das Trigramm des S im Späten Himmel ist im O des Frühen Himmels, welches die Himmlische Räuber Richtung ist.

Das Gebäude hat Sitting Richtung W
In dem Späten Himmel hat der W das Trigramm oder die Nummer, die im Frühen Himmel im SO ist. Das Trigramm des SO im Späten Himmel ist im SW des Frühen Himmels, welches die Himmlische Räuber Richtung ist.

Das Gebäude hat Sitting Richtung NO
In dem Späten Himmel hat der NO das Trigramm oder die Nummer, die im Frühen Himmel im NW ist. Das Trigramm des NW im Späten Himmel ist im S des Frühen Himmels, welches die Himmlische Räuber Richtung ist.

Das Gebäude hat Sitting Richtung S
In dem Späten Himmel hat der S das Trigramm oder die Nummer, die im Frühen Himmel im O ist. Das Trigramm des O im Späten Himmel ist im NO des Frühen Himmels, welches die Himmlische Räuber Richtung ist.

Die Erdbestrafungs Wasser Position

Diese Formel gründet auf die Position des Trigramms im Frühen und Späten Himmel. Kein Zeitfaktor ist beteiligt.

Wenn man dort eine Tür hat oder Wasser, welches kommt oder geht in die Erdbestrafungs Richtung, so sagt man, dass es ungünstig für Frauen ist.

Später Himmel Sitting Richtungen

Sitting Direction	N	SW	E	SE	NW	W	NE	S
Earth Punishment	SW	N	NE	W	S	SE	E	NW

Sitting Direction	1	2	3	4	6	7	8	9
Earth Punishment	2	1	8	7	9	4	3	6

Beispiel

Das Gebäude hat Sitting Richtung N
Das Trigramm oder die Nummer im N des Frühen Himmels ist im Späten Himmel im SW, welches die Erdbestrafungs Position ist.

Das Gebäude hat Sitting Richtung SW
Das Trigramm oder die Nummer im SW des Späten Himmels ist im Frühen Himmel im N, welches die Erdbestafungs Position ist.

Das Gebäude hat Sitting Richtung O
Das Trigramm oder die Nummer im O des Späten Himmels ist im Frühen Himmel im NO, welches die Erdbestrafungs Position ist.

Das Gebäude hat Sitting Richtung SO
Das Trigramm oder die Nummer im SO des Frühen Himmels ist im Späten Himmel im W, welches die Erdbestrafungs Position ist.

Das Gebäude hat Sitting Richtung NW
Das Trigramm oder die Nummer des NW in dem Späten Himmel ist im Frühen Himmel im S, welches die Erdbestrafungs Position ist.

Das Gebäude hat Sitting Richtung W
Das Trigramm oder die Nummer des W in dem Späten Himmel ist im Frühen Himmel im SO, welches die Erdbestrafungs Position ist.

Das Gebäude hat Sitting Richtung NO
Das Trigramm oder die Nummer des NO in dem Frühen Himmel ist im Späten Himmel im O, welches die Erdbestrafungs Position ist.

Das Gebäude hat Sitting im S
Das Trigramm oder die Nummer des S in dem Frühen Himmel ist im Späten Himmel im NW, welches die Erdbestrafungs Position ist.

Hofraum Räuber Wasser Position

Die Formel gründet auf die Späte Himmelsordnung der Energien und den Späten Himmels Harmonie Funktionen. Kein Zeitfaktor ist beteiligt.

Alle Objekte in den Hofraum Räuber Richtungen (welches die Facing Richtungen sind), die destruktive Energie (cha chi) verursachen, werden Unglück bringen. Sogar Wasser, welches direkt von diesen Richtungen kommt hat einen destruktiven Einfluss auf Glück und Gesundheit.
Jedoch, wenn Wasser von der Hofraum Räuber Richtung kommt und der Facingstern im Facingpalast rechtzeitig ist, sagt man, dass sich Glück steigert während der ganzen rechtzeitigen Periode.

Später Himmel Sitting Richtungen

Sitting Direction	N	SW	E	SE	NW	W	NE	S
Courtyard Robber	S	NE	W	NW	SE	E	SW	N

Sitting Direction	1	2	3	4	6	7	8	9
Courtyard Robber	9	8	7	6	4	3	2	1

Beispiele

Das Gebäude hat Sitting Richtung N
In der Späten Himmels Harmonie Funktion der Nummer des N verbindet sich die gegenüberliegende Richtung des S zu der Summe 10. Diese gegenüberliegende Richtung ist die Hofraum Räuber Richtung.

Das Gebäude hat Sitting SW
In der Späten Himmels Harmonie Funktion der Nummer des SW verbindet sich die gegenüberliegende Richtung des NO zu der Summe 10. Diese gegenüberliegende Richtung ist die Hofraum Räuber Richtung.

Das Gebäude hat Sitting O
In der Späten Himmels Harmonie Funktion der Nummer des O verbindet sich die gegenüberliegende Richtung des W zu der Summe 10. Diese gegenüberliegende Richtung ist die Hofraum Räuber Richtung.

Das Gebäude hat die Sitting Richtung SO
In der Späten Himmels Harmonie Funktion verbindet sich die Nummer des SO mit der Nummer der gegenüberliegenden Richtung NW zu der Summe von 10. Diese gegenüberliegende Richtung ist die Hofraum Räuber Richtung.

Das Gebäude hat Sitting Richtung NW
In der Späten Himmels Harmonie Funktion verbindet sich die Nummer des NW mit der Nummer der gegenüberliegenden Richtung SO zu der Summe von 10. Diese gegenüberliegende Richtung ist die Hofraum Räuber Richtung.

Das Gebäude hat die Sitting Richtung W
In der Späten Himmels Harmonie Funktion verbindet sich die Nummer des W mit der Nummer der gegenüberliegenden Richtung O zu der Summe von 10. Diese gegenüberliegende Richtung ist die Hofraum Räuber Richtung.

Das Gebäude hat Sitting Richtung NO
In der Späten Himmels Harmonie Funktion verbindet sich die Nummer des NO mit der Nummer der gegenüberliegenden Richtung SW zu der Summe von 10. Diese gegenüberliegende Richtung ist die Hofraum Räuber Richtung.

Das Gebäude hat die Richtung S
In der Späten Himmels Harmonie Funktion verbindet sich die Nummer des S mit der Nummer der gegenüberliegenden Richtung N zu der Summe von 10. Diese gegenüberliegende Richtung ist die Hofraum Räuber Richtung.

Besucher-Wasser Position

Diese Formel gründet auf das Zusammenwirken von Frühem und Spätem Himmel und die Späte Himmels Harmonie Funktion. Kein Zeitfaktor ist beteiligt.

Wenn Wasser von dieser Richtung kommt, sagt man das es ungünstig für männliche Mitglieder der Familie ist, aber günstig für weibliche Mitglieder und männliche Mitglieder von der weiteren Familie, solche wie Stiefsöhne, Schwiegersöhne, adoptierte Söhne und Neffen.

Später Himmel Sitting Richtungen

Sitting Direction	**N**	**SW**	**E**	**SE**	**NW**	**W**	**NE**	**S**
Visitor Direction	**E**	**NW**	**SE**	**S**	**SW**	**NE**	**N**	**W**

Sitting Direction	**1**	**2**	**3**	**4**	**6**	**7**	**8**	**9**
Visitor Direction	**3**	**6**	**4**	**9**	**2**	**8**	**1**	**3**

Beispiele

Das Gebäude hat Sitting Richtung N
In dem Späten Himmel hat das Trigramm oder die Nummer des N sein Harmonie Element im S. Dieses Trigramm oder die Nummer im S ist im Frühen Himmel im O, welches die Besucher Richtung ist.

Das Gebäude hat Sitting Richtung SW
In dem Späten Himmel hat das Trigramm oder die Nummer des SW sein Harmonie Element im NO. Dieses Trigramm oder die Nummer im NO ist im Frühen Himmel im NW, welches die Besucher Richtung ist.

Das Gebäude hat Sitting Richtung O
In dem Späten Himmel hat das Trigramm oder die Nummer des O sein Harmonie Element im W. Dieses Trigramm oder die Nummer im W ist im Frühen Himmel im SO, welches die Besucher Richtung ist.

Das Gebäude hat Sitting Richtung SO

Im Späten Himmel hat das Trigramm der Nummer des SO sein Harmonie Element im NW. Dieses Trigramm oder die Nummer des NW ist im Frühen Himmel im S, welches die Besucher Richtung ist.

Das Gebäude hat Sitting Richtung NW

Im Späten Himmel hat das Trigramm der Nummer des NW sein Harmonie Element im SO. Dieses Trigramm oder die Nummer des SO ist im Frühen Himmel im SW, welches die Besucher Richtung ist.

Das Gebäude hat Sitting Richtung W

Im Späten Himmel hat das Trigramm der Nummer des W sein Harmonie Element im O. Dieses Trigramm oder die Nummer des O ist im Frühen Himmel im NO, welches die Besucher Richtung ist.

Das Gebäude hat Sitting Richtung NO

Im Späten Himmel hat das Trigramm der Nummer des NO sein Harmonie Element im SW. Dieses Trigramm oder die Nummer des SW ist im Frühen Himmel im N, welches die Besucher Richtung ist.

Das Gebäude hat Richtung S

Im Späten Himmel hat das Trigramm der Nummer des S sein Harmonie Element im N. Dieses Trigramm oder die Nummer des N ist im Frühen Himmel im W, welches die Besucher Richtung ist.

Gast–Wasser Position

Diese Formel gründet auf das Zusammenwirken von Frühem und Spätem Himmel und die Harmonie Funktionen des Frühen Himmels. Kein Zeitfaktor ist beteiligt.

Wenn Wasser aus dieser Richtung kommt, sagt man, dass es ungünstig für männliche Mitglieder der Familie ist, aber günstig für weibliche Mitglieder und männliche Mitglieder der weiteren Familie, solche wie Stiefsöhne, Schwiegersöhne, adoptierte Söhne und Neffen.

Später Himmel Sitting Richtungen

Sitting Direction	N	SW	E	SE	NW	W	NE	S
Guest Direction	NW	E	N	NE	W	S	SE	SW

Sitting Direction	1	2	3	4	6	7	8	9
Guest Direction	6	3	1	8	7	9	4	2

Beispiel

Das Gebäude hat Sitting Richtung N
Im Frühen Himmel verbindet sich das Trigramm oder die Nummer des N zu einer perfekten Harmonie von Yin und Yang mit dem Trigramm oder der Nummer des S, welches im Späten Himmel im NW ist, was die Gast Richtung ist.

Das Gebäude hat Sitting Richtung SW
Im Frühen Himmel verbindet sich das Trigramm oder die Nummer des SW zu einer perfekten Harmonie von Yin und Yang mit dem Trigramm oder der Nummer des NO, welches im Späten Himmel im O ist, was die Gast Richtung ist.

Das Gebäude hat die Sitting Richtung O
Im Frühen Himmel verbindet sich das Trigramm oder die Nummer des O zu einer perfekten Harmonie von Yin und Yang mit dem Trigramm oder der Nummer des W, welches im Späten Himmel im N ist, was die Gast Richtung ist.

Das Gebäude hat Sitting Richtung SO
Im Frühen Himmel verbindet sich das Trigramm oder die Nummer des SO zu einer perfekten Harmonie von Yin und Yang mit dem Trigramm oder der Nummer des NW, welches im Späten Himmel im NO ist, was die Gast Richtung ist.

Das Gebäude hat Sitting Richtung NW
Im Frühen Himmel verbindet sich das Trigramm oder die Nummer des NW zu einer perfekten Harmonie von Yin und Yang mit dem Trigramm oder der Nummer des SO, welches im Späten Himmel im W ist, was die Gast Richtung ist.

Das Gebäude hat Sitting Richtung W
Im Frühen Himmel verbindet sich das Trigramm oder die Nummer des W zu einer perfekten Harmonie von Yin und Yang mit dem Trigramm oder der Nummer des O, welches im Späten Himmel im S ist, was die Gast Richtung ist.

Das Gebäude hat Sitting Richtung NO
Im Frühen Himmel verbindet sich das Trigramm oder die Nummer des NO zu einer perfekten Harmonie von Yin und Yang mit dem Trigramm oder der Nummer des SW, welches im Späten Himmel im SO ist, was die Gast Richtung ist.

Das Gebäude hat Sitting Richtung S
Im Frühen Himmel verbindet sich das Trigramm oder die Nummer des S zu einer perfekten Harmonie von Yin und Yang mit dem Trigramm oder der Nummer des N, welches im Späten Himmel im SW ist, was die Gast Richtung ist.

Helfer Wasser Position

Gründet auf das Zusammenwirken des Frühen und Späten Himmels und auf die Harmonie Funktionen der zwei Himmel. Kein Zeitfaktor ist beteiligt.

Wasser in diesen Richtungen unterstützt Gesundheit und gute Beziehungen. Eine Sammlung von Wasser, wie ein Teich unterstützt die Ansammlung von Reichtum.

Später Himmel Sitting Richtungen Beispiele

Sitting Directions	N	SW	E	SE	NW	W	NE	S
Auxiliary Trigram	NE	S	SW	E	N	NW	W	SE

Sitting Directions	1	2	3	4	6	7	8	9
Auxiliary Trigram	8	9	2	3	1	6	7	4

Das Gebäude hat Sitting Richtung N
Der N im Frühen Himmel hat ein Trigramm oder Nummer, welche im SW des Späten Himmels ist und sich mit der Nummer des NO zu einer Summe von 10 verbindet. Der NO ist die Helfer Richtung.

Das Gebäude hat Sitting Richtung SW
Der SW im Späten Himmel hat ein Trigramm, das im N des Frühen Himmels ist und vereint sich mit dem Trigramm des S zu einer perfekten Harmonie von Yin und Yang. Der S ist die Helfer Richtung.

Das Gebäude hat Sitting Richtung O
Der O im Späten Himmel hat ein Trigramm, das im NO des Frühen Himmels ist und vereint sich mit dem Trigramm des SW zu einer perfekter Harmonie von Yin und Yang. Der SW ist die Helfer Richtung.

Das Gebäude hat Sitting Richtung SO
Der SO im Frühen Himmel hat ein Trigramm oder eine Nummer, die im W des Späten Himmels ist und sich verbindet mit der Nummer des O zu der Summe von 10. Der O ist die Helfer Richtung.

Das Gebäude hat Sitting Richtung NW
Der NW im Späten Himmel hat ein Trigramm, das im Frühen Himmel im S ist und sich verbindet mit dem Trigramm des N zu einer perfekten Harmonie von Yin und Yang. Der N ist die Helfer Richtung.

Das Gebäude hat Sitting Richtung W
Der W im Späten Himmel hat ein Trigramm, was im Frühen Himmel im SO ist und sich verbindet mit dem Trigramm des NW zu einer perfekten Harmonie von Yin und Yang. Der NW ist die Helfer Richtung.

Das Gebäude hat Sitting Richtung NO
Der NO im Frühen Himmel hat ein Trigramm oder eine Nummer, die im O des Späten Himmels ist und sich verbindet mit der Nummer des W zu der Summe von 10. Der W ist die Helfer Richtung.

Das Gebäude hat Sitting Richtung S
Der S im Frühen Himmel hat ein Trigramm oder eine Nummer, die im NW des Späten Himmels ist und sich verbindet mit der Nummer des SO zu der Summe von 10. Der SO ist die Helfer Richtung.

Ulrich Wilhelm Lippelt

Fünf Geister bringen Geld

Eine Formel, die begründet ist auf die Harmonie Funktionen der Frühen und Späten Himmelsordnung der Energien und auf das Zusammenwirken der zwei Himmel, um Reichtum zu erhöhen.

Die Formel hat zwei Teile

1. **Der Bergdrache und**
2. **Der Wasserdrache und seine Nutzung**

Die Acht Trigramm Gruppen der Richtungen

Trigram Direction	**Included Directions**	**Trigram Direction**	**Included Directions**
Qian	Qian, Jia	NW	NW2, E1
Kun	Kun, Yi	SW	SW2, E3
Gen	Gen, Bing	NE	NE2, S1
Xun	Xun, Xin	SE	SE2, W3
Kan	Zi, Gui, Shen, Chen	N	N2, N3, SW3 SE1
Li	Wu, Ren, Yin, Xu	S	S2, N1, NE3, NW1
Zhen	Geng, Hai, Mao, Wei	E	W1, NW3, E2, SW1
Dui	Ding, Si, You, Chou	W	S3, SE3, W2, NE1

Bestimmung der 9 Sterne der Acht Trigramm Gruppen zu den 24 Kompass Richtungen (Berge)

Die Bergdrachen

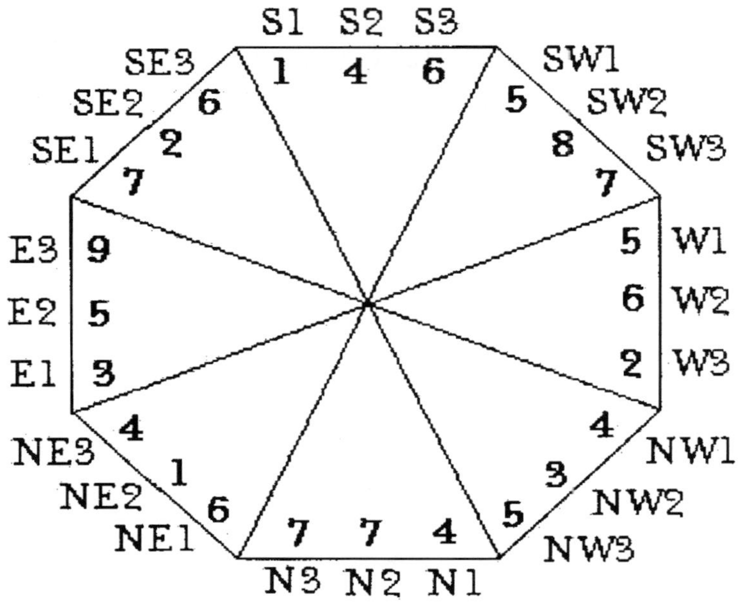

Trigramm Wechsel

Einen Bergdrachen erhält man, indem man eine Linie von jedem der Acht Trigramme wechselt, beginnend mit dem Trigramm, welches zur Sitting Richtung gehört (siehe Liste der Acht Trigramm-Gruppen der Richtungen).
Die Linien sind zu wechseln von Yin zu Yang oder von Yang zu Yin, angewandt in bestimmter Reihenfolge. Die Trigramme, geändert durch diesen Prozess, stimmen dann mit bestimmten Nummern überein. Die Gruppen der Richtungen, dargestellt von Trigrammen, welchen die Nummern 2 und 5 gegeben sind, verbinden ihre Energien zu einem perfekten Gleichgewicht von Yin und Yang, was besonders günstig ist. Von Nummer 2 sagt man, dass sie ein Reichtums Verstärker ist, wenn bestimmte Bedingungen aufeindertreffen.

Wie man einen Bergdrachen schafft

Bestimmen sie die Sitting Richtung (Berg). Finden sie heraus, zu welcher Gruppe die Sitting Richtung gehört. Nehmen sie das Trigramm, welches die Sitting Richtung einnimmt (siehe Liste der Acht Trigramm Gruppen der Richtungen). Beginnen sie mit diesem Trigramm, indem sie zuerst die obere, dann die mittlere und danach die untere Linie wechseln, entweder Yang in Yin oder Yin in Yang und fahren sie fort Linien zu wechseln in der ausgemachten Reihenfolge.Die Reihenfolge des Wechsels der Linien für Bergdrachen ist:

Oben-Mitte-Unten-Mitte-Oben-Mitte-Unten-Mitte

Wir beginnen mit dem Wechsel der oberen Linie des Trigramms unter welchem die Sitting Richtung aufgelistet ist. Danach wechseln wir die mittlere Linie des Trigramms und dann die untere Linie von Yin zu Yang oder von Yang zu Yin und fahren diesen Weg mit dem Rest der Trigramme fort unter Anwendung der ausgemachten Reihenfolge zum Wechsel der Linien für den Bergdrachen.

Beispiel

Die Sitting Richtung S3 gehört zur Gruppe des Trigramms W. Wir beginnen mit dem Wechsel der Linien mit dem Trigramm für den W. Nummern beginnend von 1 – 8 sind dann bestimmt für die Trigramme der Bergdrachen. Die Trigramme, aufgelistet unter der Nummer 2 (Trigramm für den S) und 5 (Trigramm für den N), ergeben ein perfektes Gleichgewicht von Yin und Yang, wenn sie miteinander vereint sind. Wenn die Richtungen, aufgelistet unter dem Trigramm der Nummer 5 auch Facingrichtungen oder Richtungen der Haupttüren sind, sagt die Formel, dass „Fünf Geister" an der Tür sind. Dies ist eine der Bedingungen für die Formel. Wenn die Richtungen, aufgelistet unter dem Trigramm der Nummer 2, Wasser haben, welches von dort fließt, sagt die Formel „Bringe Geld". Wenn beide von diesen Bedingungen gegeben sind, ist es „Fünf Geister bringen Geld".

Liste der Bergdrachen für die acht Trigramme der Sitting Richtungen

Trigram Directions		S	SW	W	NW	N	NE	E	SE
Trigrams under which Sitting Directions are included		☲	☷	☱	☰	☵	☶	☳	☴
Upper line	1	☳	☶	☰	☱	☴	☷	☲	☵
Middle line	2	☱	☴	☲	☳	☶	☵	☰	☷
Lower line	3	☵	☰	☶	☷	☲	☱	☴	☳
Middle line	4	☷	☲	☴	☵	☰	☳	☶	☱
Upper line	5	☶	☳	☵	☴	☱	☲	☷	☰
Middle line	6	☴	☱	☷	☶	☳	☰	☵	☲
Lower line	7	☰	☵	☳	☲	☷	☴	☱	☶
Middle line	8	☲	☷	☱	☰	☵	☶	☳	☴

Der Wasserdrachen Trigramm Wechsel

Den Wasserdrachen bekommt man auch, indem man eine Linie von jedem der acht Trigramme wechselt. Der Wasserdrache gründet auf das Trigramm der Nummer 5 vom Bergdrachen. Beginnend mit dem Trigramm von Nummer 5 des Bergdrachens, wechseln die Linien von Yin zu Yang oder von Yang zu Yin, angewandt durch eine bestimmte Reihenfolge, unterschiedlich von der Reihenfolge, die für die Reihenfolge der Bergdrachen angewandt wird. Die Reihenfolge zum Wechsel der Linien für den Wasserdrachen ist:

Mitte-Unten-Mitte-Oben-Mitte-Unten-Mitte-Oben

Die Trigramme, verändert durch diesen Prozess, sind dann gemäß Nummer 6, 7, 5, 1, 2, 3, 4 und 8.

Das Trigramm von Nummer 2 des Wasserdrachen vereint mit dem Trigramm von Nummer 5 des Bergdrachen macht eine perfekte Harmonie von Yin und Yang. Die Gruppen von Richtungen, welche durch das Trigramm der Nummer 2 des Wasserdrachen und Nummer 5 des Bergdrachen dargestellt sind, verbinden ihre Energien zu einem perfekten Gleichgewicht von Yin und Yang, was besonders günstig ist und Reichtum verstärkt.

Liste von Wasserdrachen für die Acht Trigramme der Nummer 5 des Bergdrachens

Trigram Directions		S	SW	W	NW	N	NE	E	SE
Trigrams under which Facing Directions are included		☲	☷	☱	☰	☵	☶	☳	☴
Middle line	6	☰	☵	☳	☲	☷	☴	☱	☶
Lower line	7	☴	☱	☷	☶	☳	☰	☵	☲
Middle line	5	☶	☳	☵	☴	☱	☲	☷	☰
Upper line	1	☷	☲	☴	☵	☰	☳	☶	☱
Middle line	2	☵	☰	☶	☷	☲	☱	☴	☳
Lower line	3	☱	☴	☲	☳	☶	☵	☰	☷
Middle line	4	☳	☶	☰	☱	☴	☷	☲	☵
Upper line	8	☲	☷	☱	☰	☵	☶	☳	☴

Vergleich von Bergdrachen mit Wasserdrachen

Wie sie wahrgenommen haben, sind die Trigramme von Nummer 2 des Bergdrachens und die Trigramme der Nummer 2 des Wasserdrachens tatsächlich gleich, wenn man sie miteinander vergleicht.
Für die Formel „Fünf Geister bringen Geld“ ist es deshalb nicht erforderlich, einen Wasserdrachen zu machen, um die Richtungen des Trigramms Nummer 2 zu erhalten. Sie können einfach von den Bergdrachen entnommen werden.

Last uns nun die Formel entschlüsseln

Harmonie Funktionen des Frühen und Späten Himmels

Anordnung der Energien

Früher Himmel
Anordnung der Energien

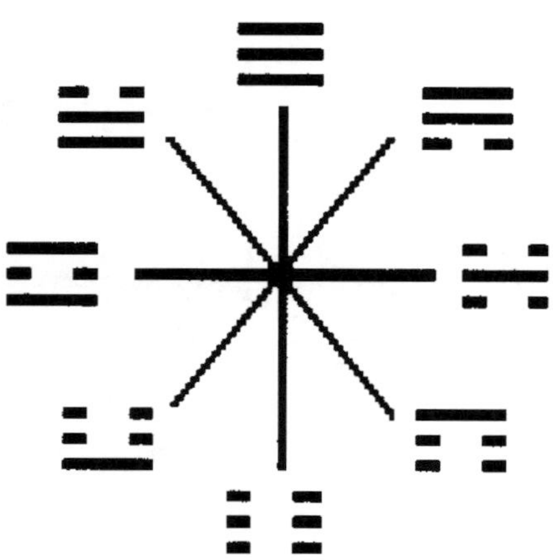

Später Himmel
Anordnung der Energien

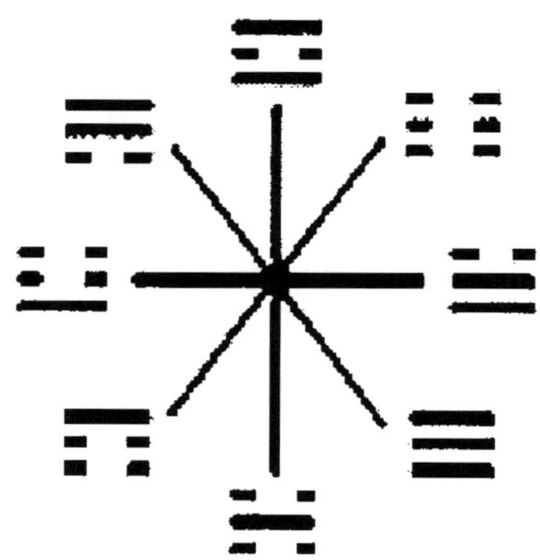

Wir haben uns selbst zu fragen

Was ist die zentrale Idee von dieser Formel ?

Die zentrale Idee ist das perfekte Gleichgewicht von Yin und Yang, wie in den gegenüberliegenden Richtungen der Frühen Himmelsordnung von Energien zu sehen ist.

Die Frühe Himmels Harmonie Funktion

Die gegenüberliegenden Richtungen der Frühen Himmelsordnung der Energien machen drei Yang und drei Yin Linien, wenn sie miteinander vereint sind. Dies ist perfekte Harmonie von Yin und Yang Energien und ist besonders glückverheißend.
Die Trigramme von Nummer 2 und Nummer 5 des Bergdrachen zeigen die gleiche Funktion von Harmonie. Die Energie der Nummer 5 tritt ins Gebäude ein durch die Tür oder von der Facing Richtung. Die Energie von Nummer 2 wird ins Gebäude getragen durch das Fließen des Wassers. Beide Energien verbinden sich zu perfekter Harmonie von Yin und Yang mittels des Inneren des Gebäudes.
Abhängig von der Natur ihrer Energien in Relation zu der Sitting Richtung, worauf die Bergdrachen gründen, verstärkt diese Energie Kombination Reichtum.

Wo finden wir das Gleichgewicht zwischen Yin und Yang im Späten Himmel ?

Die Frühe Himmelsordnung der Energien ist grundlegende Realität für die Welt in perfekter Harmonie und Stille.
Die Späte Himmelsordnung der Energien stellt die Welt des Wechsels dar, wie wir erkennen, und kennt die Welt, in welcher wir leben.
Perfekte Harmonie von Yin und Yang in der Späten Himmelsordnung wird gefunden in den Kombinationen von den Tigrammen

SW vereint mit NW
W vereint mit NO
O vereint mit SO
S vereint mit N

Die Späte Himmels Harmonie Funktion

Die gegenüberliegenden Richtungen der Frühen Himmelsordnung der Energien, wenn vereint, ergeben immer die Summe 10, welches sehr günstig ist.

Später Himmel in Nummern

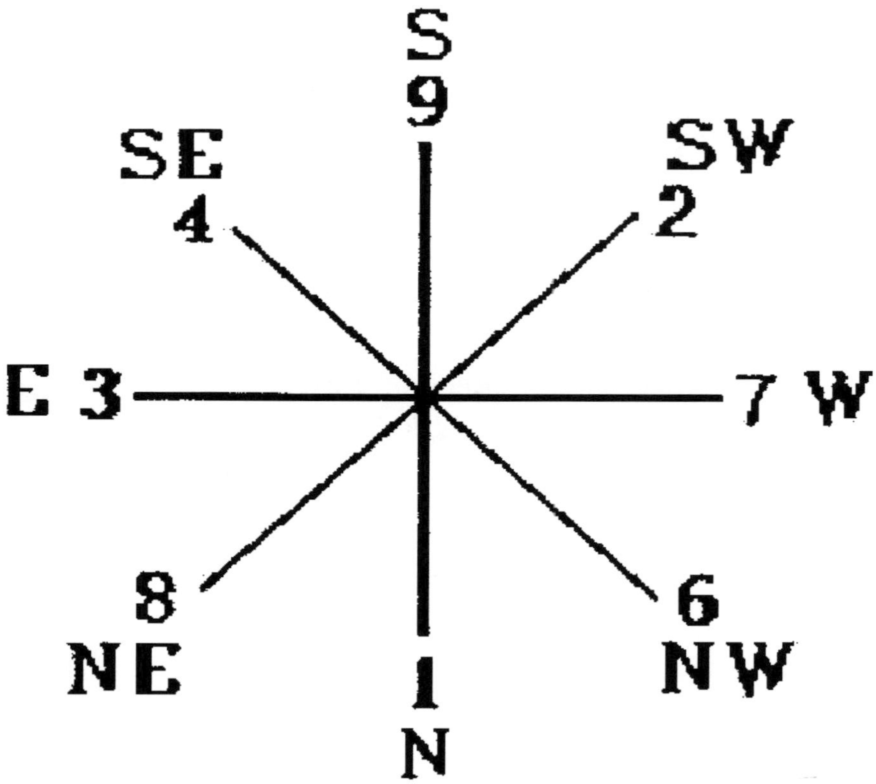

Die Harmonie Funktion des Späten Himmels wird gefunden in den gegenüberliegenden Richtungen, die immer zusammen die Summe 10 ergeben. Diese Funktion wird gefunden im speziellen Fliegende Sterne Diagramm **Der Kombination von 10** .
Es schafft Harmonie der Energien der Erdbasis- und Facing- oder Bergsterne in allen 9 Palästen.

Das Zusammenwirken der Zwei Himmel

Die Fünf Geister bringen Geld Formel gründet auf die Trigramme der Späten Himmels Sitting Richtung eines Gebäudes und die Harmonie Eigenschaften des Frühen Himmels, um die Richtung des Späten Himmels zu bestimmen, von welcher Wasser fließen sollte, damit Reichtum verstärkt wird.

„Fünf Geister bringen Geld" ist eine sehr kraftvolle Wasserformel, weil sie auf die Harmonie Eigenschaften des Frühen Himmels und Späten Himmels gründet und auf das Zusammenwirken der Zwei Himmel. Sie ist eine der bestgeschützten Geheimnisse von authentischem Chinesischen Feng Shui. Die Formel ist unabhängig von jeglicher zeitlichen Periode. Ihre Anwendung ist auch unabhängig von der Natur der Sterne, die anwesend sind in den 9 Palästen des Gebäudes.

Tabelle der Sitting Richtungen mit ihrer Facing oder Tür Richtungen und den Richtungen des Wasser Flusses.

Diese Tabelle enthält die gesamten „Fünf Geister bringen Geld“ Formeln (5/2)

Sitting Directions	5 Facing / Door Directions	2 Directions of Water Flow
N2, N3, SW3, SE1	W2, S3, SE3, NE1	NE2, S1
S2, N1, NE3, NW1	NE2, S1	W2, S3, SE3, NE1
W1, NW3, E2, SW1	SW2, E3	NW2, E1
S3, SE3, W2, NE1	N2, N3, SW3, SE1	S2, N1, NE3, NW1
NW2, E1	SE2, W3	W1, NW3, E2, SW1
SW2, E3	W1, NW3, E2, SW1	SE2, W3
NE2, S1	S2, N1, NE3, NW1	N2, N3, SW3, SE1
SE2, W3	NW2, E1	SW2, E3

Die Beziehungen der Richtungen aufgelistet unter der Nummer 5/2

Die Sitting Richtungen bezogen auf das Trigramm N
Hat unter den Nummer 5 Richtungen, welche auf das Trigramm W bezogen sind und hat unter Nummer 2 Richtungen, die auf das Trigramm NO bezogen sind.
Die Trigramme für W und NO im Späten Himmel beziehen sich zu jedem anderen in dem Frühen Himmel in perfekter Harmonie von Yin und Yang.

Die Sitting Richtungen bezogen auf das Trigramm S
Hat unter der Nummer 5 Richtungen, welche auf das Trigramm NO bezogen sind und hat unter der Nummer 2 Richtungen, die auf das Trigramm W bezogen sind.

Das Trigramm für NO und W im Späten Himmel bezieht sich zu jeder anderen im Frühen Himmel in perfekter Harmonie von Yin und Yang.

Die Sitting Richtungen bezogen auf das Trigramm O
Haben unter Nummer 5 Richtungen, die auf das Trigramm SW bezogen sind und haben unter Nummer 2 Richtungen, welche auf das Trigramm NW bezogen sind.
Die Trigramme für SW und NW des Späten Himmels beziehen sich zu jeder anderen im Frühen Himmel in perfekter Harmonie von Yin und Yang.

Die Sitting Richtungen bezogen auf das Trigramm W
Haben unter Nummer 5 Richtungen, die auf das Trigramm N bezogen sind und haben unter Nummer 2 Richtungen, welche auf das Trigramm S bezogen sind.
Die Trigramme für N und S beziehen sich zu jeder anderen im Frühen und Späten Himmel in perfekter Harmonie von Yin und Yang.

Die Sitting Richtungen bezogen auf das Trigramm NW
Haben unter Nummer 5 Richtungen, die auf das Trigramm SO bezogen sind und haben unter Nummer 2 Richtungen, welche auf das Trigramm O bezogen sind.
Die Trigramme für SO und O des Späten Himmels beziehen sich zu jeder anderen im Frühen Himmel in perfekter Harmonie von Yin und Yang.

Die Sitting Richtungen bezogen auf das Trigramm SW
Haben unter Nummer 5 Richtungen, die auf das Trigramm O bezogen sind und haben unter Nummer 2 Richtungen, welche auf das Trigramm SO bezogen sind.
Die Trigramme für SO und O des Späten Himmels beziehen sich zu jeder anderen im Frühen Himmel in perfekter Harmonie von Yin und Yang.

Die Sitting Richtungen bezogen auf das Trigramm NO
Haben unter Nummer 5 Richtungen, die auf das Trigramm S bezogen sind und haben unter Nummer 2 Richtungen, welche auf das Trigramm N bezogen sind.
Die Trigramme S und N im Späten und Frühen Himmel beziehen sich zu jeder anderen in perfekter Harmonie von Yin und Yang.

Die Sitting Richtungen bezogen auf das Trigramm SO
Haben unter Nummer 5 Richtungen, die auf das Trigramm NW bezogen sind und haen unter Nummer 2 Richtungen, welche auf das Trigramm SW bezogen sind.
Die Trigramme NW und SW im Späten Himmel beziehen sich zu jeder anderen im Frühen Himmel in perfekter Harmonie von Yin und Yang.

Fünf Geister bringen Geld Formel als Grafiken

Früher Himmel in Nummern

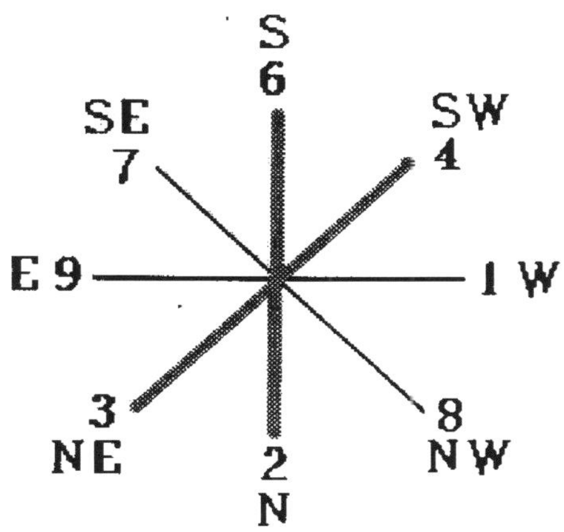

Später Himmel in Nummern

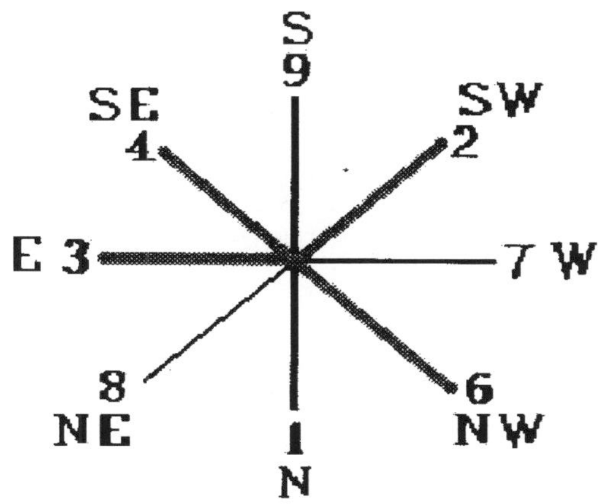

Früher Himmel in Nummern

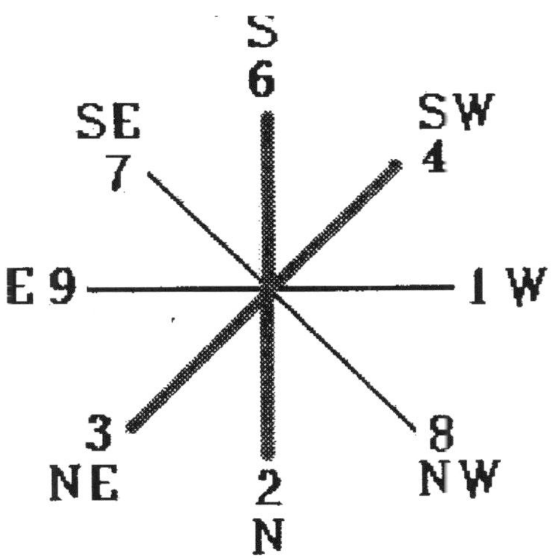

Später Himmel in Nummern

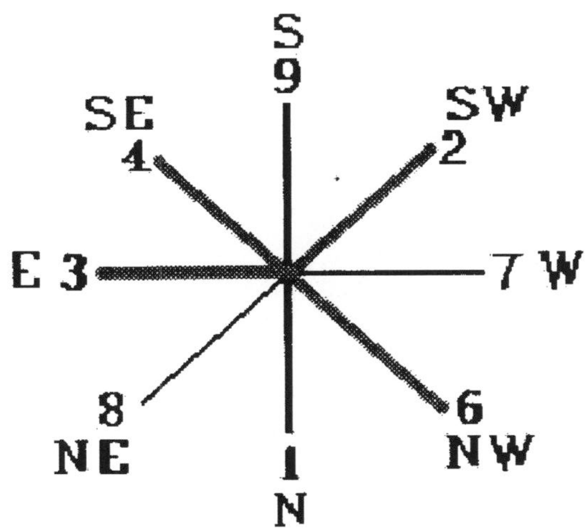

Frühe Himmels Harmonie Funktionen

Wenn sie oben auf die Grafik schauen, können sie sehen, dass die 8 Trigramme je 4 Paare von zwei Sitting Richtungen ergeben, die sich zu jeder anderen in perfekter Harmonie von Yin und Yang beziehen. Jedes Paar der Sitting Richtungen teilt die gleichen Trigramme der Richtungen von den Nummern 2 und 5.

Die Beziehungen der Sitting Richtungen zu den Richtungen der unter Nummer 2 und 5 aufgelisteten Bergdrachen

Richtungen von Nummer 2 und 5 sind rot. Sitting Richtungen sind grün.

Sitting Richtungen N=1 und S=9

Früher Himmel in Nummern

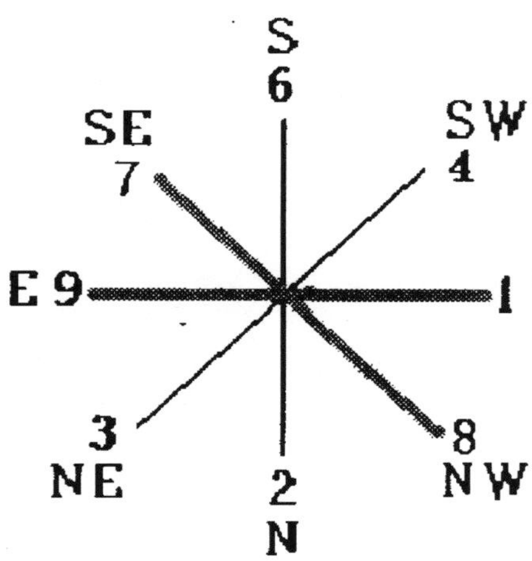

Später Himmel in Nummern

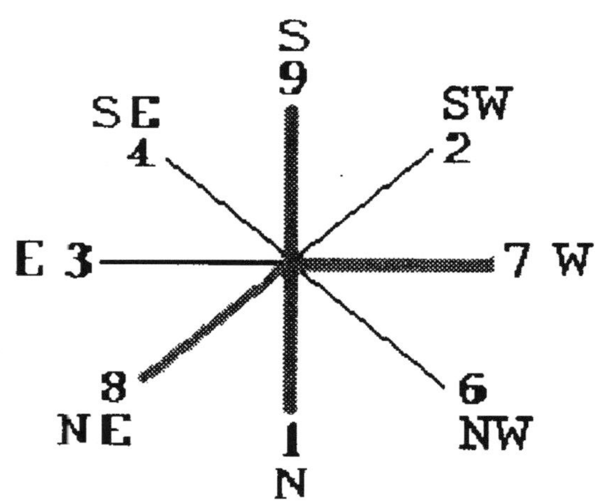

Sitting Richtung N=1

Das Trigramm der Sitting Richtung im Späten Himmel ist im N. Dasselbe Trigramm wird in der W Richtung des Frühen Himmels gefunden, was die Richtung der Nummer 5 im Bergdrachen des Späten Himmels ist.

Sitting Richtung S=9

Das Trigramm der Sitting Richtung im Späten Himmel ist im S. Der Frühe Himmel hat im S ein Trigramm, was im Späten Himmel im NW gefunden wird. Der NW im Frühen Himmel hat ein Trigramm, welches im Späten Himmel die Nummer 5 des Bergdrachens ist.

Sitting Richtung NO=8 und W=7

Früher Himmel in Nummern

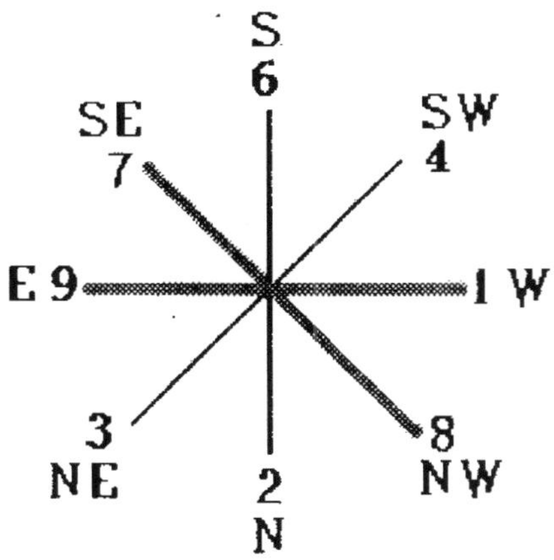

Später Himmel in Nummern

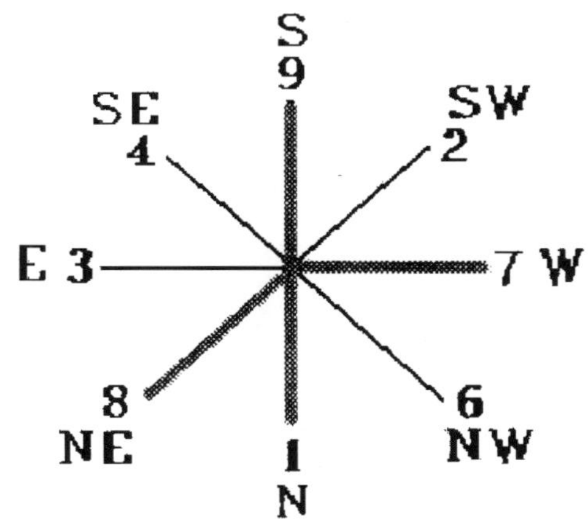

Sitting Richtung NO=8

Das Trigramm der Sitting Richtung ist im Späten Himmel im NO. Dasselbe Trigramm wird in der NW Richtung des Frühen Himmels gefunden.

Das Trigramm der NW Richtung des Späten Himmels wird in der S Richtung des Frühen Himmels gefunden. Die S Richtung des Späten Himmels ist die Richtung der Nummer 5 des Bergdrachens.

Sitting Richtung W=7

Das Trigramm der Sitting Richtung im Späten Himmel ist im W. Die Richtung W im Frühen Himmel hat ein Trigramm, das im Späten Himmel im N gefunden wird und welches die Nummer 5 des Bergdrachens ist.

Sitting Richtung SW=2 und NW=6

Früher Himmel
in Nummern

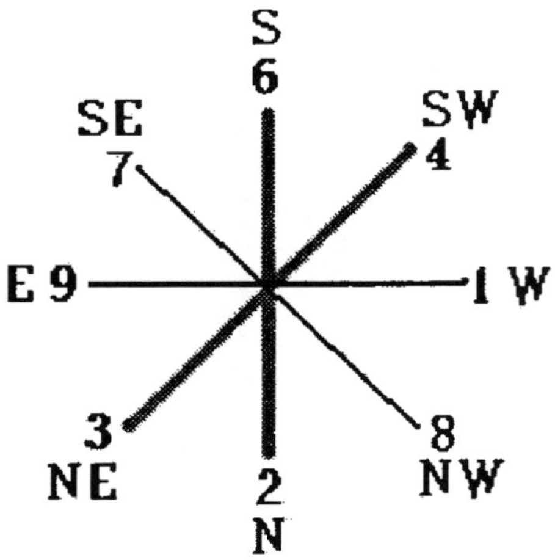

Später Himmel
in Nummern

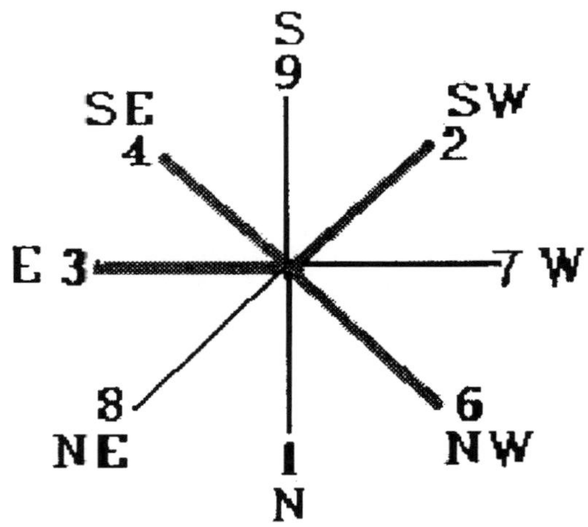

Sitting Richtung SW=2

Das Trigramm der Sitting Richtung im Späten Himmel ist im SW. Die Richtung SW im Frühen Himmel hat ein Trigramm, das im Späten Himmel im SO zu finden ist und welches die Nummer 2 des Bergdrachens hat.

Sitting Richtung NW=6

Das Trigramm der Sitting Richtung des Späten Himmels ist im NW. Die Richtung NW im Frühen Himmel hat ein Trigramm, das im Späten Himmel im NO zu finden ist. Der NO hat im Frühen Himmel ein Trigramm, das im Späten Himmel im O ist und welches die Nummer 2 des Bergdrachens hat.

Sitting Richtungen SO=4 und O=3

Früher Himmel in Nummern

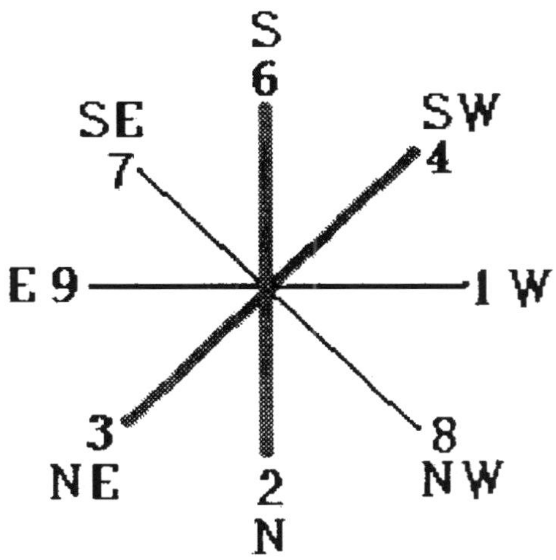

Später Himmel in Nummern

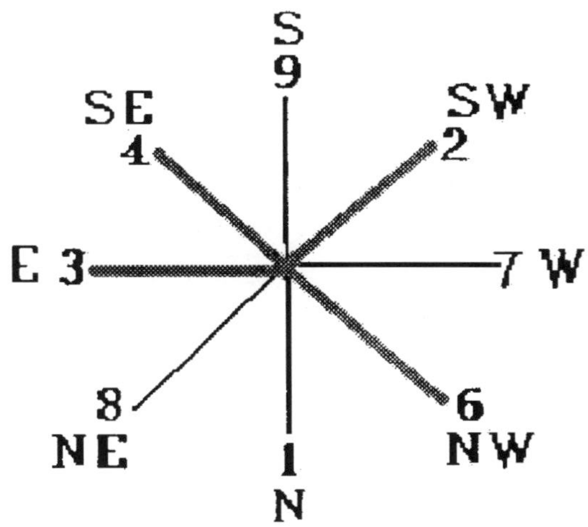

Sitting Richtung SO=4

Das Trigramm der Sitting Richtung im Späten Himmel ist im SO. Dasselbe Trigramm ist im SW des Frühen Himmels zu finden. Der SW im Späten Himmel ist die Richtung der Nummer 2 des Bergdrachens.

Sitting Richtung O=3

Das Tigramm der Sitting Richtung im Späten Himmel ist im O. Dasselbe Trigramm ist im NO des Frühen Himmels zu finden. Der NO im Späten Himmel hat ein Trigramm, was im Frühen Himmel im NW zu finden ist. Der NW im Späten Himmel ist die Richtung der Nummer 2 des Bergdrachens.

Die Formel kann genutzt werden für Gebäude und für Begräbnis Stätten.

Begräbnisstätten

Begräbnisstätten sind markiert durch ihre Sitting Richtungen, die üblicherweise die Richtung des Grabsteins ist. Sie haben nicht generell eine klare Facing Richtung. In Anwendung der Formel haben wir uns deshalb auf die Sitting Richtung zu verlassen.

Die Methode
Schaffen sie einen Bergdrachen, indem sie die Linien wechseln mit dem Trigramm, unter welchem die Sitting Richtung inbegriffen ist.
Nummer 5 des Bergdrachens wird die Richtung für eine Tür oder die Facing Richtung sein. Da diese Richtung offenes Land in einer Begräbnisstätte sein wird mit keiner markierten Richtung, von welcher Energie eintritt, haben wir Wasser zu nutzen, fließend aus dieser Richtung, um Energie in die Stätte zu bekommen.
Nummer 2 des Bergdrachens wird die Richtung sein, von welcher das Wasser zur Stätte hin fließt, um Reichtums-Aussichten zu erhalten.
Die Energie der Nummer 5 und 2 richtet sich zu der Seite von der das Wasser sich vereint zu einem perfekten Gleichgewicht von drei Yin und drei Yang Linien, welches sehr günstig ist und bedeutet Geister an der Tür bringen Geld.

Gebäude

Gebäude haben generell gut erkennbare Facing Richtungen, was die Richtungen sind, von denen maximale Yang Energie eintritt. Dies sind meistens die Richtungen der Haupttüren oder die Frontseite des Gebäudes, welche die größte Auswirkung zu der äußeren Energie hat, die markiert ist als die stärkste Yang Qualität.
Die Methode
Wie vorgegeben in der Formel, haben wir einen Bergdrachen zu schaffen, gegründet auf die Sitting Richtung.
Nummer 5 des Bergdrachens wird dann die Facing Richtung oder die Richtung der Haupttür sein, von welcher die Energie ins Gebäude eintritt. Gegründet auf die Richtung der Nummer 5 haben wir einen Wasserdrachen zu schaffen, durch wechseln von Linien, beginnend mit dem Trigramm von Nummer 5 des Bergdrachens.
Nummer 2 des Wasserdrachens wird dann die Richtung sein, von welcher Wasser fließen sollte zum Gebäude hin, Energie bringend, welche fähig ist Reichtums-Möglichkeiten zu verstärken.
Die Energien von Nummer 5 und 2, gerichtet zu der Seite von der das Wasser fließt und von der Facing Richtung oder Tür, wird sich vereinen zu einem perfekten Gleichgewicht von drei Yin und drei Yang Linien, welches sehr günstig ist und bedeutet Geister sind an der Tür und bringen Geld.

Wie wir vorher gesehen haben, sind die Richtungen der Nummer 2 vom Berg- und dem Wasserdrachen identisch.

Die Formel spricht von Nummer 5 des Bergdrachen als Facing Richtung oder Richtung der Haupttür

Wie sie vom oberen sehen können, hat nur die Sitting Richtung, in rot angeben, unter Nummer 5 des Bergdrachen, Facing Richtungen, welche 180 Grad abseits von der Sitting Richtung sind.

Sitting Richtungen	Nr. 5 (Facing Richtung)	Nr. 2 (Wasser)
N2, N3, SW3, SO1	W2, S3, SO3, NO1	NO2, S1
S2, N1, NO3, NW1	NO2, S1	W2, S3, SO3, NO1
O2, W1, NW3, SW1	SW2, O3	NW2, O1
W2, S3, SO3, NO1	N2, N3, SW3, SO1	S2, N1, NO3, NW1
NW2, O1	SO2, W3	O2, W1, NW3, SW1
SW2, O3	O2, W1, NW3, SW1	SO2, W3
NO2, S1	S2, N1, NO3, NW1	N2, N3, SW3, SO1
SO2, W3	NW2, O1	SW2, O3

Sollen wir die Facing Richtung des Gebäudes oder die Richtung der Nummer 5 des Bergdrachen nutzen ?

Wenn wir die Formel aufs Gebäude anwenden, können wir im Zweifel sein, ob die Nummer 5 des Bergdrachens oder die aktuelle Facing Richtung genutzt werden sollte, um einen Wasserdrachen zu erstellen zum Finden der Richtung von Nummer 2. **Nach allem haben nur 6 von den 24 Sitting Richtungen Facing Richtungen, die identisch sind mit den Richtungen der Nummer 5 des Bergdrachens.**

Dort sind einige Teile in der Formel, die Erforschung benötigen.

Die Formel nutzt zwei Methoden, um die Richtung zu finden, von der Wasser fließen sollte.

1.) Für Begräbnisstätten wird nur die Formel des Bergdrachens genutzt
2.) Für Gebäude wird die Formel des Berg- und des Wasserdrachens genutzt

Die Richtung der Nummer 2, von welcher das Wasser fließen sollte, bestehend aus beiden Methoden, ist dennoch identisch. Dies führt zu der Frage:

- Ist die Methode des Wasserdrachens zur Findung der Richtung von Nummer 5 im Fall des Gebäudes veraltet ?

Was ist der Punkt zur Nutzung des Wasserdrachens für ein Gebäude, wenn die Richtung des Wasserflusses auch von der Bergrichtung kommen kann ?
Meine Antwort ist: Die Methode zur Nutzung des Wasserdrachens für ein Gebäude, um die Richtung der Nummer 2 zu finden, ist überflüssig.

- Benötigen wir den Bergdrachen für ein Gebäude, um die Richtung der Nummer 5 zu finden, oder können wir den Wasserdrachen nutzen, begründet auf das Trigramm der aktuellen Facing Richtung, um die Richtung der Nummer 2 zu erreichen ?

Die Beziehung der Sitting Richtung zu den Richtungs Energien der Nummer 5 und 2 richtet die Reichtums-Verstärkungsqualität nach ihrer Yin/Yang Harmonie.
Diese zwei Richtungsenergien treten ins Gebäude ein, um effektiv zu sein. Dies geschieht durch die Facing Richtung einer Tür, oder durch das Fließen des Wassers.
Meine Antwort ist deshalb: Im Falle eines Gebäudes sollten wir nicht den Wasserdrachen nutzen, gegründet auf die aktuelle Facing Richtung, aber den Bergdrachen, um die Richtung der Nummer 5 und 2 zu finden.

Wie wichtig sind Elemente in der äußeren Umgebung

Alle Feng Shui Schulen sind sich einig, dass es wichtig ist, ein äußeres Element in der Umgebung zu haben, um die äußeren Energien des Gebäudes zu unterstützen. Einige Schulen gehen zu dem Extrem, indem sie sagen, dass im Falle, wenn die äußeren Elemente fehlen, oder die inneren Energien nicht unterstützt werden, die inneren Energien nichts als Nummern sind und keinerlei Effekte haben werden.
Dies ist eine sehr seriöse Erklärung, da unsere modernen urbanen Lebensbedingungen keine Änderungen der äußeren Umgebung erlauben. Alle Gebäude, die nicht die richtige äußere Unterstützung für ihre inneren Energien haben, sind zum Scheitern verurteilt, und es kann nicht geholfen werden durch Feng Shui Methoden. Schulen, die diese extreme Attitüde vertreten, haben nach meiner Ansicht bis jetzt nicht die Basisfundamente von Feng Shui verstanden.

Feng Shui richtet sich nach der globalen Richtungsenergie. Bergformationen, Seen und Flüsse sowie künstliche Strukturen beeinflussen die globale Richtungsenergie in ihrer Nähe, aber so tut die Struktur eines Gebäudes.
Eine Periode der Gebäudeherstellung und Facing Richtung verändern die globale Richtungsenergie im Inneren eines Gebäudes, wie es offensichtlich bei den Facing-, Berg- und Erdbasissternen ist.
Feng Shui kennt Methoden, die inneren Energien eines Gebäudes zu unterstützen und zu manipulieren und negativen Einflüssen entgegen zu wirken auf Grund von Elementen in der äußeren Umgebung.
Wenn ein Gebäude keine Tür oder Facing Richtung hat in Richtung der Nummer 5 des Bergdrachens und die Energie von dieser Richtung nicht eintreten kann, können wir die verlangte Energie mit Wasserelementen im inneren des Gebäudes erzeugen. Wenn wir dieses tun, schaffen wir innere Bedingungen, die wir äußerlich vermissen. Der Effekt wird dennoch sehr verringert sein, in Anbetracht der kleineren Größe der inneren Wasserelemente. Dasselbe trifft zu, wenn wir keinen Fluss haben, der von der Richtung der Nummer 5 in die äußere Umgebung fließt.
Die Formel Fünf Geister bringen Geld kann deshalb an jedem Gebäude angewandt werden.

Was ist zu tun, wenn die Formel nicht wirkt ?

Wenn es richtig getan wurde, wird die Formel immer wirken. Wenn nicht, haben wir möglicherweise einen oder mehrere folgende Fehler gemacht:

1. Die Winkel der Richtungen von denen Wasser fließt sind nicht richtig.
2. Die Sitting Richtung ist nicht richtig. Die richtige Sitting- oder Facing Richtung zu bestimmen, kann zeitweise eine der schwierigsten Aufgaben sein.

Himmlischer Doktor Wasser Formeln

Diese Formel ist hier zum ersten mal bekannt gegeben und veröffentlicht

Diese Formel gründet auch auf den Bergdrachen und die Yin/Yang Funktion des Frühen Himmels und man sagt, dass sie gute Gesundheit fördert.

Die Kombination von Nummer 8 und 3

Die Richtungen unter Nummer 8 des Bergdrachen (siehe Fünf Geister bringen Geld Formel) sind die Sitting Richtungen, die generell als verantwortlich für gute Gesundheit und gute Beziehungen gehalten werden. In Kombination mit den Richtungen unter Nummer 3 ist perfekte Harmonie von Yin und Yang geschaffen.
Wasser, fließend von den Richtungen der Nummer 3 werden deshalb Energie bringen, die in Kombination mit der Energie der Sitting Richtung Kräfte produzieren, die gute Gesundheit und hervorragende Beziehungen anregen werden.

Formel 8/3

8 Sitting Richtungen	3 Richtungen des Wasserflusses
N2, N3, SW3, SO1	S2, N1, NO3, NE1
S2, N1, NO3, NW1	N2, N3, SW3, SO1
W1, NW3, O2, SW1	SO2, W3
S3, SO3, W2, NO1	NO2, S1
NW2, O1	SW2, O3
SW2, O3	NW2, O1
NO2, S1	S3, SO3, W2, NO1
SO2, W3	W1, NW3, O2, SW1

Die Beziehungen der Richtungen aufgelistet unter den Nummern 8/3

Die Sitting Richtungen bezogen auf das Trigramm N
Haben unter der Nummer 3 Richtungen, die bezogen sind auf das Trigramm S. Die Tigramme für N und S im Späten Himmel beziehen sich auf alle anderen des Frühen und Späten Himmels in perfekter Harmonie von Yin und Yang.

Die Sitting Richtungen bezogen auf das Trigramm S
Haben unter der Nummer 3 Richtungen, die bezogen sind auf das Trigramm N. Die Trigramme für S und N im Späten Himmel beziehen sich auf alle anderen des Frühen und Späten Himmels in perfekter Harmonie von Yin und Yang.

Die Sitting Richtungen bezogen auf das Trigramm O
Haben unter der Nummer 3 Richtungen, die bezogen sind auf das Trigramm SO. Die Trigramme für SO und O im Späten Himmel beziehen sich auf alle anderen des Frühen Himmels in perfekter Harmonie von Yin und Yang.

Die Sitting Richtungen bezogen auf das Trigramm W
Haben unter der Nummer 3 Richtungen, die bezogen sind auf das Trigramm NO. Die Trigramme für W und NO im Späten Himmel beziehen sich auf alle anderen des Frühen Himmels in perfekter Harmonie von Yin und Yang.

Die Sitting Richtungen bezogen auf das Trigramm NW
Haben unter der Nummer 3 Richtungen, die bezogen sind auf das Trigramm SW. Die Trigramme für NW und SW im Späten Himmel beziehen sich auf alle anderen des Frühen Himmels in perfekter Harmonie von Yin und Yang

Die Sitting Richtungen bezogen auf das Trigramm SW
Haben unter der Nummer 3 Richtungen, die bezogen sind auf das Trigramm NW. Die Trigramme für SW und NW im Späten Himmel beziehen sich auf alle anderen des Frühen Himmels in perfekter Harmonie von Yin und Yang.

Die Sitting Richtungen bezogen auf das Trigramm NO
Haben unter der Nummer 3 Richtungen, die bezogen sind auf das Trigramm W. Die Trigramme für NO und W im Späten Himmel beziehen sich auf alle anderen des Frühen Himmels in perfekter Harmonie von Yin und Yang.

Die Sitting Richtungen bezogen auf das Trigramm SO
Haben unter der Nummer 3 Richtungen, die bezogen sind auf das Trigramm O. Die Trigramme für SO und O im Späten Himmel beziehen sich auf alle anderen des Frühen Himmels in perfekter Harmonie von Yin und Yang.

Wechsel der Periode und der Zeitfaktor

Um zu sehen, wie die Richtungsenergien sich in einem Gebäude verteilen, ist der Zeitfaktor und die Facing Richtung zu bestimmen. Verschiedene Schulen verwenden verschiedene Prinzipien dazu.

Der Zeitfaktor

Drei Systeme sind in Gebrauch. Die meisten Schulen wehren leidenschaftlich deren Systeme ab, indem sie fordern, dass ihres das einzig Richtige ist. Lass uns die drei Systeme vergleichen und analysieren, um ihre Vorteile zu verstehen.

1.) **Bauperiode**
Der Zeitfaktor ist bestimmt durch die Periode, in welcher das Gebäude hergestellt wurde. Diese Methode gründet auf die Annahme, dass die Energie der Periode, in welcher das Gebäude gebaut wurde, Anteil davon bekommt. Dies ist vergleichbar mit dem Konzept, welches in der Astrologie genutzt wird, da die Energie, die zur Zeit des Geburtstags vorherrscht, den physikalischen und geistigen Charakter und das menschliche Schicksal überall ihr menschliches Leben bestimmt.

2.) **Die aktuelle Periode**
Der Zeitfaktor ist bestimmt durch die gegenwärtige Herrschaft. Diese Methode gründet auf die Ansicht, dass die Energie nach der gegenwärtigen Regel stark ist und dominiert über jede andere Energie, welche möglicherweise während der Bauzeit des Gebäudes gefangen wurde (oder Bewohner).

3.) **Einzugsdatum**
Der Zeitfaktor wird bestimmt durch die Periode, in welcher die anwesenden Bewohner ins Gebäude einziehen. Dieses Konzept gründet auf die drei Linien des Trigrammes für die 8 Richtungen der Frühen und Späten Himmelsordnung der Energien. Die drei Linien des Trigramms symbolisieren „Himmel“, „Erde“ und „Mensch“. Manche Schulen verwenden diese Symbole für die Energie von Gebäuden, unter der Annahme, dass die Energie von diesen drei Faktoren abhängt. Für sie ist das Einzugsdatum der anwesenden Bewohner die Zeit, wenn der „Menschliche“ Teil der Energie eintritt und die Gebäude Energie komplett macht. Sie glauben deshalb, dass das Einzugsdatum den Zeitfaktor bestimmt. Diese Methode ist kontrovers, was wir später sehen werden.

Wie die verschiedenen Systeme sich nach dem Perioden Wechsel richten

Bauperiode

Die Bauperiode bestimmt den Zeitfaktor, unabhängig von jeglicher Periode, welches möglicherweise die gegenwärtige Regel ist. Dieser Zeitfaktor bleibt derselbe über alle neun Perioden hinweg.
Schulen, die diesem System folgen, glauben an das Wachsen und Schwächen der Erdbasis oder Zeitenergie. Es ist zu sagen, dass das Niveau der Energie der Erdbasissterne nicht die gleiche ist durch alle 9 Perioden (siehe: Die Rechtzeitigkeit der Energie). Zum Beispiel, die Erdbasis Energie eines Gebäudes, gebaut während der Periode 6 wird in Periode 8 gut sein, aber die Erdbasisenergie von Periode 7 ist mangelhaft in Periode 8.
Wenn die Energie der Erdbasis oder des Zeitsterns „mangelhaft“ oder „tot“ ist, ist es klug, dieses Energie Defizit zu heilen.

1. **Gebäude, die „Die Drei-Kombinations Diagramme“ haben, welche die starke Perioden Energien von allen 9 Perioden aufnehmen können, (siehe: Die Drei-Kombinations Diagramme), bekommen die starke Perioden Energie von allen Perioden automatisch und nichts muss getan werden.**

2. **Gebäude, die ein „Sieben Sterne Räuber Diagramm“ haben, können automatisch die starke Energie von sechs Perioden aufnehmen, die die Nummern der zwei Eltern Diagramme haben, welche die Diagramme bilden (siehe: „Die Sieben Sterne Räuber Diagramme). In solch einem Fall muss nichts getan werden.**

3. **Die Methode von „Einladung der Energie von einer unterschiedlichen Periode“ ist eine sehr bekannte Technik, die angewandt wird, wenn eine neue Periode angefangen hat, die unterschiedlich von der Bauperiode des Gebäudes ist und die Erdbasisenergie sich zu mangelhaft oder tot wendet. In solch einem Fall, wenn der Facingstern die Nummer der neuen Periode hat, muss dieser aktiviert werden (siehe: Einladung der Energie der verschiedenen Perioden).**

4. **Falls das Diagramm auf die Bauperiode basiert und eine Formation der neuen Periode ins Gebäude eintreten kann, sollte man zuerst das Heilmittel anwenden (siehe: Gefangener Perioden Stern), und danach die Methode „Einladung der Energie von einer unterschiedlichen Periode“ nutzen.**

Um die „Gefangener Perioden Stern Formation“ zu heilen, ist der Wechsel der Facing Richtung der beste Weg, um das Problem zu überwinden. Dies wird andererseits nicht immer möglich sein.

5. **Die Methode von „Einladung der Energie von einer unterschiedlichen Periode“ kann auch angewandt werden, wenn die Erdbasisenergie noch gut ist in der neuen Periode. Dies wird oft getan, zum Zweck des Nutzens von dem hohen Niveau der herrschenden Energie. Es mag jedoch nicht immer ratsam sein, dies zu tun. Wenn die Energien des neuen Perioden Diagramms zu sehr in Konflikt steht mit der Energie des Bauperioden Diagramms, können unwillkommene Konsequenzen entstehen, die besser vermieden werden sollten.**

Die aktuelle Periode

Geführt durch die generelle bestätigte Sicht, dass die vorherrschende Periodenenergie die stärkste ist und die größte Auswirkung hat und deshalb Vorrang hat vor allen anderen Energien, machen einige Schulen ein neues Diagramm für das Gebäude, begründet auf die Nummer der neuen Periode. Zum Beispiel, ein Gebäude der Periode 7 mit der Facing Richtung N3 wechselt in ein Gebäude der Periode 8 mit der Facing Richtung N3.
Während jeder zustimmt zu der dominanten Stärke der vorherrschenden Periodenenergie, müssen wir auch erwägen, dass die neue Perioden Energie fähig sein muss, ins Gebäude einzutreten.
Schulen, welche die gegenwärtige Periode als Zeitfaktor verwenden, geben hingegen keinerlei acht auf dieses Problem, indem sie sich voll auf die dominante Stärke der neuen Perioden Energie verlassen.

Einzugsdatum

Der Zeitfaktor ist begründet auf das Datum, an welchem die anwesenden Bewohner eingezogen sind. Bewohner, die während der Periode 7 eingezogen sind, können die Gebäude Energie wechseln von der 7ten zur 8ten Periode, indem sie das Gebäude für 100 Tage freimachen und dann in Periode 8 wieder einziehen. Der Sache entsprechend, mit dem Grundsatz von dieser Methode, die 100 Tage Ferien erforderlich macht, um die Energie von der einen Periode in die nächste zu wechseln, sollte diese auch angewandt werden, wenn zum Beispiel neue Bewohner in einer neuen Periode einziehen. Dies wird seltsamerweise nicht als notwendig angesehen.
Wenn neue Bewohner während der neuen Periode einziehen, ist die gängige Praxis, dass das Einzugsdatum der neuen Bewohner verstanden wird, um den Zeitfaktor zu bestimmen. In solch einem Fall ist der 100 Tage Auszug nicht erforderlich, und es wird angenommen, dass das Gebäude automatisch die Energie der neuen Periode hat. Dies ist sogar so, wenn die ehemaligen Bewohner, die das Gebäude seit der vorherigen Periode bewohnt haben und es nur wenige Tage vorher verlassen haben und auf

Grund der Tatsache, dass der „menschliche“ Teil der Gebäude Energie niemals fehlte. **Von dem oberen können wir entnehmen, dass die Einzugsdaten Methode nicht konsequent in ihrer Anwendung ist und tatsächlich in der meisten Zeit identisch mit der „Aktuellen Periode“ ist.**

Es ist auch schwer, herauszufinden, warum die Befürworter des „Einzugsdatums“ Systems sich beschäftigen mit „Eingesperrten Sternen“ und die „Sieben Sterne Räuber Formationen“, wenn alle ihre Bemühungen, um die stärkste Energie ins Haus eintreten zu lassen, der Auszug von 100 Tagen ist. Sicherlich ist dies ein geringer Preis, um für die starke Energie von 20 Jahren zu zahlen.

Zusammenfassung

Unter Annahme der zu Grunde liegenden Prinzipien von allen drei Methoden, sind die „Bauperioden“ und die „Aktuellen Periode“ Methoden auf einem Konzept begründet, welches vernünftig verstanden werden kann. Gegenteilig zu diesem erscheint die „Einzugsdatums“ Methode in ihrer Anwendung identisch mit der „Aktuellen Perioden“ Methode zu sein und nichts mehr. Da das 100 Tage Auszugs Konzept inkonsequent angewandt wird, wie wir gesehen haben, macht es auch nicht viel Sinn.
Verglichen mit der „Bauperiode“ und der „Aktuellen Perioden“ Methode sehen wir, dass beide gemeinsam die Idee haben, dass die vorherrschende Perioden Energie die stärkste ist. Die „Aktuelle Perioden“ Methode ist ganz auf die Übereinstimmung von allen anderen Betrachtungen begründet.
Die „Bauperioden“ Methode hat mehr verschiedene Sichtweisen und berücksichtigt, wie durch die Energie einer Periode, andere, als die „Bauperiode“ ins Gebäude kommen können. Es bestätigt dadurch, dass getrennt von den Bauperioden Energien, die Energien von einer gegenwärtig herrschenden Periode in einem Gebäude anwesend sein können.
Da die stärkste Energie in einem Gebäude, den stärksten Einfluss auf die Bewohner haben wird, müssen wir uns selbst fragen, welche Energie ist stärker ? Die Energie von der aktuellen Periode ist bestimmt die stärkste als solche, aber abhängig davon wie sie eintreten kann, muss es nicht die stärkste Energie sein, wenn sie auf der Innenseite des Gebäudes ist.
Im Falle des „Eingesperrten Perioden Sterns“ ist die Energie der aktuellen Periode nicht fähig, um überall ins Gebäude einzutreten, blockiert durch den Weg, den die Bauperioden Energien im Diagramm verteilen.
Im Falle des „Drei-Kombinationen Diagramms“ und eines “Sieben Sterne Räuber Diagramms“, worin die aktuelle Perioden Nummer Teil von zwei Elternteil Trigrammen ist, kann die aktuelle Perioden Energie ungehindert durch die Heilkraft des Diagramms eintreten.
Im Falle der Methode „Einladung der neuen Perioden Energie“, ist sichergestellt, dass die Perioden Energie ins Gebäude eintreten kann, jedoch in einem kleineren Grad.

Es ist klug, nicht die aktuelle Periodenenergie zu ignorieren, wenn wir annehmen, dass sie ins Gebäude eingetreten ist, aber wenn wir nicht wissen, welche Energie stärker ist, sollten wir die Methode „Mehrfache Diagramme“ nutzen (siehe Mehrfache Diagramme).
Wenn wir „Mehrfache Diagramme“ nutzen, sollten wir zunächst bestimmen, welche Gegenmaßnahme und welcher Verstärker anzuwenden ist, um die Anforderung von jedem Diagramm anzupassen. Danach sollten wir die Gegenmaßnahmen und die Verstärker für beide Diagramme vergleichen, und wo sie nicht in Einverständnis sind, sondern in Konflikt, entscheiden sie sich für die des „Bauperioden Diagramms“. Die Anforderungen an die Bauperiode sind immer von Wichtigkeit.

Beispiel

Periode 7 Facing N 2/3

	SE	S	SW	
	1 4 **6**	6 8 **2**	8 6 **4**	
E	9 5 **5**	2 -3 **7**	4 1 **9**	W
	5 9 **1**	7 7 **3**	3 2 **8**	
	NE	N	NW	

Periode 8 Facing N 2/3

	SE	S	SW	
	4 3 **7**	8 8 **3**	6 1 **5**	
E	5 2 **6**	-3 4 **8**	1 6 **1**	W
	9 7 **2**	7 9 **4**	2 5 **9**	
	NE	N	NW	

N Palast im Periode 7 Diagramm fordert Wasser als Gegenmaßnahme, um die schädliche 7/3 Kombination aufzulösen. Im Periode 8 Diagramm sind keine Gegenmaßnahmen gefordert, aber ein Wasserelement wird nicht schaden, da es die Nummer 7 herabsetzt, die Nummer 4 stärkt und perfekte Harmonie von Yin und Yang mit der Nummer 9 macht.
NO Palast im Periode 7 Diagramm benötigt Wasser als Gegenmaßnahme, um den Facingstern Nummer 9 zu bekämpfen, der den Stern Nummer 5 stärkt. Im Periode 8 Diagramm stellt die Kombination 2/7 das Feuerelement dar, welches zusammen mit Stern 9 das Erdelement des NO stärkt, was wünschenswert ist, aber wegen seiner Stärke die Möglichkeit von Feuer in dem Bereich verursacht. Eine Wasser Gegenmaßnahme sollte deswegen vermieden werden.
O Palast im Periode 7 Diagramm beansprucht Metall als Gegenmaßnahme, um die doppelte 5 zu bekämpfen. Im Perioden 8 Diagramm wird auch Metall als Gegenmaßnahme benötigt für die Nummer 2 und 5.

SO Palast in Periode 7 benötigt keinerlei Gegenmaßnahmen, jedoch Wasser wird die gute Energie Kombination vorteilhaft verbessern. Im Perioden 8 Diagramm wird Wasser eine sehr gute Gegenmaßnahme für die negative Energie von Nummer 7 sein, während die Verbesserung der Energien von Nummer 3 und 4, eine perfekte Harmonie von Yin und Yang ergeben.
S Palast im Periode 7 Diagramm wird sehr viel Nutzen haben von Wasser- oder Metallelement Nr. 7 (Calabash). Im Periode 8 Diagramm wird Wasser die außergewöhnlich gute Energie Kombination 3/8 erhöhen, und sollte verwendet werden.
SW Palast im Periode 7 Diagramm benötigt keine Gegenmaßnahme oder Verbesserung. Im Diagramm der Periode 8 wird Metall als Gegenmaßnahme benötigt, was die Energie Kombination vom Periode 7 Diagramm nicht behindern wird.
W Palast mit dem Diagramm 7 benötigt keine Gegenmaßnahme, aber Metall kann es in einigem Ausmaß erhöhen, und ein gutes Resultat bringen. Die Energie Situation im Diagramm der Periode 8, begründet auf die 6/1 Kombination, die das Metallelement des W vermindert, kann zu Problemen mit Kindern führen, während es wahrscheinlich ist, dass sich das Einkommen erhöht. Eine Holz Gegenmaßnahme (Pflanze) wird beide Einwirkungen der 6/1 Kombinationen verringern und wird die Energien des Periode 7 Diagramms nicht behindern.
NW Palast vom Periode 7 Diagramm Metallelement von Nummer 6 (Glockenschlag) wird benötigt, um die Nummer 2 zu bekämpfen, was Harmonie von Yin und Yang und die zuträgliche Kombination von 6/8 hervorbringen wird. Im Perioden Diagramm 8 wird Metall die schlechte Energie der Nummer 2 und 5 verringern.

Schlussfolgerung

Da es unser Ziel ist, die Energie von unserem Leben und unserer Arbeitsumwelt zu diagnostizieren, im Auftrag sie zu manipulieren für unser Wohlsein, müssen wir wissen, was wir damit verbinden.
Da ist die Energieanordnung des Späten Himmels, die Energie der Facing- der Erdbasis-, der Berg-, der Jahres- und Monatssterne, die wir zu verstehen haben und zu erwägen in ihrer Wechselwirkung.
Oft wird es noch mehr als dies, eine richtige Aufgabe sein, um die Ursache von viel Verwirrung, Ungewissheit und Zweifel zu finden. Wenn man versucht eine gute Arbeit zu machen, wird dieses sicherlich geschehen. Zu schauen, wie ich mir selbst helfen kann, ist nicht die Antwort, welches uns das Verlassen auf unsere eigenen Ressourcen liefert.
Die Kenntnisse, die wir haben, mögen umfangreich sein, aber eine Methode zur Anwendung kann fehlen oder übermäßig kompliziert sein.
Wenn man das Zusammenspiel von 6 verschiedenen Energien in jedem Palast in Betracht zieht, sowie die Energie des Späten Himmels, die Facing-, Berg-, Erdbasis-, Jahres- und Monatssterne, ist es sehr kompliziert und wird uns nicht überall leiten. Wir sollten deshalb versuchen eine einfachere Methode zu finden.

Grundsätzlich sind zwei Methoden in Gebrauch. Diese sind:

1. **Hauptsächliche Beachtung gilt der Wechselwirkung von Facing- und Bergsternen.** Beide Sterne symbolisieren die Yin/Yang Dualität der kosmischen Energie, modifiziert durch den Zeitfaktor und die Richtungsenthüllung (Facing Richtung). Der Bergstern wird als verantwortlich für Gesundheit und menschliche Beziehung verstanden und der Facingstern bestimmt Reichtum und Wohlstand. Beide Sterne haben die Eigenschaft guten oder schlechten Charakter zu haben, abhängig von ihrer günstigen Zeit (siehe: Die günstige Zeit der Energie). Sogar wenn ein Stern im Grunde von Natur aus schlecht ist, wenn er sich in seiner eigenen Periode befindet, ist er als wohlwollend anzusehen und deshalb günstig. Die Unterstützung für die Facing- und Bergsterne durch Elemente (Berg oder Wasser) in der äußeren Umgebung wird als notwendig betrachtet.

2. **Die Facing- und die Erdbasissterne werden dafür gehalten, dass sie die stärksten Energien bringen.** Ihr Charakter und Wechselwirkung werden deshalb dafür angesehen, das stärkste Ergebnis zu verursachen. Sie haben dominanten Einfluss auf die Energie Situation in einem Palast, und sind deshalb als sehr wichtig in Betracht zu ziehen. Die Energie des Erdbasissterns ist als wachsend und zurückziehend in verschiedenen Perioden zu verstehen, die ihren Einfluss stärkt oder schwächt. Der Charakter von beiden Sternen ist nicht als wechselnd zu sehen. Wenn sie schlecht sind, bleiben sie schlecht, und wenn sie gut sind, bleiben sie gut während aller Perioden. Die Unterstützung für den Facing- und Bergstern durch Elemente (Berg oder Wasser) im äußeren Umfeld, ist nicht als Hauptsache in Betracht zu ziehen. Getrennt von der Wechselwirkung der Sterne, nach dem System der 5 Elemente, ist die sogenannte Zusatz Effekt Methode anzuwenden, in welcher das Energieniveau der Sterne berücksichtigt wird. Ein höheres Niveau von guter Energie kann ein tieferes Niveau von schlechter Energie ausgleichen.

Wir können uns für eine der oben angeführten Methoden entscheiden, oder beide nutzen, wenn wir fühlen, was am besten passt für die Situation. Die nächste Betrachtung zeigt, wo man startet.
Beginnen sie immer zuerst mit der Analyse der Energien des Facingstern Palastes, da diese die dominantesten Energien in einem Gebäude sind. Dann geben sie acht auf den Palast, in welchem die Haustür zu finden ist, da der Verkehr durch die Tür, die Energie dort sehr stark vergrößern wird. Der mittlere Palast möge der nächste sein, da seine Energie auf jeden Bewohner des Gebäudes einwirken wird. Der Rest der Paläste möge danach gemacht werden.
Wenn sie die Energie von diesen drei Palästen analysieren, schauen sie zuerst nach den Ho Tu Nummern Kombinationen und heben sie Kombinationen auf, wenn sie diese in den schwächenden Positionen finden.

Schaue, ob dort Nummern Kombinationen sind, die sich auf bestimmte Richtungen des Späten Himmels beziehen, solche wie 3/1 im W, welches die Ursache für viele Nachkommen ist oder 2/8 (2 ist der Erdbasisstern und 8 ist der Facingstern) im NW, welches enormen Reichtum verursacht.

Die Energien der Späten Himmelsordnung sind nur in Verbindung mit den Ho Tu Nummern Kombinationen und der speziellen Nummern Kombination zu berücksichtigen.

Benutzen sie die Methode des zusätzlichen Effektes, um den gesamten Charakter der Energien im Palast zu bestimmen.

Schauen sie nach den schlechten Sternen Nummer 2 und 5 und heilen sie diese. Dies ist für alle Paläste, wo die Sterne Nummer 2 und Nummer 5 zu finden sind, zu tun. Nutzen sie nie Wasser in Palästen, welche die Sterne 2 und 5 haben, ausgenommen, wenn der Stern 9 auch anwesend ist.

Geben sie acht auf den schlechten Stern Nummer 9. Wenn Stern Nummer 9 in Gesellschaft von 2, 5, 6 und 7 in irgendeinem der 9 Paläste ist, dann haben sie es mit Wasser zu heilen.

Machen sie Gebrauch von der Gastgeber/Gast Beziehung der Sterne und dem System der Fünf Elemente, um die Energien der Erdbasis-, der Facing- und Bergsterne zu heilen oder ins Gleichgewicht zu bringen, wenn diese drei Sterne die dominanteste Energie des Palastes darstellen, und deshalb den größten Einfluss auf das Leben der Bewohner haben.

Schauen Sie nach den Jahres- und Monatssternen der Nummern 2, 5 und 9 in allen 9 Palästen und heilen sie diese.

Folgen sie dem obigen Verfahren, indem sie sich zuerst auf die Hauptpaläste konzentrieren. Danach geben sie acht auf die Sterne 2, 5 und 9 in jedem der 9 Paläste. Nachdem sie dies getan haben, wird das Gebäude Energien enthalten, die gute und positive Entwicklungen unterstützen.

Wenn sie mehr Ziele haben, dann verwenden sie einige der Wasserformeln und versuchen sie die Energie der Erdbasis, des Facing, der Berge, der Jahre und Monate und die Sterne der Späten Himmelsordnung zu harmonisieren, indem sie deren Gastgeber/Gast Beziehungen ausarbeiten im System der 5 Elemente, um die richtige Gegenmaßnahme und Verstärker zu finden.

MÖGE ALLES GUT WERDEN

Übersetzung des englischen Textes aus den Bildtafeln Ein Teil der Übersetzungen ist direkt unten auf den jeweiligen Seiten zu finden.

Lunar Months = Mondmonat
Facing Direction = Blickrichtung
Sitting Direction = Sitzrichtung
Ground Floor = Erdgeschoss
Upper Floor = Obergeschoss
SE = SO = Südost
NE = NO = Nordost
E = O = Ost
Pond = Teich
Fountain = Springbrunnen
Period = Periode
Guest = Gast
Host = Gastgeber
Earth base star = Erdbasisstern
Later heaven = Später Himmel
Earlier heaven = Früher Himmel
Fire = Feuer
Wood = Holz
Earth = Erde
Water = Wasser
Metal = Metall
Heavenly Robber = Himmlischer Räuber
Earth Punishment = Erdbestrafung
Coutyard Robber = Hofraum Räuber
Visitor Direction = Besucher Richtung
Guest Direction = Gäste Richtung
Auxilary Direction = Helfer Richtung
Trigramm Direction = Trigramm Richtung
Trigrams under which Sitting directions are included = Trigramme einschl. Sitzrichtungen
Upper line = obere Linie
Middle line = mittlere Linie
Lower line = untere Linie
Included = eingeschlossen, inbegriffen, bezogen

Über den Autor

Der Autor ist ein qualifizierter Ingenieur und Gemmologe, geboren 1934 in Berlin. Er diente als ein deutscher Diplomat seit 37 Jahren größtenteils in asiatischen Ländern. Jetzt pensioniert, lebt er in Bangkok und widmet seine Zeit, um Feng Shui zu forschen und zu unterrichten.
Er erwarb früh in seinem Leben eine Faszination für Feng Shui. Als er 15 war konvertierte er zum Buddhismus. Während er 15 Jahre in Sri Lanka war, studierte er das Ayurveda System der Medizin, spezialisiert auf Behandlung für geistige Krankheiten.
Er studierte Akupunktur zu einer Zeit, als noch sehr wenige im Westen, irgendwelche Kenntnisse davon hatten.
Durch Studium und Praktizieren von Akupunktur hat er oft erfahren, dass traditionelle Formeln für die Behandlung von Krankheiten einige Erleichterung ergaben, aber selten Heilung. Besessen, um zu verstehen warum, erforschte er die grundsätzlichen Prinzipien von Akupunktur und entdeckte, wie man sie anwendet, um zu heilen.
Akupunktur regte ihn zur Taoistischen Kosmologie an, auf welches Feng Shui beruht.
Er sagt: Das Verstehen der Energien der Natur, die unser Schicksal und Wohlbehagen regeln, ist seine Leidenschaft im Leben.